国家社会科学基金重大项目『清代巴县衙门档案整理与研究』

（项目批准号：16ZDA126）阶段性研究成果

清代四川州县生员涉讼问题研究

白莎莎　刘丽平　胡利利　易艳丽　著

西南交通大学出版社

·成都·

图书在版编目（CIP）数据

清代四川州县生员涉讼问题研究 / 白莎莎等著. —
成都：西南交通大学出版社，2021.10
ISBN 978-7-5643-8318-3

Ⅰ.①清… Ⅱ.①白… Ⅲ.①知识分子–诉讼–研究
–四川–清代 Ⅳ.①D927.712.504

中国版本图书馆 CIP 数据核字（2021）第 215343 号

Qingdai Sichuan Zhouxian Shengyuan Shesong Wenti Yanjiu

清代四川州县生员涉讼问题研究

白莎莎　刘丽平　胡利利　易艳丽　著

责 任 编 辑	赵玉婷
封 面 设 计	原谋书装
出 版 发 行	西南交通大学出版社
	（四川省成都市金牛区二环路北一段 111 号
	西南交通大学创新大厦 21 楼）
发行部电话	028-87600564　028-87600533
邮 政 编 码	610031
网　　　址	http://www.xnjdcbs.com
印　　　刷	成都勤德印务有限公司
成 品 尺 寸	170 mm × 230 mm
印　　　张	16.5
字　　　数	260 千
版　　　次	2021 年 10 月第 1 版
印　　　次	2021 年 10 月第 1 次
书　　　号	ISBN 978-7-5643-8318-3
定　　　价	58.00 元

清代四川州县
生员涉讼问题
研究

前 言

　　本书是以我硕士学位论文为基础完成的。我原来攻读本科和硕士研究生的大学深居川北一隅，在此地求学的七年里，跟着吴佩林老师求学的三年无疑是我成长最快、收获最多的三年。在吴佩林教授的悉心指导下，我从基本的识文断句、遣词造句入手，逐渐对清代《南部档案》中保留的有关生员的诉讼案卷产生了浓厚的兴趣，并通过两年多的系统性学习，最终将《从〈南部档案〉看清代州县的生员诉讼》确定为硕士毕业论文选题。

　　在阅读档案的过程中，我发现《南部档案》所呈现出来的生员的社会活动范围不仅限于生员或绅士群体内部，而是与基层的百姓、胥吏差役、地方官员的活动交织在一起，形成了一个复杂的社会关系网络。在诉讼方面，生员不仅在"干己"事的诉讼上显得积极，也会经常以原被两造、证人、保人、"公禀人"、代理人等身份参与到"不干己"事的讼案中。而地方官对这些涉讼生员的态度也会因案情本身和生员涉案动机的不同而有差异。因此，论文试图从基层视角出发，考察生员群体在基层诉讼环境中的表现和境遇，以期与传统的法律史研究形成一定的互补关系，从而能够全方位地、立体地呈现出清代国家从上到下整个诉讼过程中对士人既要优待又要限制的矛盾态度。

　　但囿于《南部档案》所存生员相关资料具有"多细故而少重情""多民事而少学务"的特点，原来的研究，依旧存在一些需要进一步探索的地方。如，文中较少提到生员在命盗案、上控案件、学务案件中的相关活动，以及辛亥革命后该群体的身份转变与出路。而要实现这方面的突破，则需要更为丰富的社会史和法律史方面的问题意识的牵引，更多的档案、报纸、文献等材料作支撑。

幸运的是，当我顺利考入四川大学并在陈廷湘教授的鼓励下转而研究清代《巴县档案》后发现，这批档案中保存了大量有关生员的诉讼活动方面的资料，恰好可以弥补我当初的遗憾。《巴县档案》中不仅存在丰富的有关生员参与命盗重情案件、上控案件，以及清末新政期间因参与地方办学而涉讼的身影，也保留了许多完整的有关该地生员的考选人数、考试地点、录取名额、考试试题等相关资料。对于这部分材料，我与同窗刘丽平、胡利利、易艳丽四人均产生了浓厚的兴趣，经过对档案中相关案卷进行系统查找与梳理后，便利用各自所长继续完善了对生员涉讼问题的研究。其中，胡利利博士利用《巴县档案》、四川方志，以及《钦定学政全书》等文献，撰写了本书的第一章"清代四川省生员的考取与斥革"；刘丽平博士以《巴县档案》为中心研究了巴县生员在上控及命盗重情案件中的活动，由此形成本书第四章的内容；白莎莎博士利用清代《巴县档案》和《南部县档案》中保留的清末新政期间有关学务的诸多案卷，完成了本书第五章"生员身份的转变及在讼案中的运用"；易艳丽博士在第七章中，利用晚清及民国的报纸期刊等文献，向大家呈现了生员在社会大变革中形象的转变、求知方式的转变，以及生员于清末民国时期在军政、经济及文化方面的出路等问题。至此，本书最终以《清代四川州县生员涉讼问题研究》之名呈现在大家面前。

在此，感谢在本书写作期间硕导吴佩林老师和博导陈廷湘老师的建议和鼓励，感谢四川省档案馆工作人员为我们查找资料提供了诸多帮助；我还要表达对西南交通大学出版社及该社编辑的感激之情，他们为本书的出版耗费了大量的心力。

最后，生员作为清代知识分子中数量最庞大的群体，其在地方州县所进行的涉讼活动绝非本书所能囊括，若有不尽不详之处，欢迎指正！

白莎莎

2021 年 9 月 16 日

目 录

绪 论

　　日常口语中被称作秀才的群体，实则为科举时代学品最低的生员[1]，他们与捐纳的监生一道被合称为"生监"。在制度规定上，生员除拥有士绅应享有的特权外，还享有与其他有功名之人不同的待遇。实际上，他们在法律生活中虽拥有部分特权，尤其在司法及社会活动中，生员们与基层的百姓、胥吏差役、地方官员的活动交织在一起形成更为复杂的社会关系网络，但从相关案件中所呈现出的情况来看这种身份或者特权不仅会被人为地弱化，同时，也会被平民百姓反向利用。由于资料的欠缺，关于对生员市井生活的刻画，以往只能通过明清笔记小说的记载来了解。而这些记载，并不能完全客观地反映这一群体的生活。

　　南充市档案馆藏的《南部档案》之清代部分，上起顺治十三年（1656 年），下至宣统三年（1911 年），历 256 年，该档案虽然时间跨度较大，但大部分还是光绪及其以后的资料，其中全面而真实地记录了南部县中有关士绅的各类考试、诉讼官司、参与地方事务、维持治安等各方面的社会活动。而相关的民国档案，数量为清代南部档案的数倍，保存的文种更为丰富，四川大学西南文献中心存有全部民国南部档案的胶片可供查阅。且四川省档案馆馆藏的《巴县档案》共计 112 842 卷，上自乾隆二十二年（1757 年），下迄宣统三年（1911 年），不仅较为全面地记载了巴县的历史，也为清代重庆、四川乃至西南地区的历史研究提供了翔实的史料。其中，有关地方士绅及其活动的档案在数量和类型上颇为丰富，它不仅弥补了《南部档案》中光绪以前相关档案

---

[1] 生员，亦称秀才，是官方认定的一种身份和资格。《学政全书》对生员的界定为："唐国学及州县学规定学生名额，因此称生员。明、清两代，凡经过本省各级考试取入府、州、县学，通名生员。习惯上称为秀才。"参见：（清）素尔讷等纂修，霍有明、郭海文校注：《钦定学政全书校注》，武汉：武汉大学出版社，2009 年，第 12 页；生员亦是一个存在于"官绅"和普通民众之间的重要"过渡性"群体。参见：何炳棣、徐泓译：《明清社会史论》，台北：联经出版社，2014 年，第 30、38-40 页。

缺失的遗憾，也使得我们从较长时段研究四川地区士绅及其相关活动成为可能。另外，由中国政法大学法律史学研究院与四川省冕宁档案馆整理出版的清代《冕宁档案》以及四川大学西南文献中心馆藏的《璧山档案》《江津档案》《渠县档案》等一系列各县民国档案也为研究四川地方社会及生员在清末民初的社会及司法活动提供了素材，囊括了生员在地方社会中包括政治、教育、文化、制度、法律等在内的各个方面的活动。这些资料为本书题目的确定提供了扎实的史料基础。

加之，四川处于长江上游相对封闭的区域，不仅远离政治中心，且历史上有过多次移民，在这样一个外来文化与本土文明碰撞的社会中，生员的社会活动又呈现出其地域特色，正如萧邦齐所言"各地区的精英存在系统性的内部差异"①。时间之所以延伸到民初，是因为 1905 年科举废除后，这个群体的命运发生了大的变化，笔者想探究这个群体之后的实际面相。因而，研究清代四川生员的诉讼活动是深入探究四川地区传统社会结构与社会变迁转型的重要切入点。

一、关于生员身份界定研究

生员本身是一种官方认定的身份和资格，与官员群体和普通群众都有一定的差别，因而对其身份的界定一直是学界争论不休的话题。在张仲礼看来，生员是通过县、府、学政主持的三级考试的人员，是县学、府学"肆业"的学生，有着初级功名，主要包括文生员和武生员，有廪膳生员、增广生员、附学生员三等，他们被张仲礼一并划入了"下层士绅"行列。②瞿同祖也将文武生员纳入有功名者的士绅阶层，并将这部分有功名或学衔而又尚未入仕者称作"士"或"学绅"，并指出他们属于一个"中间阶层"并处于"权力的边缘"。③何炳棣虽然承认生员是明清社会中的最低功名者，但并不认同将其划入下层士绅阶层的做法，认为"明清时代的生员无疑可视为士民，但由于他

① 转引自（美）周锡瑞、兰京：《中国地方精英与支配模式导论》，《中国社会科学季刊》（香港）1988 年，夏季卷，总第 23 期。
② 张仲礼：《中国绅士——关于其在 19 世纪中国社会中作用的研究》，上海：上海社会科学院出版社，1991 年，第 35-38 页。
③ 瞿同祖著，范忠信、何鹏、晏锋译：《清代地方政府》，北京：法律出版社，2011 年，第 272-275 页。

们拥有最低的功名，所以，他们在法律与社会方面被认为是平民中的领导集团"，是一个重要的社会"过渡性"群体并与贡生和更高等公民区别开来。①

其实在官箴书中，州县官将生员归为绅士的例子十分常见，如延昌在《事宜须知》中指出：

本城举、监、生员及告休家居之大小官员，均谓之绅士。其中公正廉明者，正不乏人。我应格外加以礼貌，往往地方有事，非此等人调处不可。②

叶梦殊在《阅世编》中亦将职官和举贡生监概称为绅士。③此外，清末民政部户口统计说明、近代学堂"绅班"招生章程等都明确指出"举贡生员"为"绅士"。④由此可知，虽然生员尚在肄业，但在当时社会也属于士绅。

同时，笔者也注意到，州县官在实际的案件审理过程中，还会把"捐贡"⑤纳入生员之列。和平民一样，生员没有做官资格，"想捐官的生员必须先捐监生或贡生"⑥。《大清律例》也明确规定：

其文武生员……其情节本轻，罪止戒饬者，审明移会。该学教官照例发落，详报学政查核。贡、监生有犯同。⑦

据《学政全书》载，乾隆二十二年（1757 年）奏准，"捐纳贡、监，定例归于学政约束"，二十四年（1759 年）又议准，"令督、抚学臣转饬州、县，会同教官，缴所属贡、监照依生员之例，一体归学，举报优劣，严加约束"。⑧由

---

① 何炳棣著，徐泓译注：《明清社会史论》，台北：联经出版社，2014 年，第 30、38-40 页。
② （清）延昌：《事宜须知》卷四，官箴书集成编纂委员会编：《官箴书集成》第 9 册，合肥：黄山书社，1997 年，第 20 页。
③ （清）叶梦殊：《阅世编》，北京：中华书局，2007 年，第 110 页。
④ 商务编译所编纂：《大清宣统新法令》，第 2 册，北京：商务印书馆，1909 年，第 3 页；中国科学院历史研究所第三所主编：《锡良遗稿》第 1 册，北京：中华书局，1959 年，第 619 页。
⑤ 《南部档案》8-418-3c51p73，光绪七年四月十三日。
⑥ 张仲礼著，李荣昌译：《中国绅士——关于其在 19 世纪中国社会中的作用》，上海：上海社会科学院出版社，1991 年，第 12 页。
⑦ 马建石等：《大清律例通考校注》，北京：中国政法大学出版社，1992 年，第 197 页。
⑧ （清）素尔讷等纂修，霍有明、郭海文校注：《钦定学政全书校注》，武汉：武汉大学出版社，2009 年，第 90 页。此外，薛允升在《读例存疑》中也有"旧例本系二条，荫生贡监为一条，文武生员为一条，删并为一"的说法。参见：胡星桥等：《读例存疑点注》，北京：中国人民公安大学出版社，1994 年，第 20 页；觉罗乌尔通阿亦有"监生莫轻打，从生员援例者"的记载。参见：（清）觉罗乌尔通阿：《官居日省录》，清咸丰二年刊本。

此可见，捐纳贡生和监生，实际上还在本管州县儒学的管教之列。

为避免因生员的阶层划分而带来的此类争论，笔者不深入探讨生员是否应被归为士绅阶层，而仅将本文的研究对象限定为清代在州县官学肄业的学生，及通过捐纳获得功名的贡、监生。

二、关于生员的法律特权及告呈资格研究

生员处于功名持有者的最末端，在享受其应有的法律特权的同时，亦会受到更多的限制。瞿同祖对此有过较为系统的阐述，如生员与捐监生、捐贡生一道"都要受到地方长官和学官的双重监督控制"。州县官也很容易对该群体态度强硬，但"非经学官许可，州县官不得加以笞讯"，且在法律允许的范围内生员有纳赎和遣人抱告等特权。① 但霍红伟通过对教官和地方官对生员的管理及其作用进行细致研究后指出，地方对生员的管理是有限的。②王学深在《"凌辱斯文"与清代生员群体的翻控——以罢考为中心》一文中，以朝廷对生员群体罢考事件处理态度的转化为切入点，揭示了清代生员罢考的现象及朝廷的相关处置态度。他指出，对生员因"凌辱斯文"罢考案件处理"软化"的态度背后，是社会动荡的时代背景和国家在地方管理上的日益衰弱。在朝廷的主导下，19世纪朝廷与官僚群体完成了对生员群体的主动让步。③关于生员告呈资格的探讨，主要集中在抱告制度方面，早期学者如张仲礼、经君健、曹培、吴吉远等在研究绅衿抱告时均认为其是一种优遇。④随着研究的深入，姚志伟、江兆涛、邓建鹏、吴欣等学者认识到绅衿抱告不仅仅是出自

---

① 瞿同祖著，范忠信等译：《清代地方政府》，北京：法律出版社，2011年，第279页。
② 霍红伟：《化民与从俗——国家与社会中的清代生员》，《河北师范大学学报（哲学社会科学版）》2013年第3期。
③ 王学深：《"凌辱斯文"与清代生员群体的翻控——以罢考为中心》，《清史研究》2016年第1期。
④ 张仲礼著，李荣昌译：《中国绅士——关于其在19世纪中国社会中的作用》，上海：上海社会科学院出版社，1991年，第36-38页；经君健：《论清代社会的等级结构》，《清朝社会等级制度论》，中国社会科学出版社，2016年，第84页，该文最早发表于1980年8月南开大学"明清史国际学术讨论会"；曹培：《清代州县民事诉讼初探》，《中国法学》1984年第2期；吴吉远：《清代地方政府的司法职能研究》，北京：中国社会科学出版社，1998年，第333页。

"特权"，还有一定的"限制"色彩。^①此外，刘盈皎在《清代生员告呈资格新探》一文中对生员的告呈资格进行了专门研究。该文以《冕宁档案》《黄岩档案》等地方司法档案为基础，结合《大清律例》，从法律史的角度从抱告制度、"绅衿"和"生监"的身份界限等方面重新界定了生员的告呈资格，并认为其告呈资格并不受抱告制度的限制，在需要参与诉讼的情形下，生员本身可亲自提告，并不以抱告人为必要程序。此结论虽与《南部档案》中生员的告呈限制有出入，但亦从侧面反映出，清代各州县的司法实践也存在着某些差异性，某一地方性的司法活动不能完全等同于全国上下普遍的一致性。^②

三、对生员诉讼活动的研究

生员身份的特殊性也影响着该群体在司法领域的状态。吴艳红等在《明朝法律》一书中讨论了明朝生员的诉讼行为、地方司法官员对生员诉讼的态度、对犯罪生员的惩治等几方面。她认为，从判牍的司法实践来看，地方司法官员对于生员的诉讼及惩治，实际上给予了更多的宽容。这些宽待虽与生员身份的过渡性特征有关，但由于没有法律上和学校方面的保障，而具有不稳定的特征。^③李典蓉在《清代京控制度研究》一书中探讨了生员参与词讼及其在诉讼中扮演的角色，并指出生员阶层的社会地位非常尴尬，他们有的被百姓视作与衙门书吏一体勾结，有的被官方视作健讼之徒。在实际的京控中，生员们往往是最积极的原告，同时也更容易被归为唆讼者之列并遭到官府的斥革。^④吴欣从民事诉讼入手，通过对清代不同时期、不同地域的149个案例的分析，得出生员和监生的诉讼率在整个士绅阶层中非常之高，虽然其背后原因是多样化的，但从案件的起因入手，均可归入"恃衿健讼"而形成的案件、以士绅身份帮他人而形成的诉讼、被迫进行诉讼、"为民请命"而形成的案件、为维持生计而进行的诉讼等五类。因此士绅对于民间而言，既是秩序

---

① 邓建鹏：《清朝诉讼代理制度研究》，《法制与社会发展》2009年第3期；徐忠明、姚志伟：《清代抱告制度考论》，《中山大学学报（社会科学版）》2008年第2期；江兆涛：《清代报告制度探析》，《西部法学评论》2009年第1期。

② 刘盈皎：《清代生员告呈资格新探》，《政法论坛》2014年第2期。

③ 吴艳红、姜永璘：《明朝法律》，南京：南京出版社，2016年，第199-207页。

④ 李典蓉：《清朝京控制度研究》，上海：上海古籍出版社，2011年，第183-195页。

得以维护的因素，又是秩序遭到破坏的原因。而州县官为维持地方秩序，不得不对破坏秩序的生员实施一定的惩罚，以此维护地方秩序并缓和官绅关系。①此外，夫马进、林乾等学者对生员以讼师身份介入词讼的现象也作过专门研究。②

通过学术史回顾，不难发现，前人关于生员及其诉讼的研究或倾向于整体而宽泛的研究，或倾向于细致的某一方面的研究，并且在生员的诉讼方面多着眼于他们利用特权兴讼、助讼等行为及其产生的后果。但生员作为地方社会有一定身份的群体，如果过多强调他们参与诉讼活动的弊端，不仅使读者看不到一个有血有肉的群体在地方社会中真实的法律生活场景，还会掩盖他们在维护基层社会秩序方面的贡献，继而对这个群体的评价也可能失之公允。而《南部档案》《巴县档案》中涉及生员的诉讼案件十分丰富，呈现出了生员在诉讼案件中的多重面向，因而有很大的研究空间和价值。

---

① 吴欣：《清代民事诉讼与社会秩序》，北京：中华书局，2007 年，第 62-85 页。

② 林乾：《讼师对法秩序的冲击与清朝严治讼师立法》，《清史研究》2005 年第 3 期；（日）夫马进、寺田浩明、滋贺秀之等：《明清时期的民事审判与民间契约》，北京：法律出版社，1998 年，第 413 页。

第一章

清代四川省生员的考取与斥革

一三

在清代科举制度中，生员是县学、府学"肄业"的学生，有着初级功名，主要包括文生员[①]和武生员。自从唐朝建立国学、郡县学，规定若干学生员额，在太学等处学习的人统称生员，就有了"生员"这一特定称谓。直至明清时期，生员主要指通过最低一级考试，取入府、县学的人，俗称"秀才"，并且生员的数量庞大、分布广泛，已经成为封建社会重要的知识阶层之一。这些生员是科举考试的主体，官僚队伍的后备力量，在一般老百姓中属于佼佼者，因此在其乡里往往是智囊人物，为四方瞩目。清代府、州、县学总计有1 700多所，分为廪膳生、增广生、附学生三等。初入学者称为附学生员，而廪、增两种生员有明确的定额，通过岁试、科试选拔招录。

一、童生考取生员

童试，也称为小试或小考，民间亦称为考秀才，是童生进入府州县学的入学考试。清代各地方之童生，必须通过童试，方能"入泮"府州、县官学成为生员。其实在明代就开始实行"科举必由学校"的制度[②]，遂将学校教育纳入了科举的轨道，童生考试应运而生。清朝不仅承袭明代，甚至更加严格地推行童试这一制度，使得童试成为读书人获得功名的最初考试。童试分为文童、武童两类考试，明清两代大致相沿革。就清代而言：

童生考试，由州县送府，由府学送政，各加印结，考取者得以入学，谓之附学，或谓附生，而俗称秀才。附生须经儒学署教官，试以月课；第一年须应岁考，第二年，应科考，第三年为大比之年，须应乡试。[③]

康熙二十七年（1688年）定：各学武生即于考校文生后踵行考取。[④]

雍正十二年（1734年）议准：定例，学臣考试，先生员，次文童，次武童。自雍正五年（1727年）改为先考武童，次考文童，后考生员。但查文童

---

① 从《南部档案》中所存的红案来看，文生又分为廪膳生员、增广生员、附学生员三等，其均受州县儒学的约束。参见：《南部档案》16-114-1-c199p42，光绪二十九年三月十二日。

② （清）张廷玉奉敕撰：《明史》卷六十九《选举一》，北京：中华书局，1974年点校本，第六册，第1675页。

③ 黄留珠：《中国古代选官制度述略》，西安：陕西人民出版社，1989年，第373页。

④ （清）素尔讷等纂修，霍有明、郭海文校注：《钦定学政全书》卷九，《考试事例》，武汉：武汉大学出版社，2009年，第37页。

之案未发，学臣固未便开门骑射。而按临下马之初，即行骑射，当文武生童齐集之时，尤易滋弊。且应考文生，倍于武生。文童又数十倍于武童。若定限先考武童，守候无期，更属未便。嗣后学臣下马考试，仍照例先文生，后文童。将文案发过，然后较试武场生童。先考骑射，次考策论。俾文武内外，场规肃清。①

童试三年两考，与生员的岁、科试并行，分县试、府试、院试三级，其考试内容一般为"四书"文、五言六韵试帖诗一首，兼考赋、经文和策论。②被录取的学生称为秀才，有进入官学的资格，可进入府、州、县学学习。清代的武童试亦分为县考、府试、院试三级，一般在文科童试后进行，分内外两场。外场考试内容为"马射""步箭""开硬弓""舞刀""掇石"；而内场考试为作"武经论"，其后标准降低为默写百余字武经。③通过武童试者，则为武生。在清代，童试不仅是影响士子命运的关键性考试，而且也保证了科举考试的有序进行，其兴废与封建制度和文化的兴衰密不可分。

（一）考试方式与内容

文童考试分县试、府试、院试三级，需要层层筛选，核实童生的身份籍贯，确保其具有应试资格。首先是县试，文童考试第一试，"县官先期一月出示试期，开考日多在二月"④。考试一般分为五场，第一场为正场，最为重要。其后为覆试，其中第二场为初覆，第三场为再覆，第四、五场为连覆。这五场中，每场都有被淘汰的，人数逐渐减少，直至最后一次发榜，公示被录取的考生，依名次排列发案。然后府试，在府城举行，考试形式与县试大致相同，不过每次府试大概有三四个县的童生一起。"院试"也是在府城举行，由各省的学政亲临主持。院试时，每个考生要加一名廪生作保，共考两场，一

---

① （清）素尔讷等纂修，霍有明、郭海文校注：《钦定学政全书》卷九，《考试事例》，武汉：武汉大学出版社，2009年，第37页。
② 郑嗣禹：《中国考试制度史》，台北：台湾学生书局，1982年，第227-228页。
③ 四库未收书辑刊编纂委员会编：《四库未收书辑刊》玖辑，北京：北京出版社，2000年，第477页。
④ 刘海峰、刘若玲：《科举学的形成与发展》，武汉：华中师范大学出版社，2009年，第430页。

场正试，一场复试。关于考试内容，在清代初期没有作统一要求，多是继承明制，主要以考四书五经为主。直至康熙三十六年（1697年）才开始规定具体考试内容与形式，文童考试内容如下：

康熙三十六年（1697年）议准：考试童生，出《四书》题一，令作时文，《小学》题一，令作论，通行直省，一体遵行。①

康熙三十九年（1700年）议准：《孝经》论题甚少。嗣后考试，将性理中《太极图说》《通书》《西铭》《正蒙》等书，一并命题。②

康熙四十五年（1706年）议准：儒童正考时，仍作四书文二篇。复试，四书文一篇，《小学》论一。③

雍正十二年（1734年）议准：旧历，儒童正考试，作四书文二篇；复试，则四书文一篇、《小学》一篇。今按《小学》乃宋儒朱子纂辑，虽于幼童有裨，究不如圣经之言简意深，广大悉备。嗣后复试儒童，将论题《小学》改作《孝经》。④

通过考试，文字优等者，由学政按照规定的学额进行录取，被录取之人，就是我们所熟知的"秀才"，自此就可以进入县或府的儒学。入学之人都要先做"附学生"，然后通过优异的成绩，逐步升为"增广生""廪膳生"。但严格来说，童试只是一门入学考试，表示已经取得地方官学生员的资格，而真正意义的科举取士，是从乡试考取举人开始的。但唯有取得了官学生员的资格，才能踏上科举求仕之路。

在清代，武童考试同样是广大武士子参加武举的入门基础。武童考试为清廷在选取培养武备人才方面起着重要作用，与文童考试一样，也分为县、府和院试三级进行。县试一般在文童考试之后进行，然后造花名册，呈送本府或者直隶州、厅。府试由当地武职官员负责。府试通过后，应考者便取得

---

① （清）素尔讷等纂修，霍有明、郭海文校注：《钦定学政全书》卷十四《考试题目》，武汉：武汉大学出版社，2009年，第55页。
② 同上。
③ 同上。
④ 同上。

"武童生"的资格参加院试。武童的考试分为内、外三场,外场两场试骑射弓石,内试一场试策论。清廷规定:

> 顺治九年(1652 年)决定:考试生童,即于考试文童后踵行。无武学处,附于文学教官管辖,除骑射外,教以《武经》《百将传》及《孝经》《四书》,俾知大义。并将各学射圃修葺,置备弓矢,教官率武生较射,以饬武备。[1]
>
> 康熙四十九年(1710 年)奉上谕:考试武生、武童,用论二篇。第一篇,出《论语》《孟子》题;第二篇,出《孙子》《吴子》《司马法》题。其乡、会试,原作论一篇,策二篇。今亦照此例,出论题二,策题一。[2]

在《巴县档案》中也有关于武童考试中县试与府试试题以及录取造册名单的具体记载:

> 四川重庆府巴县为岁考事,将考试三届武经题目,备造清册呈核,须至册者。
>
> 咸丰六年(1856 年)县试武经题,军形第四,见胜不过众人之所知,至故能为胜败之政。
>
> 咸丰九年(1859 年)县试武经题,虚实第六,孙子曰,凡先处战地而待敌者,至能使敌人不得至者,害之也。
>
> 同治元年(1862 年)县试武经题,军形第四,孙子曰,昔之善战者,至动于九天之上。
>
> 右具册,巴县造呈考试三届武经题目清册。四川重庆府巴县为岁考事,今将府县两学廪保姓名,经造点名清册呈。费须至册者。
>
> 计开:梁安惠、郑文晶、周鸿勤、李承熏、程和声、胡溶、杨钟琦、胡翼如、胡元吉、袁起鲲、高元馨、杨尽臣、杨季会、刘承缙、彭自得、冉正常、陈焱森、李丰、陈维琯、洪均、赵光烈、秦渭川。巴县造呈府县两学廪生点名册。[3]

---

① 《清会典事例》卷七一九《武科》,影印本,北京:中华书局,1991 年。
② (清)素尔讷等纂修,霍有明、郭海文校注:《钦定学政全书》卷十四《考试题目》,武汉:武汉大学出版社,2009 年,第 55 页。
③ 《巴县档案》清 006-023-01176,同治元年九月。

府试：江北、巴县、江津、长寿、大足、永川、荣昌、安居、綦江、南川、璧山、铜梁、定远、涪州十五厅州县，府试正场武经三书题。作战第二，故不书知用兵之害者，则不能书知用兵之则也。善用兵者役不可藉粮，不三载取用于国，因粮于敌故重食可足也。

县试：正场武经三书题。军形第四，孙子曰，昔之善攻者，至动于九天之上。

右具册，署巴县造呈府县考试武经三书题目清册。

署四川重庆府巴县为岁考事，今将府县两学廪保姓名备造清册呈贵须至册者。记开，梁安惠、郑文晶、周鸿勤、程和声、胡溶、杨钟琦、胡翼如、胡元吉、袁起鲲、高元馨、杨尽臣、杨季会、刘承缙、彭自得、冉正常、陈焱森、李丰、陈维琯、洪均、赵光烈、秦渭川。署巴县造呈府县两学廪生点名册。[1]

咸丰九年（1859 年）县试武经题，虚实第六，孙子曰，凡先处战地而待敌人者，至能使敌人不得至者，害之也。

同治元年（1862 年）县试武经题，军形第四，孙子曰，昔之善战者，至动于九天之上。

同治四年（1865 年）县试武经题，应变第五，武侯问曰，若敌众我寡为之，至用众者务易、用寡者务隘。

府试：江北、巴县、长寿、大足、永川、荣昌、安居、江南、璧山、铜梁、定远、涪州十五厅州县，府试正场武经三书题。谋攻第一，孙子曰，夫用兵之法，至不战而屈人之兵，善之善者也。

县试：正场武经三书题，应变第五，武侯问曰，若敌众我寡为之，至用众者务易、用寡者务隘。[2]

同治元年（1862 年）县试武经题，军形第四，孙子曰，昔之善战者，至动于九天之上。

同治四年（1865 年）县试武经题，应变第五，武侯问曰，若敌众我寡为之，至用众者务易、用寡者务隘。

---

[1]《巴县档案》清 006-023-01176，同治元年九月。
[2]《巴县档案》清 006-023-01177，同治四年正月。

同治七年（1868年）县试武经题，虚实第六，孙子曰，凡先处战地而待敌人者，至能使敌人不得至者，害之也。

府试：江北、巴县、长寿、大足、永川、荣昌、安居、江南、璧山、铜梁、定远、涪州十五厅州县，府试正场武经三书题。九地第十一，孙子曰，用兵之法，有散地，有轻地，我可以往，彼可以来者，为交地。

县试：正场武经三书题，虚实第六，孙子曰，凡先处战地而待敌人者，至能使敌人不得至者，害之也。①

同治七年（1868年）县试武经题，虚实第六，孙子曰，凡先处战地而待敌人者，至能使敌人不得至者，害之也。

同治十年（1871年）县试武经题，军形第四，兵法一曰度，二曰量，至若以积水于千仞之溪者形也。

同治十三年（1874年）县试武经题，军形第四，孙子曰，昔之善战者，至故能自保而全胜也。

府试：江北、巴县、长寿、大足、永川、荣昌、安居、江南、璧山、铜梁、定远、涪州十五厅州县，府试正场武经三书题。用间第十三，孙子曰，凡兴师十万出征，至非胜之主也。

县试：正场武经三书题，军形第四，孙子曰，昔之善战者，至故能自保而全胜也。②

以及关于府试武童考试顺榜名册押结取保并清理考场以及考试应遵守事项等情卷内容：

咸丰三年（1853年）武考：贰月拾贰骑射。拾贰日，骑射，叁佰伍拾柒名。拾叁日，步射。拾肆日，技勇。拾伍日，发榜。拾陆日，初覆二百名。拾柒日，发榜。拾捌日，次覆六十名。拾玖日，是日发长案榜。计录叁佰壹拾贰名。

计开头场题，九变第八，孙子曰，凡用兵之法起，至虽害而患可鲜也。③

① 《巴县档案》006-023-01178，同治七年二月。
② 《巴县档案》006-023-01179，同治十三年二月。
③ 《巴县档案》006-018-01159，咸丰八年十一月。

可见武童考试除了考骑射外，还考《武经》《孙子》等文史理论。并且由于没有专门的武学处，武生童依附于儒学，由文教官管理，但骑射由武职负责训练。武童考试从入门阶段为武科举选拔优秀士子打下了良好的基础，也反映了清代文武并重的政策，以及清代科举制度的发展愈发完备。

（二）考试地点

清代会根据考试级别而修建不同的考试场所。会试、乡试级别的考试场地一般称为"贡院"，由专门的国家财政拨款进行修建和修缮。由各省学政主持的童试中的院试是否应该营建专门的场地，清代并无专门的制度规定。按照明清考场惯例，在各府、直隶州都建有提督学政行署，有一些学政行署会建造科举考场，称为"试院"，知府、直隶州知州所主持的府试，也可以借助学政试院作为考场。而未在学政行署中建设试院的府或直隶州，则允许因地制宜，借助府衙、州衙等办公场所，作为临时的考试场地。学政院试、知府府试可以在学政试院或临时考场进行，但由知县主持的县试该如何解决考试场地问题？

清代各州县在未建造县试的场地之前，往往以县衙公署、城隍庙、文昌阁或寺庙等公共场所作为临时考场。而考试所需要的基本用具如桌子、板凳、笔墨都是考生自带，这就使得考试条件艰苦，且考试统一的秩序纪律难以维持。如四川邻水县、彭水县等在未建考试场地时，一到县试均以县衙作为考场，考试桌椅板凳均需考生自带，造成许多不便。

科岁两试诸童就县署，各备坐具以入，肩有荷，手有挚，攒簇门侧，偶有触击，哗噪骇人。出必携之，不则为无行者攘去。且关防亦难严密。①

邑旧无考棚，县试即在县署。亦未置有号橙，应试童生于纳卷后，即自借棹儿抗负而入，塞满堂署。临唱名，则各携坐具互相枨触。既接卷，则纷纷觅座，喧闹不已。及放棚又必共负棹儿以出，否则为皂役等持去，应试者咸苦之。②

① 《道光邻水县志》卷二《学校志·试院》，成都：巴蜀书社，1992年，第615页。
② 《光绪彭水县志》卷二《学校·考棚》，成都：巴蜀书社，1992年，第218页。

这样不仅考生不便，考场管理同样面临窘境，不仅不能实现考场的肃静，甚至还导致考试不能正常进行，乃至舞弊等不良行为的产生。因此在道光十一年（1831 年），邻水县知县余绍元在文昌宫左侧修建"试院"，以作为县试的专门场地。在清代川省各州县，除了称县试场地为"试院"，还有"考棚""试棚"等叫法。光绪二年（1876 年）的巫山县、光绪六年（1880 年）的大宁县、光绪十一年（1885 年）的越嶲厅以及同治年间的会理州等地区都修建有县试专用的"考棚"。

考棚在县署仪门内，东西科房下，东文场一棚，号棹、号橙各十五，西文场二棚号棹、号橙各三十。外置长棹、橙各十条，临街试移列堂，号约共四百余人。①

考棚，光绪六年（1880 年）孀妇胡赵氏捐修考棚……考棚胡赵氏共捐钱二千九百一十四千五百八十九文，光绪六年兴工，九年工竣。②

试棚，军粮府署右，光绪十一年（1885 年）同知蹇洗捐修。③

考棚，三降考棚在治西南隅，照塘一座，栅门一座，头门三楹，东西厢房四间，仪门三楹，东西号舍各五楹。大堂三楹，大堂后房三间，二堂三间，东厢房二间，西厢房二间，厨房一间，箭道一区。④

考棚，在治东门外邑，旧无考棚，试于县署。道光十九年（1839 年），职员杜钟嵋任捐。建号舍三十余间，坐号一千八百有奇。大堂、二堂、上房、头仪门并执事房共六十余间。砖墙周一百余丈。越三载落成。计用制钱一万六千二百余缗，规模宏敞，工程结实。⑤

考棚，志补邑旧无考棚，县试开在县署仪门内，两旁书吏房下设列座位，喧挤嘈杂，严防不谨。自嘉庆二十三年（1818 年），改设西棚之议起，知县李元丰协绅筹画，捐资建置，沿路壹站，夫马公赏署县，戴莘继之爱。道光二

① 《光绪巫山县志》卷十六《学校·考棚》，成都：巴蜀书社，1992 年，第 372 页。

② 《光绪大宁县志》卷四《学校志·考棚》，成都：巴蜀书社，1992 年，第 119 页。

③ 《光绪越嶲厅全志》卷四之一《公署·试棚》，成都：巴蜀书社，1992 年，第 452 页。

④ 《同治会理州志》卷二《考棚》，成都：巴蜀书社，1992 年，第 51 页。

⑤ 《同治增修万县志》卷十一《地理志》《学校·考棚》，台北：成文出版社，1970 年，第 330-331 页。

三年间（1822年至1823年），先后置西山李姓田一分，年收租谷仓斗九十余石，作学使，过境公馆夫马一切支用并。中塘程姓田一分，栅山向朱魏朱田四分，作为差事过境，平价顾夫，夫局支用，永免夫役之劳。一路尖宿站白蛇图、石塔铺、栅山乡、青圃坪，各处公馆陆续告成。有李公及邑贡生廖恒昭叙可考，而城内考棚以无力修建，县试在署如故。咸丰元年（1851年），署县张绍龄创修未毕。二年（1852年），知县孟自桓落成之，共修五间二堂，七间号舍，十二间木脚号桌，二十一张石脚号桌，俱全木号凳一百五十一根。仪门五间，头门三间，厨房三间，厅事房开张有序。自是小试进退肃然，学察按临亦于此驻节。今按每居院试，由县申解州提调费银五十两，帮棚费银一百五十两，约计一切夫马费用，在千金以上。而棚田所出租谷变价下及二分之一。历任赔累非细所，望后之君子补偏救弊别筹经久之费可也。①

道光二十一年（1841年），知县张军飞始倡率士民捐建考棚于署，后为官厅一间号舍，东西各五间，号桌、号橙各八十张，童生由县署大堂进，规模初具，而以疾卒。后知县涂金兰复修头门一座，临正街乐楼二座，仪门三间，大□一堂各三间，皆由西向，两厅各一间，添设堂号桌、橙各十张，规制始。近年因人文日盛，应童试者渐次增多，往往大浮于号，且前逼大街，点名时拥挤严尘，竟不能按名给卷。同治三年（1864年）迁修，圣庙后众议，即以城南圣庙旧址改作试院，洵属事半功倍。区书甫定，因经费不济停工，其有院试旧附重庆府棚。道光元年（1821年）奉旨，于州城设棚，时派修棚银八千两，系酉秀分认。②

考棚在县署左。道光十四年（1834年），余捐廉倡修号舍三十二间，一千八百余号，官厅一座，观德膳一座，龙门一座，并置田收租，以备年久补盖，及应试茶水凉棚之需。③

考棚教场演武厅，嘉庆十八年（1813年），陈汝秋始建考棚、演武厅于紫金山谷。道光五年（1825年），凌椿置教场于西郊外。道光十八年（1838年）李书耀增修东西文场数十号。费壹仟叁佰余金，系按量摊派。自始建以来，

①《光绪黔江县志》卷三《学校·考棚》，成都：巴蜀书社，1992年，第94页。
②《光绪彭水县志》卷二《学校·考棚》，成都：巴蜀书社，1992年，第218页。
③《道光安岳县志》卷四《学校下》，成都：巴蜀书社，1992年，第513页。

修理数次，一取于考棚佃租，再三取于书院膏火。同治十二年（1873 年），现任吴子京捐廉肆拾缗整之。①

按照明清科举惯例，各府、直隶州都建有提督学政行署，有些学政行署中也会建造考场，称为"试院"，以便举行由学政主持的院试考试，由知府、直隶州知州所主持的府试，也可借助学政试院作为考场。②惟有州县考棚没有专门的制度规定，因此也没有专门的国家经费予以支持建造，考棚的经费来源、修建维护等都需要依靠乡绅、州县官员自己想办法解决。因为没有专门的考试场地带来了诸多的弊端与不便。但即使如此，到清道光年间，四川属建制就有 24 个厅、州、府，全省实际设置的考棚就达 17 个，并且在道光二十六年（1846 年）时四川还拟出了带有各个州府特色的考棚楹联，使得四川的科举考试考场进一步规范化、秩序化。③清代四川省各地州县考棚的建造，一方面为考生参加考试提供了极大的便利，另一方面也维护了考试的纪律与严密性，促进了考试的公平，同时也是清政府加强文教政策的侧面反映，考试场地越规范，就越有利于政府的统一规范管理。

（三）考选人数与录取名额

根据《钦定学政全书》整理出的四川省的府、州、县学大致分为：

重庆府学：巴县学、江津县学、长寿县学、大足县学、永川县学、荣昌县学、綦江县学、南川县学、璧山县学、定远县学、铜梁县学（安居县学）、合州学、涪州学、阆中县学、南部县学、广元县学、苍溪县学、昭化县学、通江县学、南江县学、巴州学、剑州学。

顺庆府学：南充县学、西充县学、营山县学、渠州学、蓬州学、广安州学、仪陇县学、大竹县学、邻水县学、岳池县学。

叙州府学：宜宾县学、富顺县学、南溪县学、长宁县学、隆昌县学、庆符县学、筠连县学、高县学、珙县学、兴文县学、屏山县学。

① 《光绪威远县志》卷二《学校志·考棚、教场、演武厅》，成都：巴蜀书社，1992 年，第 962 页。
② 毛晓阳、邹燕青：《以公益求公平：清代州县考棚述论》，《清史论丛》2017 年第 1 期，第 150 页。
③ 郭静洲：《清代四川"考棚"楹联》，《四川文史》1992 年第 4 期，第 43 页。

　　夔州府学：奉节县学、大宁县学、巫山县学、云阳县学、万县学、开县学、石柱县学。

　　龙安府学：平武县学、石泉县学、彰明县学。

　　宁远府学：西昌县学、会理县学、盐源县学、冕宁县学、越嶲厅学。

　　雅州府学：名山县学、荣经县学、芦山县学、清溪县学、天全州。

　　嘉定府学：乐山县学、峨眉山县学、犍为县学、洪雅县学、夹江县学、荣县学、威远县学。

　　潼川府学：三台县学、射洪县学、盐亭县学、遂宁县学、中江学县、蓬溪县学、安岳县学、乐至县学。

　　眉州学：彭山县学、青神县学、丹稜县学。

　　邛州学：大邑县学、蒲江县学。

　　泸州学：江安县学、合江县学、纳溪县学、九姓司学。

　　资州学：仁寿县学、资阳县学、井研县学、内江县学。

　　绵州学：德阳县学、安县学、绵竹县学、梓潼县学、茂州学、汶川县学、保县学。

　　达州学：东乡县学、太平县学、新宁县学（梁山县学轮流两贡）。

　　忠州学：鄪都县学、垫江县学、梁山县学（新宁县学）。

　　酉阳州学：黔江县学、彭水县学，秀山县未设学。

　　叙永厅学：永宁县学。①

　　州县学的规模大小根据行政区划的改变而有所变化。各州县官学规模、录取名额均因州县大小、文风高下、钱粮人口的多寡而决定。②童生通过考试成为生员获得"功名"，而成为四民之首，享受政治、经济上的特权。所以，录取学额就当时社会而言，是一种非常重要的社会文化资源，因此政府的控制也相对严格。对于各省武生学额，初无定制，康熙十年（1671年）规定，各省武生学额照文生例，分大、中、小学考取。③具体学额也会因具体情况而

---

① （清）素尔讷等纂修，霍有明、郭海文校注：《钦定学政全书》卷五十七，《四川学额》，武汉：武汉大学出版社，2009年，第212-213页。

② 王德韶：《清代科举制度研究》，北京：中华书局，1984年，第61页。

③ 商衍鎏：《清代科举考试述录》，上海：上海三联书店，1958年，第189页。

产生变化，或增多或减少。根据川省地方志，收集整理州县学额如下：

《嘉庆金堂县志》记载，

学额，金堂儒学复设教谕一员，训导一员，廪膳生员二十名，增广生员二十名，附学生员不限额。岁贡生每二年取贡一人，拔贡生每逢酉年取一人入学。旧额岁科试，各取文章八名，岁试取武童八名。乾隆三十九年（1774年），知县陈大文请增学额，督学吴奏准，以松茂所裁学分拨各县，金堂得增额一名。凡岁科两试，文武童各取进九名。[①]

《嘉庆邛州志》记载，

学额，凡岁试额取文武童生入学各十五名。凡科试额取文童入学十五名。廪膳生员三十名，饩银每岁每名三两二钱，过闰加增二钱六分六厘。增广生员三十名，贡生三年二贡。[②]

《道光重庆府志》记载，

重庆府岁试取进文府学生二十名，科试亦如之，武生岁试进取二十名，廪膳生员四十名，每岁额给饩粮三两二钱，过闰加银二钱六分，增广生员四十名，一年一贡。

巴县，原额十二名，嘉庆十六年（1811年）增江北厅学额六名，巴县裁拨三名，额止九名。二十一年，铜梁裁减一名，安居裁减二名，拨选巴县。二十三年，安居呈请复选一名。道光七年（1827年），汶川县裁拨一名归巴县，仍复原额十二名。廪生二十名，增生二十名，二年一贡。

江津县，原额进八名，雍正四年（1726年）提学任兰芝题增四名，廪生二十名，增生二十名，三年两贡。长寿县，原额进八名，廪生二十名，增生二十名，二年一贡。永川县，原额进八名，廪生二十名，增生二十名，二年一贡。

荣昌县，原额进八名，廪生二十名，增生二十名，二年一贡。綦江县，

① 《金堂县志》卷七《学校·学额》，成都：巴蜀书社，1992年，第237页。
② 《邛州志》卷九《学校·学额》，成都：巴蜀书社，1992年，第66页。

原额进八名，廪生二十名，增生二十名，二年一贡。

　　南川县，原额进八名，廪生二十名，增生二十名，二年一贡。合川，原额进十二，廪生三十名，增生三十名，三年两贡。

　　涪州，原额进十二名，廪生三十，增生三十，三年两贡。

　　铜梁县，原额进八名，嘉庆二十一年（1816年）裁拨一名归巴县，额止七名，廪生二十名，增生二十名，二年一贡。

　　安居乡，原额进八名，嘉庆二十一年裁拨二名归巴县。二十三年呈请复还一名，额止七名，廪生二十名，增生一名，二年一贡。

　　大足县，原额进八名廪生，二十名增生，二年一贡。璧山县，原额进八名廪生，二十名增生，二年一贡。定远县，原额进八名廪生，二十名增生，一年一贡。

　　江北厅，嘉庆十六年（1811年）议准设立专学，酌定岁试取进文童六名、武童六名，科试取进文童六名，将现设学额，只准新添三名，其余三名即于巴县额进十二名内分拨，以符定额六名，廪生六名，增生六名，四年一贡。[①]

《道光新津县志》记载，

　　学额，新津未分双流县，每岁科考取进文生十二名，既分后，拨六名入双流县，仍旧新津县学六名。乾隆十七年（1752年），举人覃儒英、拔贡生陈瓒等以应试童生益多，禀请学督葛咨部准增二名，迄今岁科考取进文武生各八名，府学拨数无定额。廪膳生十名，每名每年额给气粮银三两二钱，过闰每名加银二钱六分。增广生十名。[②]

《道光綦江县志》记载，

　　綦江小学额取文生八名，岁科试共取十六名。增广生员二十名，岁科试次等者拔补。廪膳生员二十名，以岁科两试优等者拔补，额给饩粮银二两二。贡生二年一贡，取资深者充岁贡过恩次补。恩贡一名。武生岁取进八名。[③]

①《道光重修重庆府志》之《学校志》卷五《学额》，成都：巴蜀书社，1992年，第194-195页。
②《道光新津县志》卷二十三《学校·学额》，成都：巴蜀书社，1992年，第619页。
③《道光綦江县志》卷三《学校》，成都：巴蜀书社，1992年，第401页。

《道光龙安府志》记载，

龙安府学额进十五名，廪生三十名，增生三十名。三年两贡。学地二十三亩五分。廪生三十名每年饩粮银九十六两，在平武县地丁内留支。

平武县，学额进八名，廪生二十名，增生二十名。二年一贡。学田三分八厘。廪生二十名，每年饩粮银六十四两在本县地丁内留支。

江油县，学额进八名，廪生二十名，增生二十名，二年一贡。学田岁收谷六十石。廪生二十名，每年饩粮银六十四两在本县地丁内留支。

石泉县，学额进八名，廪生二十名，增生二十名，二年一贡。廪生二十名，每年饩粮银六十四两在本县地丁内留支。

彰明县，学额进五名，廪生十名，增生十名，四年一贡。廪生饩粮银每年二十三两在本县地丁内留支。[①]

《咸丰冕宁县志》记载，

学额，系小学岁科试取进文童各八名，岁试取进武童八名，若遇庆典，文童广增额三名。廪额，原设二十名，嘉庆九年（1804 年）设置府学，十四年奉裁五名拨归府学，现额廪生十五名。增生，原设二十名，嘉庆十四年（1809 年）奉裁五名拨归府学，现额增生十五名。岁贡，二年一贡。[②]

《同治重修成都县志》记载，

雍正七年（1729 年）议准复议，设华阳县由成都县分出，应将成都县额进童生二十名，并额设廪生增各二十名，分半归华阳县。其现在文武生各按居址分隶两县，至岁科取进童生拨入府学之数，亦合两县分派量拨，再查成都县学系二年一贡，今既分拨两县，自应输贡。前两年成都县贡一人，后两年华阳县贡一人，照此输轮。雍正十年（1732 年），议准四川成都华阳原系两县，又系省会首邑，与他处分设者不同，均照中学例，每县各取童生十二名。乾隆十八年（1753 年），议准成都、华阳二县学，均加廪增各五名，定为十五

①《道光龙安府志》卷四下《学校·学额》，成都：巴蜀书社，1992 年，第 766-768 页。
②《咸丰冕宁县志》卷五《建置志二·学校·学额》，成都：巴蜀书社，1992 年，第 955 页。

名，合两县廪额正得州学廪生三十名，三年两贡之例，嗣后三年内令两县轮流各一人。①

《同治直隶绵州志》记载，国朝顺治初，生员无定额，大县或取至百人。十二年奉旨大学四十人，中学二十五人，小学十五人。十六年始定大学十五名，中学十二名，小学八名。绵州于例为中学，每科岁考额进童生十二名。雍正八年（1730年），因复设彰明县拨去学额五名，廪额十名，州留学额七名，廪生额二十名。乾隆十八年，学政葛峻起题请加增，学额三名定为十名，仍照三年两贡。彰明县轮流出州贡一名、县贡一名。乾隆三十五年（1770年），裁罗江县并州案内，拨本州学额二名归梓潼县，并入裁汰之罗江县，学额六名，廪额二名。合州其学十四名，廪三十名。嘉庆七年（1802年），州复旧治案内部覆学额，廪增各复原制，州学仍照旧额十名。彰明县轮流出贡，三年两贡，州二县一。咸丰七年（1857年），因州人捐输助饷案内，部覆加广文武学，定额各四名。九年，捐输加广定额各三名，此三名内有一名系州绅熊文革在陕西候补道员时捐输助饷，部覆加广本籍文武学，定额各一名。同治元年（1862年），捐输加广定额各一名。七年捐输加广定额各一名。总计旧额州学，遂以二十名为定制。②

《同治高县志》记载，

学额，国朝额设廪膳生二十名，增广生二十名。岁科两试，每次取文童八名，入学为附学生。岁试又兼取武童八名为武生。自咸丰五年（1855年），于四川捐输案内，奏准永广高县文武生学额各一名。若有捐输，加广随时酌定。廪膳中二年贡一人过。③

《同治会理州志》记载，

学校学额，岁科试取进文生各十二名，岁试取进武生十二名。嘉庆十四年（1809年），裁拨归府学三名，岁试取进文生十名，武生十名，科试取进文

---

① 《同治重修成都县志》卷四《学校志·学额》，成都：巴蜀书社，第142-143页。
② 《同治直隶绵州志》卷十六《学校·学额》，成都：巴蜀书社，1992年，第203页。
③ 《同治高县志》卷之十五《学校·学额》，台北：成文出版社，1970年，第266页。

生十名。额设增广生十八名，额设廪膳生十八名，五年三贡。^①

《重修彭县志》记载，

县旧系中学，文武取进各十二名。康熙六年（1667年）省县归并新繁，学亦奉裁。雍正七年（1729年）复设，与新繁各分拨一半，每试入学为八名。咸丰七年（1857年）大患，因津捐有成数，奏请加定额两名。同治七年（1868年），复奏请加定额四名，合原额共拾肆名，永远为例，其余暂广。自咸丰三年（1853年）起至本年岁科考俱有广额，其名数视津捐银多寡核算加广。廪增生原额各二十名，自雍正七年与新繁分学，各拨廪增额拾名。岁贡生原额二年一贡，雍正七年奉文新彭两县廪生轮流，三年二贡遇。^②

《光绪新修潼川府志》记载，

三台县原设文武生学额各十二名，嗣永定廪额各十名，计岁试文武生各二十二名，又拨府各三名科试文生二十二名，又拨府四名。

射洪县原设文武学额各十二名，嗣永定广额各四名，计岁试文武生各十六名，又文生拨府二名，武生拨府一名，科试文生十六名，又拨府二名。

盐亭县原设文武学额十三名。乾隆四十六年（1781年）裁去一名。同治六年（1867年），湖北提督江长贵捐俸报劾，奏准一永广文武学额各一名，计岁试文武生各十三名，又拨府各一名，科试文生十三名，又拨府一名。

中江县原设文武学额各八名，嗣永定广额各十二名，计岁试文武生各二十名，又拨府各二名，科试文生二十名，又拨府三名。遂宁县原设文武学额各十名，嗣永定广额各十二名，计岁试文武生各二十二名，又拨府各一名，科试文生二十二名，又拨府一名。

蓬溪县原设文武学额各八名，嗣永定广额各八名，计岁试文武生各十六名，又拨府各三名，科试文生十六名，又拨府三名。

安岳县原设文武学额各八名，嗣永定广额各八名，计岁试文武各十六名，又拨府各三名，科试文生十六名，又拨府三名。乐至县原设文武学额各八名，

①《同治会理州志》卷二《学额》，成都：巴蜀书社，1992年，第53页。
②《重修彭县志》第四卷《治理门上·学校志》，成都：巴蜀书社，1992年，第98页。

嗣永定广额各三名，计岁试文武生各十一名，科试文生十一名。[1]

《光绪盐源县志》：

盐源县向系中学设，自雍正五年（1727年）岁试原额取入文童十二名，武童十二名，科试原额取入文童十二名，廪额二十名，增额二十名。嘉庆九年（1804年），新设宁远府学，裁拨岁科两试文武学额及廪增额各二名，现额岁试取入文童十名，武童十名，科试取入文童十名。每试现额外取入二名拨充府学，廪膳生额十八名，增广生额十八名，岁贡二年一次。[2]

《光绪越巂厅全志》：

学额，岁科试取进文童各八名，岁试取进武童八名。若遇庆典，文童广额三名。乾隆二十六年（1761年），学院陈鉴裁减学额各二名，岁科并试取进文生十二名，武生六名。光绪十一年（1885年），同知寒洗以人才渐盛详请复原额，总督丁宝桢奏奉，旨准复原额。廪额原设廪生二十名，乾隆二十六年奉裁五名，现额十五名。拔贡逢酉年考取一名，岁贡三年一贡遇，过庆典加添恩贡一名。本县原额廪生二十名，每名岁支饩粮银三两二钱，共银六十两四十钱，过闰每名加增银二钱六分六厘六毫六丝四忽，每岁具领赴藩库请领支给。于嘉庆十三年（1808年）起，在地丁内扣支。又于嘉庆十四年（1809年）奉文，将额廪生拨归府二名。现存十八名，每岁共支饩粮银五十七两六钱。[3]

《光绪盐源县志》：

盐源县向系中学设，自雍正五年岁试原额取入文童十二名，武童十二名，科试原额取入文童十二名，廪额二十名，增额二十名。嘉庆九年（1804年），新设宁远府学，裁拨岁科两试文武学额及廪增额各二名，现额岁试取入文童十名，武童十名，科试取入文童十名。每试现额外取入二名拨充府学，廪膳

①《光绪新修潼川府志》卷十三《学额》，成都：巴蜀书社，1992年，第306-308页。
②《光绪盐源县志》卷四《学校志·学额》，成都：巴蜀书社，1992年，第741页。
③《光绪越巂厅全志》卷五之一《学校志上·学额》，成都：巴蜀书社，1992年，第469页。

生额十八名，增广生额十八名，岁贡二年一次。[1]

《嘉庆郫县志》：

中学岁试额取文童十二名，武童十二名。科试额取文童十二名。雍正四年（1726年），复设崇宁县学，各取六名。乾隆二十二年（1757年），添学二名，各取八名，拨府学一、二名不等。额设廪膳生员二十名，每名岁给饩粮银三两二钱。雍正四年复设崇宁县学，各分拨十名。额举增广生员二十名，内分拨崇宁县学十名。每科岁贡生原额二年一人，雍正四年复设崇宁县学，奉文两学廪生分年输流出贡。选拔贡生，旧例十二年举行一次，府学二人，县学一人，宁缺毋滥。雍正五年（1727年）奉文选拔一次，乾隆七年（1742年）奉文仍复十二年之例。[2]

可见学额作为一种珍贵的教育资源，是政府管控地方社会文教的重要有效手段。虽然增广学额是地方社会普遍希望之事，但还是十分困难，因此四川省各个州县学额在不同的时间没有特别大的差异。学额分配的总依据为文风高下、钱粮丁口多寡两个方面，文风高且经济发达的地区则拥有相对较多的学额，如成都府较之夔州府，额进学额就要多几名，力求做到地区间的均衡协调发展，才能维护社会的稳定秩序。但总体而言，童试的录取率远远低于乡试与会试，因为参加童试的人数远远大于乡试、会试，而且童试本身也包含县试、府试、院试等一系列考试，童试之后还有岁、科考试，远比乡试、会试复杂。

二、生员的法律特权

清统治者为了培养出合格的人才，对生员采取笼络优待和严加约束并举、宽严相济的政策，因此相较于其他士绅而言，生员的地位较低，但享有一定特权。为显示对生员的特殊照顾，清朝统治者为生员建立了与普通老百姓不

---

[1] 《光绪盐源县志》卷四《学校志·学额》，成都：巴蜀书社，1992年，第741页。
[2] 姚乐野、王晓波主编：《四川大学馆藏珍稀四川地方志》之《嘉庆郫县志》卷十五《学校六》，成都：巴蜀书社，2009年，第86页。

同的管理体系。顺治九年（1653年）诏：

> 颁卧碑文于直省儒学明伦堂。文曰："朝廷建立学校，选取生员，免其丁粮，厚以廪膳。设学院学道学官以教之。各衙门官以礼相待，全要养成贤才以供朝廷之用。诸生当上报国恩，下立人品。①

诏令表明了清统治者对生员给予的特权与厚望。生员只接受教官和学政的约束，地方官员虽可监督生员但无权责罚。生员的言行触及法律时，地方官员须按规定首先向官学汇报，然后会同教官和学政对生员进行相应的处置，不可擅自处罚。如生员犯下重大罪行，须先报学政革除其生员资格，再依法治罪，如顺治十年（1653年）规定：

> 生员犯小事者，府州县行教官责罚；犯大事者，申学政黜革，然后定罪。如地方官擅自责生员，该学政纠参。②

乾隆元年（1736年）又议准：

> 生员所犯，有应戒饬者，地方官会同教官，将事由具详学臣，酌断批准，然后照例在于明伦堂扑责。如有不行申详学臣，不会同教官而任意呵叱，擅自饬责者，听学臣查参，以违例处分。学臣亦不得袒庇生员，违公批断。③

乾隆九年（1745年）因寄籍生员滋事，下诏：

> 四川省寄籍生员，平素与本学教官不一谋面。不肖之徒，恃符滋事。及至败露，又以现任州、县非本管之官，恣意藐抗，待至往来移查，人已闻风远飏。辗转拖延，莫可究诘。嗣后除本学文武各生，令该督、抚严饬各州、县会同教官照常整饬外，其有居住该州、县而入他邑庠者，限文到两月，自行呈明：系何学生员，居住某里、某甲、某邻右，及有无田粮庐墓。逐一详载，造册送该学政查核。如逾限不行呈明，即行褫革。该州、县务彻底清厘，

① （清）乾隆官修：《清朝文献通考（一）》卷六九《学校考·直省乡党之学》，杭州：浙江古籍出版社，1988年，第5486页。
② （清）素尔讷等纂修，霍有明、郭海文校注：《钦定学政全书》卷二十四《约束生监》，武汉：武汉大学出版社，2009年，第88页。
③ 同上，第89页。

毋许朦混开报。一面移交该教官，分别约束。有侍符滋事者，该州、县即行详革。①

进一步细化了对不同情况生员的管理。

嘉庆五年（1800年）进一步强调对擅自处罚生员的惩罚：

吏部议准，向例生员应戒饬者，地方官会同教官在明伦堂扑责。如擅自叱责，照违令公罪律，罚俸九个月。今酌议加重。嗣后应戒饬之生员，地方官擅自叱责者，降二级留任。因而致死者，降二级调用。系故勘致死，照律治罪。②

《云阳县志·学校志》就有类似记载：

凡诸生违反教条学规，堕行失德者，司其纠举而训励之。或因事争奸，听其曲直。事涉民刑者，移县庭纠治，县庭听生员之讼，应执法申斥者，必移儒学，得许始加扑责。科重者会名具牍上，提学革之。③

因此，地方官不得擅自处罚生员，更无权革去生员和监生的身份，对生监的惩罚，一般都操诸之于掌握生员"红案"的州县儒学之手。

清政府对生员的特殊照顾，还体现在对生员给予如廪膳、免丁粮、免差役和拥有法定服装的优待。顺治元年（1644年）规定："各省府州儒学，食廪生员仍准廪给，增、附生员仍准在学肄业。俱照例优免。"④四川各府、州、县地方志对廪膳生员的优待情况有着一些记载：

奉节县廪生，原编二十名，每名岁支饩粮银九两六钱，遇闰加银八钱。但因为钱粮不敷，原未领给。于康熙二十四年（1865年）八月内奉文"为圣治当重熙"等事案内：廪生饩粮请复三分之一，每名岁支银三两二二钱，共

① （清）素尔讷等纂修，霍有明、郭海文校注：《钦定学政全书》卷二十四《约束生监》，武汉：武汉大学出版社，2009年，第89页。

② 同上。

③ （民国）朱世镛、黄葆初、刘贞安等：《云阳县志》卷十一《学校志》，民国二十四年铅印本。

④ （清）乾隆官修：《清朝文献通考（一）》卷六九《学校考·直省乡党之学》，杭州：浙江古籍出版社，1988年，第5485页。

银六十四两。遇闰加银两二钱六分。因大宁县归并管理，于雍正七年（1729年）十一月内奉文复设，将廪生二十名分拨大宁县七名，廪饩粮银两仍于本县地丁银内扣留支给。①

酉阳州州学廪生，每名岁支饩粮银三两二钱，共计六十二两。遇闰每名加闰银二钱六分六厘在地丁内扣留支给。支剩银两解缴藩库归款。②

南川县额设廪生二十名，增生二十名，余称附生。附生等第优先者，遇廪增生缺，挨次填补。廪生岁领饩粮银三两二钱，本县地丁开支。增附无之。③

本县原额廪生二十名，每名岁支饩粮银三两二钱，共银六十两，过闰每名加增银二钱六分六厘六毫六丝四忽，每岁具领赴藩库请领支给。于嘉庆十三年（1808年）起，在地丁内扣支。又于嘉庆十四年（1809年）奉文，将额廪生拔归府二名。现存十八名，每岁共支饩粮银五十七两六钱。④

顺治十二年（1655年）又统一规定：

各省提学，将各学廪、增、附名数，细查在学若干，黜退若干，照数册报，出示各该附州县卫张挂，俾通知的确姓名，然后优免丁粮。⑤

乾隆元年（1736年）下诏：

在土作贡，国有常经。无论士民，均应输纳。至于一切杂色差徭，则绅衿例应优免。乃各省奉行不善，竟有令生员充当总甲、图差之类。殊非国家优恤士子之意。嗣后举、贡、生员等，著概免杂差，俾得专心肄业。倘于本户外，别将族人借名滥充，仍将本生按律治罪。"⑥

在法定服饰方面，顺治二年（1645年）颁布规定：

生员品服式，银雀帽，顶高二寸，带用九品（乌角圆板四块），蓝袍青边，

---

① 四川奉节县志编撰委员会：《奉节县志》，北京：方志出版社，1985年，第42页。
② （清）邵陆：《酉阳州志》，成都：巴蜀书社，2010年，第24页。
③ （民国）柳琅声：《南川县志》卷七《学校志》，民国十五年铅印本。
④ 《光绪越嶲厅全志》卷五之一《学校志上·学额》，成都：巴蜀书社，1992年，第469页。
⑤ （清）恭阿拉等撰：《钦定学政全书》，卷三二《优恤士子》，清嘉庆十七年官刊本，第63页。
⑥ 同上，第65页。

披领同。①

朝廷颁布法定的生员服式，即是认定生员为预备官僚，对于各个州、府、县的生员而言具有一定的激励刺激作用。清政府的这几项优惠待遇，使得生员区别于普通老百姓的社会地位：作为政府官员的后备力量，拥有一定的政治特权；经济上有稳定的生活保障，并且没有沉重的徭役负担；精神层面其人格得到了社会的尊重，地方官员须对其以礼相待；等等。这些给生员套上了令人羡慕的光环，因此参加童试的人数庞大。

生员受罚，"干系诸生体面"，因而在各类官箴书中经常会有"生员莫轻打"的说法。②生员除了"系好讼多事""代人扛帮诬证"外，犯杖罪例及其以下情节较轻之罪时，准他们出相应的资金"纳赎"，免除肉体上的惩罚。③若犯"杖一百"及徒流上之罪时，生员必须被"斥革"功名后，才可以进行相应的惩处。④如果地方官对生员擅自用刑，即便是生员有所过犯，其仕途也会受到影响。如，嘉庆二十五年（1820年），武定府知府王果在审讯"生员张锐鏃与书役刘永利等结讼一案"时，在没有斥革张锐鏃生员衣顶的情况下，令其"穿戴绿衣绿帽，涂面锁项，鸣锣游街"。该案发生后，朝廷着即将王果革职暂押，嘉庆帝亦对该案的审断作出强硬的规定："如张锐鏃所犯罪名在军流以上，王果业经革职毋庸再议，傥张锐鏃罪不止于军流，抑或竟系无罪则，王果不仅革职，仍应奏明治罪，以示惩儆。"⑤该案是地方官藐视学校的典型案例，朝廷之所以如此重视，也是出于对学校秩序和生员特权的维护，以免引起更大的骚乱。

律例的优待一定程度上给"刁生劣监"的诉讼活动提供了保护伞，地方

---

① （清）乾隆官修：《清朝文献通考（一）》，卷六九《学校考·直省乡党之学》，杭州：浙江古籍出版社，1988年，第5485页。
② （清）陈弘谋辑：《从政遗规》，中华书局五种遗规排印本；（清）觉罗乌尔通阿编辑：《居官日省录》，咸丰二年刊本；（清）张鹏翮撰，隋人鹏集解：《治镜录集解》，道光十三年仕学斋重刊本。
③ 胡星桥等：《读例存疑点注》，北京：中国人民公安大学出版社，1994年，第20页。
④ 马建石等：《大清律例通考校注》，北京：中国政法大学出版社，1992年，第197页。
⑤ 《清实录》（第三二册），卷374，北京：中华书局，1986年，第942页。

官若要对其加以惩罚，也必须却有实据。褚瑛在《州县初仕小补》中曾记载道：

> 贡监生员每多包揽词讼，平空插入扛帮讼事，如果到案，不可轻易责打。即或逞习顶撞，亦不可认真发怒。即交号房看守，速将可恶之处，及平日恶迹据实声叙，详请斥革功名，奉到批示，然后用刑惩办，始无后患。[①]

贡监生员"包揽词讼""扛帮讼事"到案后，州县官亦不可轻易将其责打，若要斥革其功名，也需要州县官将犯案生员"交号房看守"，并将其恶行向省学政报告，等"奉到批示"，才可"用刑惩办"。加之生员等下层士绅在基层社会的数量较上层士绅多得多，"并且在没有上层绅士居住的地方他们也有放手管理的权力"[②]，因而生员们经常会参与到地方事务中去。当族邻间发生纠纷，百姓们会依赖生员们的声望调处纠纷，或者利用其身份代替他们呈控公堂。生活在基层的生员，大多数家境并非十分宽裕，经常以"耕读"等方式缓解经济压力，他们在遇到户婚、田土、钱债等方面的纠纷时，也更容易与百姓发生争执，甚至为达到目的而不惜将纠纷闹到衙门。此外，基层社会中也活跃着许多"刁生劣监"，他们以"包揽词讼"、代写呈状等方式获得法外收益。以上都是导致地方一系列由生员"怂恿"或者亲自参加的诉讼案件在整个案件数目中占有很大比例的重要因素。由此，朝廷和地方不得不制定越来越多的较为严厉的条例或者申示，以约束生员的诉讼行为。

三、生员功名的斥革

生员是国家的栋梁，是未来之官，官府厚待生员是常识、常情。因为其是官员的后备军，与官府有着千丝万缕的联系，这就使得生员有可能成为欲讼者的依仗。清朝虽然给予生员各种优待与特权，但是又从其他方面对生员设置禁令，控制其思想言行，乃至斥革惩罚。士人干讼是中国古代历史上客观存在的一个现象，到了清代则愈演愈烈，以至于皇帝颁布圣谕禁止。卧碑

---

① （清）褚瑛：《州县初仕小补》卷下《刁生劣监》，官箴书集成编纂委员会编：《官箴书集成》第8册，合肥：黄山书社，1997年，第762页。

② 张仲礼著：李荣昌译：《中国绅士——关于其在19世纪中国社会中的作用》，上海：上海社会科学院出版社，1991年，第8页。

文就是皇帝颁布的圣谕，拥有非常高的法律效力。顺治九年（1653年）题准：刊刻卧碑，置于明伦堂之左，晓示生员：

朝廷建立学校，选取生员，免其丁粮，厚以廪膳，设学院、学道、学官以教之，各衙门官以礼相待，全要养成贤才，以供朝廷之用。诸生皆当上报国恩，下立人品。所有教条，开列于后：

一、生员之家，父母贤智者，子当受教；父母愚鲁，或有非为者，子既读书明理，当再三恳告，使父母不陷于危亡。

一、生员立志，当学为忠臣、清官。书史所载忠、清事迹，务须互相讲究。凡利国爱民之事，更宜尽心。

一、生员居心忠厚正直，读书方有实用，出仕必作良吏。若心术邪刻，读书必无成就，为官必取祸患。行害人之事者，往往自杀其身，常宜思省。

一、生员不可干求官长，交结势要，希图进身。若果心善德全，上天知之必加以福。

一、生员当爱身忍性，凡有司官衙门，不可轻入。即有切己之事，止许家人代告，不许干预他人词讼。他人亦不许牵连生员作证。

一、为学当尊敬先生，若讲说，皆须诚心听受。如有未明，从容再问。毋妄行辨难。为师长者亦当尽心教训，勿致怠惰。

一、军民一切利病，不许生员上书陈言。如有一言建白，以违制论，黜革治罪。

一、生员不许纠党多人，立盟结社，把持官府，武断乡曲。所作文字，不许妄行刊刻，违者听提调官治罪。①

卧碑的内容基本上是承袭明代的规制，但更加强调学为忠臣清官的重要性。出入衙门之禁，是专门针对当时的生员风气而提出来的，生员作为有思想的群体，加之自身所拥有的特权，所以懂得以法律条文为武器，来保护自己。但也有一些生员利用自身的有利条件，出入衙门参与诉讼，以牟取私利，

---

① （清）素尔讷等纂修，霍有明、郭海文校注：《钦定学政全书》卷二《学校条规》，武汉：武汉大学出版社，2009年，第8页。

有的甚至勾结官员，议论朝政。因此清廷尽可能地设法限制生员参与诉讼。康熙四十一年（1702年）御制《训饬士子文》颁行直省各学：

尔诸生其敬听之：从来学者先立品行，次及文学、学术、事功，原委有叙。尔诸生幼闻停训，长立宫墙，朝夕诵读，宁无究心？心也躬修实践，砥砺廉隅，敦孝顺以事亲，秉忠贞以立志。穷经考业，勿杂荒诞之谈；取友亲师，悉化骄盈之气。文章归于醇雅，毋事浮华；轨度式于规绳，最防荡轶。子衿佻达，自昔所讥。苟行止有亏，虽读书何益？若夫宅心弗淑，行己多愆，或蜚语流言，挟制官长；或隐粮包讼，出入公门；或唆拨奸猾，欺孤凌弱；或招呼朋类，结社要盟。乃如之人，明教不容，乡党勿齿。①

清朝除了卧碑和《训饬士子文》等宏观的思想指导，在具体的法律制度层面，也设置了许多限制生员参与诉讼的条例。在顺治八年（1651年）设定了生员出入衙门登记制度：

该管有司官，于诸生进见，须设门簿，或公事入，或私事入，悉登姓名。或自构讼，或为人讼，或自为证，或被牵证，全载情节。其有事不干己，辄便出入衙门，乞恩网利，议论官员贤否者，许即申呈提学官，以行止有亏革退。②

雍正五年（1727年）议准：贡、监既令学臣约束，应照依生员之例，令州、县官设立门簿。凡贡、监初入衙门，逐一填造。每月申报督、抚、学政，严加查核。③

雍正六年（1728年）又议准：生员有切己之事，赴州、县告理者，先将呈词赴学挂号。该学用一戳记，州、县官验明收阅。倘有恃恃健讼，重则斥革，轻则以劣行咨部。④

① （清）素尔讷等纂修，霍有明、郭海文校注：《钦定学政全书》卷二《学校条规》，武汉：武汉大学出版社，2009年，第8页。
② 同上。
③ （清）素尔讷等纂修，霍有明、郭海文校注：《钦定学政全书》卷二十四《约束生监》，武汉：武汉大学出版社，2009年，第88页。
④ 同上。

雍正七年（1729 年）议准：生、监中，有串通窃盗，窝顿牛马；代写词状，阴为讼师；诱人卖妻，作媒图利者，将本身加常人一等治罪。[①]

乾隆元年（1736 年）又议准：生、监既隶儒学，果有抗粮、包讼等事，该学自可详革。若惟以五生互结为凭，良善者固气类相投，不肖者岂不能朋比掩盖？应将岁终责取互结之例停止。又生员事关切己，与包揽词讼不同。若必令赴学挂号，求用戳记，恐不肖教职挟嫌勒索，徇私容隐，徒滋弊窦。应将赴学挂号戳记之例停止。[②]

乾隆二十四年（1759 年）又议准：士子身列胶庠，讦讼洵为恶习。董戒约束，乃学臣专责，不可不严立稽查。应酌量州、县繁简，按季立簿，由学政衙门印发。各州、县于自行办理词讼，及上司批查事件内，有生、监属原告或系被告，将两造姓名、简明事由，按日登记。已审结者，将看语一并录出。未结者，注明"未结"字样。会学钤印，每两季申缴一次。仍将并无遗漏之处申明，听学政衙门查核。至于生、监为人作证，如系他人妄行牵连，许本生自行辨明，免其开注。若系无故多事，出身作证，即属不守学规。地方官详明学臣，分别戒饬、褫革，照例办事。再生、监之显然成讼者，按簿可稽其巧构讼端。潜身局外者，稽讼簿虽设，无由登若辈之姓名。应令学臣于甄别优劣，考校艺业之时，实力整饬，详悉提察。一有唆讼之辈，饬令地方官严拿重惩。[③]

替人作证，是诉讼的重要方面。为限制生员参与诉讼，连带限制替人作证。乾隆三十六年（1771 年）就作出了法律规定，凡是替人作证，证词不实即罪加一等；即使证词属实，依然要受到戒饬，如若屡次不改正者将被革除。

生员代人作证，经地方官审系全诬，则故攫法网，较之寻常包揽者其情尤重。若仅照平民一律定拟，实不足以示惩儆。应立行详褫革，即照教唆词

———————

① （清）素尔讷等纂修，霍有明、郭海文校注：《钦定学政全书》卷二十六《整饬士习》，武汉：武汉大学出版社，2009 年，第 94 页。
② 同上，第 97 页。
③ （清）素尔讷等纂修，霍有明、郭海文校注：《钦定学政全书》卷二十四《约束生监》，武汉：武汉大学出版社，2009 年，第 90 页。

讼本罪上各加一等治罪。如计赃重于本罪者，仍照律以枉法从重论。其讯明事属有因，并非捏词妄证者，虽佐确凿，而以全无关涉之事出入公庭，其平日不能读书自爱，已有明验。亦应将本生严加戒饬。倘罔知悛改，复蹈前辙，该教官查明再犯案据，开报劣行，申详该学政黜革。[①]

生员由于其自身条件便于帮助诉讼，因此国家要大力禁止。而意识形态方面的原因，才是禁止生员助讼的根本原因，因为国家不能容许未来的官员们站在国家法律秩序的对立面，变成与官府争论是非的角色，构成对国家司法审判权威的威胁。因为在这样一个专制主义时代，不允许纠错与监督。生员帮助私人诉讼，就意味着民间力量与官府的对抗与挑战。当然不可否认，有些无良的生员确实会利用自身具备的知识素养及便利条件妄加干讼，影响司法的公正性。

贤良的人才是辅助君主治理好国家的关键，统治者重视文教就可以改变社会风气，使得政治清明。在中国两千多年的封建传统社会之中，历代统治者一贯重视文教，以笼络有才之士。清朝从统治初期开始，就沿革明制，严格对待考试功令。举行三级考试以及多场覆试，严格规定学额，制定优待生员的措施，尽可能地录取人才，同时也制定相应的禁令以应对生员做出站在朝廷对立面的事情。总之，科举考试关系到整个社会阶层的上下流动，其发展到清代已经是比较制度化、规范化的一种选拔人才的措施，而童试作为最基础的一环，其落实的好坏关系着整个科举制度的根基。面对生员这样一个基数庞大、构成复杂的群体，对其进行针对性的研究，具有重要意义。

---

① （清）素尔讷等纂修，霍有明、郭海文校注：《钦定学政全书》卷二十六《整饬士习》，武汉：武汉大学出版社，2009年，第99页。

第二章

生员诉讼程序及相关限制

一、生员诉讼的相关程序

从《南部档案》看，一个简单而完整的诉讼程序大致体现在"原告的状词与衙门的批词""被告的诉词与衙门的批词""衙门发出的差票""堂审时的点名单、供词、堂谕""甘结"这五张文书上。[①]生员作为有功名之人，"享有优于普通百姓的地位"[②]，其诉讼程序自与平民有所不同。明朝，官至刑部左右侍郎的吕坤（1536—1618）曾言：

> 诸生有身家之事类，递学宫教官转牒，令家人听审，不许朔望与县堂、明伦堂讲事，以犯卧碑。大凡学校事情，不系重大，法所难容者，比庶民自有体面。若三五相约，公然请嘱，不惟有司难容，而上亦失守身之道矣。[③]

依吕氏所言，在明朝后期，生员若因词讼向地方官府呈状，需先将状纸呈至学宫教官处，再由教官以牒文的方式转交给州县官。且多数情况下，涉及生员的词讼由其家人代为听审，不许自行到州县衙门或是儒学衙门讲事。

到了清代，生员在诉讼程序上大致有如下情况：

（一）呈状前加盖"儒学验记"

生员在未"出贡"前，其言行均受地方儒学管教，一般无切己之事，不得擅入公门。若"事关切己"赴州县呈告，生员所递呈词亦需先到儒学挂号。清初沿用明朝之法，要求生员将呈状先交由本管教官收阅，再由教官用官防封送至州县官处。[④]雍正六年（1728 年）议准：

> 生员有切己之事，赴州、县告理者，先将呈词赴学挂号，该学用一戳记，

---

① 吴佩林：《清代县域民事纠纷与法律秩序考察》，北京：中华书局，2012 年，第 126-174 页。

② 瞿同祖著，范忠信、何鹏、晏锋译：《清代地方政府》，北京：法律出版社，2011 年，第 277 页。

③（明）吕坤：《新吾先生实证录》，刘俊文主编：《官箴书集成》第 1 册，合肥：黄山书社，1997 年，第 475 页。

④（清）黄六鸿：《福惠全书》卷三《莅任部二·申缴门簿》，刘俊文主编：《官箴书集成》第 3 册，合肥：黄山书社，1997 年，第 258 页。

州、县官验明收阅。倘有恃符健讼，重则斥革，轻则以劣行咨部。[1]

但由于生员赴学挂号求用戳记可能会招致地方不肖教职员工"挟嫌勒索"，乾隆元年（1736 年）又将该例停止。[2]

盖用戳记之例在制度方面虽被废除，但翻检《南部档案》发现，南部县生员所投的部分呈状，依然盖有"儒学验记"。同治十二年（1873 年）闰六月十二日，南部县文生敬璋呈递给县官"为认还宽限，以全功名事"的恳状，是现存《南部档案》中，最早一件加盖有"儒学验记"的呈状。[3]那么，除了生员外究竟哪些群体所递呈状需要盖"儒学验记"？这些盖有"儒学验记"的文书又属于哪类文种？笔者将《南部档案》中盖有"儒学验记"的 135 件呈状，列于表 2.1。

表 2.1　《南部档案》中盖有"儒学验记"的状式

时间	责任者	出身	文种	时间	责任者	出身	文种
同治十二年	敬璋	文生	恳状		吴思禄	监生	告状
同治十三年	孙元勳	文生	告状	光绪十五年	王兆鳌	文生	禀状
	孙继昌	武生	告状		王允升	监生	禀状
	李昌拔	监生	告状		林正品	监生	诉状
	李作辅	武生	告状		谢廷贤	贡生	诉状
光绪二年	龚汝钦	文生	禀状		张立福	监生	告状
	朱梦员	文生	告状		孙德训	贡生	告状
光绪四年	曲恩培等	文生	禀状	光绪十六年	陈鸿谟	文生	告状
	程绍伊	文生	禀状		张占熬	武生	告状
					敬熙	监生	告状
					敬沛然	文生	告状
					罗以礼	增生	告状

①（清）素尔讷等纂修，霍有明、郭海文校注《钦定学政全书校注》，武汉大学出版社，2009年，第 88 页。

② 同上，第 89 页。

③《南部档案》6-110-5-c20p9，同治十二年闰六月十二日。

续表

时间	责任者	出身	文种
光绪五年	苏焕然	武生	告状
	马骧	武生	告状
	刁烜	文生	告状
	敬心鎔	贡生	告状
	刁晏林	武生	告状
	梅如玉	武生	告状
	梁缉庵	监生	诉状
光绪六年	何炳等	文生	禀状
	马天书	文生	告状
	朱耀奎	文生	恳状
	谢五凤	文生	告状
	汪治平	文生	禀状
	汪沧平	武生	
	曹光弟	文生	告状
	陈安邦	监生	首状
光绪七年	赵焕城	文生	告状
	何国保	武生	诉状
	何国保	武生	恳状
	何葆田	武生	告状
	何晋贤	武生	诉状
	敬璋	文生	告状
	李昌拔	监生	告状

时间	责任者	出身	文种
光绪十六年	李清流	武生	告状
	杨大诚	职员	诉状
	何席珍	文生	诉状
	李维恭	监生	诉状
	赵责培	廪生	禀状
	赵锡轩	职员	
	张必违	监生	告状
	鲜于德贤	武生	诉状
光绪十七年	韩临庚	武生	告状
	褚炳文等	文生	告状
	敬心源	文生	禀状
光绪十八年	李凤翮	监生	告状
光绪十九年	李作辅	武生	告状
	杜钟华	监生	告状
	宋晏清	武生	诉状
光绪二十年	鲜洪平	武生	告状
	吴文鹏	监生	诉状
	李延秀	监生	诉状
	马宾周	监生	告状
	邓炳南	监生	诉状
光绪二十一年	李培荣	廪生	告状
光绪二十二年	程祖培	文生	告状

时间	责任者	出身	文种	时间	责任者	出身	文种
光绪八年	孙永详	监生	告状	光绪二十二年	席烜	文生	告状
	李茂柏	文生	告状		胡封陈	文生	诉状
	李延瑞	监生					
	李德荣	职员			马骏声	武生	告状
	龚有章	文生	诉状				
光绪九年	邓卿汉	监生	告状		马昭德	监生	诉状
	叶现芳	文生	禀状	光绪二十三年	杨炳镛	文生	告状
光绪十年	鲜云龙	武生	告状		姚钟鑫等	文生	告状
					何才蔚	廪生	告状
	鲜（于）云龙	武生	禀状		张明煌	贡生	告状
	邓仕斌	文生	告状		张明煌	贡生	恳状
	赵维翰	文生	告状		张瑛	文生	禀状
	李峥嵘等	监生	禀状	光绪二十四年	李延秀	监生	禀状
	陈光昭	廪生	告状		徐咏陶	文生	告状
	陈世昌	武生			雍庆垚等	文生	告状
	余青云	武生	告状	光绪二十五年	宋麟勋	廪生	禀状
	何凤阁	武生	告状		王建极	武生	告状
光绪十一年	蒲芳泽	文生	首状		刘作新	监生	诉状
	蒲芳泽	文生	禀状		刘作新	监生	告状
	习红勋	文生	禀状		李全龙	武生	告状
	杜藩	文生	诉状		何扬锦	武生	告状
光绪十二年	张文涵	监生	恳状		殷周礼	武生	告状
	陈耀宗	监生	告状		李炳悝	文生	告状
	李钦承	监生	告状		张瑛	文生	禀状
	蔡丕澍	文生	告状		姚铸章等	文生	告状
	钟朝平	监生	告状		吴丕基	文生	告状
	钟朝平	监生	恳状				

039

时间	责任者	出身	文种	时间	责任者	出身	文种
光绪十二年	王之佐	监生	诉状	光绪二十六年	程绍伯	文生	禀状
					马瑞图	武生	
					程自荣	监生	
					王廷华	监生	
	邱福兴	监生	告状		徐革	武生	告状
光绪十三年	杜钟华	监生	告状	光绪二十七年	李春先	武生	告状
	邱明静	文生	告状		李春先	武生	禀状
	杜国藩	监生	告状		周伯荣	武生	告状
	鲜（于）云龙	监生	告状		姚铸章	文生	禀状
	张荣勋	文生	告状		姚铸章	义生	禀状
	邱辑瑞	文生	告状		李炳惺	文生	告状
	王耀光	监生	恳状		李炳惺	文生	告状
光绪十五年	邱辑瑞	文生	禀状	光绪二十八年	张钧	文生	告状
	鲜洪平	武生	告状		刘文锦	文生	告状
	赖文玉等	监生	告状	光绪二十九年	何绍海等	文生	告状
	韩临庚	武生	恳状		刘锡钦 秦全忠等	武生 监生	禀状
	王永钊	武生	诉状		李升寅	文生	禀状
	吴思禄	监生	诉状	宣统元年	周伯荣等	武生	告状

资料来源：四川省南充市档案馆编：《清代四川南部县衙档案》（全 308 册），合肥：黄山书社，2015 年。

生员递入公堂的呈词，大多事关切己，在这 136 件呈状中，有告状 81 件、诉状 21 件、禀状 24 件、恳状 8 件、首状 2 件。涉案生员共 139 人，其中文生 52 人、武生 36 人、监生 38 人、廪生 5 人、贡生 4 人，职员 3 人、增生 1 人。[①]若生员所呈词状未能加盖"儒学验记"，州县官则会在批词中直接对其

---

① 在统计中将重复呈告算为 1 人，如鲜（于）云龙有 4 次上呈儒学验记的呈词：《南部档案》8-943-1-c60p149，光绪十年；《南部档案》8-894-2-c59p301，光绪十年；《南部档案》8-901-3-c59p372，光绪十年；《南部档案》9-899-1-c79p352，光绪十三年。此外亦有一案中有多为绅衿参与，如，光绪十六年（1890 年），有张占勲、敬熙、敬沛然、罗以礼四位绅衿参与诉讼。参见：《南部档案》10-57-1-c93p81，光绪十六年。

加以申斥或者"不准"所请。光绪七年（1881 年），在武生周洪福所呈的"为具禀粥芝柱等逞刁改诬，霸伐祖茔树株，毁冢伤碑事"的呈词，因未加盖"儒学验记"，而被县官在批词中指出：

应否查勘添唤，候集讯察夺，来词未盖儒学验记，实属故违，功令合并申饬。①

同年，在另一则案件中，捐员宋荣海"为具禀宋中湖欺藐凶撤事"的呈词中无"儒学验记"，知县批曰：

查捐贡尚在生员之列，投递呈词应仍赴学盖印戳记，该生词内未盖儒学验记，殊与定案不符，□即遵照另呈核夺。②

又如，光绪七年（1881 年）三月武生何国保"为具诉何保田等窃名诬控事"呈词盖有"儒学验记"，且知县已"准理候集讯察夺"。③然而，到四月十三日，何国保以平民身份第二次呈恳状时，知县批曰：

该呈何国保□□□内□□□生且盖有儒学验记，何以现在称民？殊不可能，着即明白，另呈核夺。十三④

何国宝遵批另呈，在呈状中恢复使用武生身份并加盖儒学验记，同时解释前次失误：

生等□□受累，现值试期，又届农忙，恐误农事，呈恳情急，未将武生

---

① 《南部档案》8-319-2-c49p107，光绪七年十二月初五日。光绪十八年（1892 年），文生敬树槐为具告敬尚履等挟仇滋事横抗逞凶事一案中，知县在批词中亦指出"再词无儒学验记不合并饬"。参见：《南部档案》11-493-3-c108p56，光绪十八年闰六月初七日；类似者亦有：《南部档案》14-768-1-c169p2，光绪二十五年十一月二十三日；《南部档案》14-886-5-c170p389，光绪二十五年十一月初三日。

② 《南部档案》8-418-3-c51p73，光绪七年四月十三日。类似还有光绪二十七年（1901 年）八月初八日廪生杜鸿萱为具首严廷全等挟嫌痞撤学资纠党凶欧事的呈词中，因杜鸿萱的词状中没有盖有"儒学验记"，知县在批词中批示："词无学记，事复细微，姑候签始措给，毋得率捏殴师饰伤请唤。"或"禀无戳记不准"批语。参见：《南部档案》15-905-2-c188p111，光绪二十八年十二月二十二日。

③ 《南部档案》8-434-1-c51p180，光绪七年三月二十一日。

④ 《南部档案》8-434-3-c51p184，光绪七年四月十三日。

填出，盖印儒学验记，沭批着即明白另禀核夺……①

由此可见，来县呈词盖"儒学验记"戳记与否，是知县判断告呈者是生员还是平民的标志之一。同时，生员加盖戳记需要到儒学衙门挂号，儒学衙门由此而掌握生员的诉讼动向，"倘有恃符健讼，重则斥革，轻则以劣行咨部"②，从而加强了对生员诉讼行为的监督和约束。如果生员以平民身份出头告状的话，其行为则很难受到儒学及县衙约束，因此，此类案件一旦被州县官发觉，便会将其驳回，要求"遵式另呈"。

自雍正五年（1727年）后，监生也由州县儒学约束，其呈词亦须加盖"儒学验记"。光绪十年（1884年），监生李峥嵘在"具告李在堂假冒吞公事"一案中，由于其呈词未加盖"儒学验记"，被知县驳回。批曰：

而李峥嵘□系监生，何以不遵督宪通饬盖用儒学验记，将来设有假冒真伪，意兹区别。不阅。③

但在实际上，有很大部分生员和监生在衙门告理时，即便其所呈词状并未加盖"儒学验记"，州县官也会受理。其原因到底为何，由于材料的缺乏，笔者不敢妄下论断。但从以上资料我们可查知，在南部县，一般情况下，文生、武生、监生、廪生、贡生、职员、增生、捐贡等功名之人在进入州县告理时，都会携呈词到儒学衙门挂号并盖用戳记，由州县官验明后方才收阅。而盖用此"戳记"，一方面是出于加强州县及儒学衙门对生员的约束；而另一方面，由于律例规定生员也在优遇和豁免的行列，生员呈告盖用戳记，也有防止普通民众冒充利用的"意兹区别"的作用。

（二）入公门须在门簿中登记

"'官绅'或有高级功名者可以自由地造访州县，生员则不能"，当其涉讼

---

① 《南部档案》8-434-4-c51p188，光绪七年三月十五日。
② （清）素尔讷等纂修，霍有明、郭海文校注：《钦定学政全书校注》，武汉：武汉大学出版社，2009年，第88页。
③ 《南部档案》8-981-1-c61p124，光绪十年三月初三日。

时，会受到"地方长官和学官的双重监督控制"①，措施之一便是设有"生监拘讼立薄申报"之条，顺治八年（1651年）提准：

该管有司官，于诸生进见，须设立门薄，或公事入，或私事入，悉登姓名；或自拘讼，或为人讼，或自为证，或被牵连，全载情节。其有事不干己，辄便出入衙门，乞恩网利，议论官员贤否者，许即申呈提学官，以行止有亏革退。②

此后，黄六鸿在《福惠全书》中对督学在州县衙门设立门薄的意图、门薄的填写使用方法及流弊都进行了详细的记载：

尝见督学使置循环门薄发州邑，生员出入衙门则书之。命门斗司其籍，而州邑按季申报，以为劣惩，其意亦欲学校尽归于自重也。无如好事者，以奔竞为才华。而学使所颁门薄，上下相沿，复视为故套，生员虽入弗填，虽填弗报，虽报弗惩，其门薄之设，不徒为赘疣乎？……凡有司奉到门薄，宜日令一门斗执薄仪门侧，生员入则因其所事而直书之，有司按季缴报，学使摘其踰检者，或行学戒饬，或临校置之劣等，以明示其罚。则士皆知所自重，而不流于匪僻矣，是非检制行谊之一助乎！③

门薄一般由督学使发放到各州县衙门，凡州县衙门奉到门薄，便派一名门斗手执门薄立于县衙大门一侧，生员进入衙门前则须在该门薄中写明因何事到堂。县衙每一季度将门薄申报到督、抚学政处，督学使按照所载挑选出行为恶劣的生员进行惩处。

雍正五年（1727年），为进一步强调州县设立门薄的重要性，朝廷再次议准：

贡、监既令学臣约束，应依照生员之例，令州、县官设立门薄。凡贡、监出入衙门，逐一填造。每月申报督、抚学政，严加查核。④

① 瞿同祖著，范忠信等译：《清代地方政府》，北京：法律出版社，2011年，第277、279页。
② （清）素尔讷等纂修，霍有明、郭海文校注：《钦定学政全书校注》，武汉：武汉大学出版社，2009年，第88页。
③ （清）黄六鸿：《福惠全书》卷三《莅任部二·申缴门薄》，官箴书集成编纂委员会编：《官箴书集成》第3册，合肥：黄山社，1997年，第258页。
④ （清）素尔讷等纂修，霍有明、郭海文校注：《钦定学政全书校注》，武汉：武汉大学出版社，2009年，第88页。

雍正十二年（1734 年）又规定："嗣后门簿，应由学臣钤印，将'诸生'二字易为'贡监生员'。"①此次变更，除生员之外，将贡生、监生等全都纳入本地学臣约束管辖范围之内。凡是进入衙门的贡、监、生员，无论公事私事，均须在州县官设立的门簿上登记姓名及涉案情节等项，以作为考核生监优劣的标准之一。

如果此项条例被很好地执行的话，会对生员的行为起到很好的监督作用。但实际上，各州县的门簿大多形同虚设，生员进入衙门一般不会认真填写；即便填写了，各州县也不会按季上报；即便将门簿上报到督、抚学政处，刁生劣监也不会真正受到处罚。因此，乾隆二十年（1755 年）在"酌归简易案"内直接指出：

> 州县官设立门簿，凡有贡、监、生员出入衙门，逐一填注，每月申缴督、抚、学政查核，实属具文，应俱删除。②

由于各州县公文往来本就繁复，大多数衙门为"省案牍"，在具体实施中并未能按要求设立门簿，更谈不上按时申缴上级察核了，因而在乾隆二十年，该例被废除。其后由学政印发登记簿，交由州县登记查核。③

（三）率先收取生员呈状

百姓到衙门呈递书状，一般会遵循三八放告之类的特定日期。而衙门在告期收状时，也会率先收取生员等有功名之人的呈状。正如袁守定所言："曩所历州县，每告期收纸，先衿士，次耆老，再次齐民。"④

（四）将事关学务，由儒学衙门处置

南部县知县在处理生员的呈词时，会将部分有关地方学务的案件送交儒学衙门"查覆"或"传讯"。如雍正十年（1732 年），在"冯连运具告武生雍

---

① （清）素尔讷等纂修，霍有明、郭海文校注：《钦定学政全书校注》，武汉：武汉大学出版社，2009 年，第 89 页。

② 同上。

③ 同上，第 89-90 页。

④ （清）袁守定：《图民录》卷二《收纸先后》，刘俊文主编《官箴书集成》第 5 册，合肥：黄山书社，1997 年，第 195 页。

容暗拉马匹"一案中，武生雍容因冯帝金拜师学射不出谢礼而私自将其马匹拉回，冯帝金因此支使其父亲冯连运将雍容状告在案，南部县正堂张与十月初十日批：

> 冯帝金之学射，虽为拜师，然进谐之□□□□□□□□□，忘情背义，有乘名教，本应戒饬，姑养其□□□□□□□□□以酬雍生指照之功，其文庙洒扫之费，从宽免追，倘帝金仍复横豪不遵，据实呈详，以凭转请，定拟究治可也，原词详册存此缴。

从而直接将该案牒送往儒学进行查覆，经州县官再三牒催，最终给出了对雍容"罚银三钱"，对冯帝金"出备席银一两""朴责"的惩罚。后因"系批查事件，所学未可擅便"，儒学便于十二月"缮造清册备录缘由"申文牒覆州县官。[①]

（五）问讯给以生员部分优待

据那思陆的研究，牵涉本县绅士或在乡官员的案件一般在花厅秘密问讯。[②]生员在接受问讯时，除"平人告状牵生员作证者，不准免其跪候公庭"外[③]，一般不必跪堂。此外，汪辉祖任知县期间，在遇有生员事不干己到公堂为邻佑祖讼时，概不问供生员，而是给其纸笔，"令在堂右，席地作文"，同时问讯邻证中的平民。若百姓所述有所偏私，生员与其共同治罪，并立即知会教官，当堂问责；若百姓所供属实，生员不必取供，但其所作之文，年终须汇送学使。[④]

（六）堂断给以生员部分优待

律例规定，"生员犯小事者，府、州、县行教官责惩。犯大事者，申学黜

---

① 《南部档案》1-6-1-c1p36，雍正十年十二月。

② 那思陆：《清代州县衙门审判制度》，北京：中国政法大学出版社，2006年，第109页。

③ （清）黄六鸿：《福惠全书》卷三《莅任部二·申缴门簿》，刘俊文主编：《官箴书集成》第3册，合肥：黄山书社，1997年，第258页。

④ （清）汪辉祖：《学治臆说》，刘俊文主编：《官箴书集成》第5册，合肥：黄山书社，1997年，第282页。

革，然后定罪。"①除"好讼多事""代人扛帮诬证"外，生员犯杖罪例及其情节较轻之罪时，准其出资纳赎。②而对犯错生员的惩戒，多由教官照例在明伦堂饬责。③此外，各类官箴书中也有"生员莫轻打"的记载。

（七）上控案件须查明涉案生员红案

若生员不服州县官初审而上控，上级衙门一旦提审其案件，则会要求涉案生员所在州县儒学查明其入学红案并"移送过县"。如光绪十年（1884年），在南部县文生陶世培等以"废学蔑祀"等情上控鲍巡检一案中，四川总督丁宝桢移会南部县儒学，要求查明涉案人员陶仕培、陶亮、刘玉如、陶天定、王殿香等人入学红案，移送过县，以便申送。④二月二十三日，县儒学将所查结果牒覆南部县，原文谓：

> 南部县儒学为牒覆移送陶仕培等入学红案事呈南部县。……敝学接奉大移，当即查明，该生陶亮系廪生贡出多年，红案不载，敝学文房有案可核。陶天定系府学廪生，敝学无案可查。惟附生陶世培、刘玉如、王严卿等皆入敝学库内，理合将该生年貌、籍贯、三代、儒学年份红案具文造册，牒覆移送堂宪，请烦查核转申，实为公便，须至牒者。
>
> 计牒呈清册一本
>
> 　　　　右牒
>
> 钦赐蓝翎同知衔调署保宁府南部县事永宁县正堂加五级记录十次记大功三次王⑤

府辕之所以需要查明上控生员和监生的红案，一方面是出于确认上控者身份是否属实，以免有人窃名告呈；而另一方面，将涉案生员"年貌籍贯三

———————————

① （清）素尔讷等纂修，霍有明、郭海文校注：《钦定学政全书校注》，武汉：武汉大学出版社，2009年，第88页。

② 胡星桥等：《读例存疑点注》，北京：中国人民公安大学出版社，1994年，第11页。

③ 王学深：《"凌辱斯文"与清代生员群体的翻控——以罢考为中心》，《清史研究》2016年第1期。

④《南部档案》8-1012-1-c61p393，光绪十年二月二十一日。

⑤《南部档案》8-1012-4-c61p395，光绪十年二月二十三日。

代儒学年份红案具文造册"申送府辕，如果生监妄控，可直接将其"注劣褫黜"，从而对妄控的生监造成一定的震慑与制约作用。

二、对生员诉讼的限制

自明初开始，朝廷便不断重申限制生员的诉讼权。[1]清代基本沿袭了明例的规定，并在此基础上逐渐完善。官方限制生员参与诉讼主要有以下三方面原因：一则，生员因告状而曲膝公堂，实为辱没斯文、轻蔑礼义；[2]二则，在识字率不高的基层社会，生员们更容易直接或以代写呈词的方式间接地参与到诉讼中去，从而出现"乡愚之讼，大半由生监怂成"[3]的现象；第三，生员在法律上享有"收赎"和减免刑法的优势，这助长了不肖之徒恃符滋事的行为。因而为了限制劣衿，维护基层社会的秩序，朝廷会在制度层面拔高生员和监生进入公门的门槛。考诸史料，约有如下数端：

（一）不许干预他人词讼

顺治八年（1651年）题准："生员有事不干己，辄便出入衙门，乞恩网利，议论官员贤否者，许即申呈提学官，以行止有亏革退。"顺治九年（1652年）朝廷刊立新卧碑，其中之一乃告诫"生员当爱身忍性，凡有司官衙门，不可轻入。既有切己之事，止许家人代告，不许干与他人词讼。他人亦不许牵连生员作证"。雍正五年（1727年）律文规定："文、武生员，倘事非切己，或代亲族具控、作证，或冒失认失主、尸亲者，饬令地方官即行申详学臣，褫革之后，始审其是非曲直"。[4]虽然"生员代控，先革后审一款，已于乾隆元

---

① 杨一凡、田涛主编：《中国珍稀法律典籍续编》第三册，哈尔滨：黑龙江人民出版社，2012年，第403页；（明）申时行、李东阳纂：《明会典》卷七十八《学校·学规》，北京：中华书局，1989年，第452页；（明）张居正：《张文忠公全集》（上册）书奏四，《请申旧章饬学政以振兴人才疏》，上海：商务印书馆，1935年，第57-58页。

② 郭宇昕：《"'何忍构讼公庭'——清代基层社会绅衿抱告研究"》，第三届地方档案与文献研究学术研讨会论文，四川南充，2016年。

③ （清）周石藩：《海陵从政录》之《与诸生讲学随笔》，官箴书集成编纂委员会编：《官箴书集成》第6册，合肥：黄山书社，1997年，第238页。

④ （清）素尔讷等纂修，霍有明、郭海文校注：《钦定学政全书》，武汉：武汉大学出版社，2009年，第8、94页。

年（1736年）停止"。①但乾隆三十六年（1771年）又重新定例：

生员代人扛帮作证，审属虚诬，该地方官立行详请褫革衣顶，照教唆词讼本罪上各加一等治罪；如计赃重于本罪者，以枉法从重论。其讯明事属有因，并非捏词妄证者，亦将该生严加戒饬。倘罔知悛改，复蹈前辙，该教官查明再犯案据，开报劣行，申详学政黜革。②

该例从生员涉案是否"事属有因"、是否诬告、有无收受报酬、是否屡次兴讼等方面，更为细致明确地规定了官府对不同情况下生员助讼行为的惩罚方式。

（二）切己之事，止许他人代告

生员为凡民之秀，一般情况下不得擅入公门，明朝时便规定：

府州生员，若有大事干于己家者，许父兄弟侄具状入官辩诉，若非大事，含情忍性，毋轻至于公门。③

在清代，生员亦不可擅入衙门，"既有切己之事，止许他人代告"④，对此，邓建鹏、徐忠明、姚志伟、江兆涛等人都有较为详细的研究。⑤此外，刘盈皎以大量地方司法档案为基础，指出监生的告呈资格受抱告制度的限制，而生员的告呈资格并不受抱告制度的限制，在需要参与诉讼的情形下，生员本身可亲自提告，并不以抱告人为必要程序。⑥但在《南部档案》中，知县对生员诉讼资格的限制是相当严格的，多数情况下生员案件均需有抱告人，否

---

① 马建石等校注：《大清律例通考校注》，北京：中国政法大学出版社，1992年，第874页。
② 胡星桥等校注：《读例存疑点注》，北京：中国人民公安大学出版社，1994年，第693页。
③（明）申时行、李东阳纂：《明会典》卷七十八《学校·学规》，北京：中华书局，1989年，第452页。
④（清）素尔讷等纂修，霍有明、郭海文校注：《钦定学政全书校注》，武汉：武汉大学出版社，2009年，第8页。
⑤ 邓建鹏：《清朝诉讼代理制度研究》，《法制与社会发展》2009年第3期；徐忠明、姚志伟：《清代抱告制度考论》，《中山大学学报（社会科学版）》2008年第2期；江兆涛：《清代报告制度探析》，《西部法学评论》2009年第1期。
⑥ 刘盈皎：《清代生员告呈资格新探》，《政法论坛》2014年第2期。

048

则会被以"违式不阅"为由拒绝受理此类案件。①

据笔者统计，《南部档案》中可明确找到生员及其抱告在投递呈状和堂审的到堂情况的档案 204 件，基本涵盖了现存案卷中所有以生员为名呈递状纸的情况。同一案卷原则上只选取一件，但在统计时亦考虑到生员和抱告在投递呈状和堂审两阶段到堂情况不同②、在同一案件中同一生员所用抱告不同③、在同一案件中多名生员所用抱告不同④、同一生员和抱告到堂情况不同等情况⑤（见表 2.2）。

表 2.2 《南部档案》中生员与抱告到堂情况

受理阶段	投递呈状				堂审		
到堂情况	原呈亲来抱告同来	原呈亲来抱告未来	原呈未来抱告亲来	无抱告	原呈到堂抱告同到	原呈到堂抱告不到	原呈不到抱告到堂
案例数量	53	39	35	2	31	39	5

资料来源：四川省南充市档案馆编：《清代四川南部县衙档案》（全 308 册），合肥：黄山书社，2015 年。

从"投递呈状"和参与"堂审"过程中生员和抱告到堂情况来看，一般有"原呈亲来，抱告未来""原呈未来、抱告亲来""原呈与抱告亲来""无抱告"四种情况：

---

① 如光绪八年（1882）五月十二日，监生孙永详具禀孙光国等霸占庄业树株房屋灭嫡事，其呈状中既无抱告，又无"儒学验记"，因而知县批示"违式不阅"。（《南部档案》8-687-5-c56p17，光绪八年五月十二日）

② 《南部档案》4-260-4-c9p335，道光五年四月二十八日。

③ 《南部档案》8-810-2-c58p3，光绪九年八月二十二日；《南部档案》8-810-10-c58p20，光绪九年十月二十日；《南部档案》9-205-1-c66p426，光绪十一年正月十六日；《南部档案》9-205-2-c66p427，光绪十一年正月二十日。

④ 《南部档案》8-434-1-c51p181，光绪七年三月二十一日；《南部档案》8-437-1-c51p206，光绪七年四月二十一日；《南部档案》13-730-4-c149p371，光绪十八年十一月初七日；《南部档案》13-730-14-c149p385，光绪二十三年六月初三日。

⑤ 《南部档案》8-981-1-c61p124，光绪十年三月初三日；《南部档案》8-981-3-c61p132，光绪十年三月初七日；《南部档案》9-205-2-c66p427，光绪十一年正月二十日；《南部档案》9-205-5-c66p441，光绪十一年二月初三日；《南部档案》9-370-1-c69p216，光绪十二年十月二十五日；《南部档案》9-370-2-c69p221，光绪十二年十一月十一日；《南部档案》9-469-7-c71p357，光绪十二年九月二十八日；《南部档案》9-469-18-c71p386，光绪十二年十二月二十日；《南部档案》9-815-1-c78p129，光绪十三年五月初一日；《南部档案》13-186-3-c140p83，光绪二十二年四月二十九日。

在"原呈亲来，抱告未来"的情况下，生员、监生会亲自到庭呈递词状，而"抱告"无须到庭。在庭审时，抱告会因各种原因不能参与堂审，县官也不会对抱告加以怪罪。如，道光二十年（1840 年），在监生黄大昌等状告梁希周一案中，抱告人黄学昌因病不能赴案，差役以该情具禀，知县直接批示道："抱告原可不必到案"①。在堂审过程中，由生员参与堂审而抱告不到的情况亦十分普遍。

"原呈未来，抱告亲来"的现象在生员案件中亦占有很大部分。此种情况一部分是原告生员为顾及自身颜面，履行了"由他人代告"的义务，由"抱告"代替生员到衙门递送呈状，或者"作依口直书"。②但在多数情况下，涉案生员需要亲自参与堂审。如，光绪二十五年（1899 年），文生（职员）龚生明因染风寒医调未痊，禀请遣抱告汪惠清赴案代质。原禀文：

生认佃新政坝油行，雇工汪惠清经理，缴清学田局公项，分文无欠，兹因由文生张钟岳贪利夺佃，不通生知，窃名辞退，骗生重孝在身，不能经管，蒙举伊佃，投具有生担保结状在案。追批发出，生知大骇，情难坐视，速即禀明在卷，沐批签传质究，应候瞍渎，第生偶染风寒，现在请医调治未愈，不敢借故抗延，为此遣抱告汪惠清赴案禀明，恳恩赏准惠清替生代质讯究，以免蒙佃而误公件。伏乞。

在该案中，知县并未同意龚生明的请求，而是以"互以蒙混为能，亟应亲到，环质尤不得以偶报采薪，率请代质"为由驳回。③但在堂审中，仍然存在着涉案生员不能到案而由抱告到案代替生员陈述供词的情况，如光绪二十三年（1897 年），贡生张明煌因年迈未到案，而派遣其子张大显作为抱告到案说明情况。或者是由于涉案生员在私下已经和解而遣抱告到堂汇报情况。④另外一种情况是原告并不知情，真正的原告是化身抱告人的平民，如光绪二十二年（1896 年），监生杜钟华具告汪天成"佃耕买田套银叠措"一案，杜钟华

---

① 《南部档案》4-157-8-c7p285，道光二十年三月十三日。
② 《南部档案》10-239-1-c85p38，光绪十四年十一月十八日。
③ 《南部档案》14-897-5-c170p469，光绪二十五年十二月初九日。
④ 《南部档案》14-779-3-c169p99，光绪二十五年三月二十六日。

并未到案，经审理，该案的实际告状者为该监生之子，也就是杜钟华的抱告杜应煦。①

在"原呈与抱告俱来"的情况下，虽然抱告同来呈状，但在案件审理过程中并没有起到太大作用。在堂审中即便抱告被一并传唤到堂，也并不能代替生员陈述案情，而是由生监本人亲身到庭，抱告只扮演了陪审的角色。甚至一些案件即便点名单中写明抱告同生员到堂，但在供状中并不见抱告者之名。②即便供状中写有抱告者之名，他们大多也是与生员"同供"。③

但档案中也存在不少生员和监生不使用抱告告呈而被知县受理的情况。如，咸丰元年（1851 年）三月初八日，东门外里后街文生曾恕在无抱告的情况下投递恳状，说明本人被牵连案中的缘由，知县接收了呈词也并未对其加以责怪。④而同治十二年（1873 年）积上乡民伏启（讫）保、朱有益等与监生张聚美互控一案则又是另一种典型的生员不用抱告告呈的现象。由于李其宗早年借监生张聚美二十二串钱文，之后又将张聚美所当铺房募卖与伏启（讫）保等人，后因账项未清、欠钱未还、连年铺房佃钱不给等情况，张聚美便将伏启（讫）保等人控告到分县衙，从而引起双方互控。在此期间，张聚美所呈递的告状中处处自称为"民"，呈词中亦无抱告踪影，只在供词中亮明监生身份。在这种情况下，不仅知县没有对张聚美作出处罚，而且此案件也成功地得到了受理。⑤其中原因何在，因资料所限，并无相关记载。许是张聚美放弃监生身份参与诉讼的同时，也预示着放弃了其身份带来的特权，因而不必使用抱告。

以上之例可以说明，在南部县衙门诉讼《状式条例》中规定的"生监、

---

① 《南部档案》13-186-3-c140p83，光绪二十二年四月二十九日。

② 《南部档案》13-508-5-c146p81，光绪二十二年十二月十三日；《南部档案》13-730-4-c149p371，光绪十八年十一月初七日；《南部档案》13-1002-4-c154p53，光绪二十三年三月十二日。

③ 《南部档案》15-333-5-c143p213，光绪二十二年八月十四日；《南部档案》13-243-5-c141p216，光绪二十二年十二月初九日。

④ 《南部档案》5-54-2-c13p139，咸丰元年三月初八日。

⑤ 《南部档案》6-472-4-c25p49，同治十二年十月初六日；《南部档案》6-472-4-c25p50，同治十二年十月初九日；《南部档案》6-472-6-c25p52，同治十二年十月十一日；《南部档案》6-472-9-c25p56，同治十二年十月十二日。

职员及妇女、老、幼、废疾人员无抱告者，不准"①一例，并未被绝对严格地执行，有时生员和监生即便没有使用抱告，其所呈案卷也会被知县受理。正是因为有这种现象的出现，导致刘盈皎在资料不全面的情况下得出"生员告呈资格不受抱告制度限制"的结论。此外，即便有抱告人，他们在诉讼中亦大多不具有实际意义，呈状中所填"抱告"项，很多时候只是为了满足状式规范而写。

（三）五生互结，以防抗粮、包讼

"五生互结"是指自雍正六年（1728年）后，每年十一月取具生员结状，需要五名生员共同证明该生员平时无抗粮、包讼之事，并"汇送学臣查核"。但以"五生互结"为凭并不能完全阻止生员抗粮、包讼等行为，不肖生员在"互结"时会通过"朋比掩盖"的方式规避监督。因而乾隆元年（1736年）该例被废除。此后生员若有抗粮、包讼等情，直接由儒学详革。②

（四）州县官按时申报唆讼生员名单

乾隆二十四年（1759年）规定，各州县按季立簿，该簿由学政衙门印发。州县官在办理词讼中遇有生员或监生作为原被两造的案件时，需将"两造姓名，简明事由，按日登记。已审结者，将看语一并录出。未结者，注明'未结'字样"，并由儒学衙门加盖钤印，每两季申缴学政衙门查核。若生员不守学规，无故多事，地方官详明学臣，照例戒饬、褫革。③清末川省生员唆讼扛帮、承办上控案件的现象十分常见。学政为加强对生员的管理，多次通饬下属州县办理"生监构讼立簿申报"之条，并称：

川省讼棍□□□□□□□□架，当堂扛帮，遇有上控事件，出头承办，广募讼费，藉此为生。具骗吓诈富家，大为民害。查《学政全书》本有生监构讼立簿申报条，前学臣钟通饬办理，多不奉行，但案申报未免过繁，不如

① 《南部档案》1-6-1-c1p36-38，乾隆十三年九月廿三日。
② （清）素尔讷等纂修，霍有明、郭海文校注：《钦定学政全书校注》，武汉：武汉大学出版社，2009年，第88、89、101页。
③ 同上，第89-90页。

专报习健。各丁、各棚较有下手之处，拟令各州县暨各学除平日随案详办外，其有素来狡谲，不能逐行定案详办者，凡遇学臣按临，府州县暨教官各□□□□生姓名，案据简明开单，各自呈递，不得互相关会。因请

敕议申明严办徇匿者，照例处分等语。礼部查例开生员关涉词讼者，地方官俱摘叙事由申报学政查覆，若不守学规好讼多事者斥革；无故出身作证及巧构讼端，潜身局外者，地方官严拿，分别惩办；又生员有唆讼陷人情事，该学官纵容徇庇，不行申报者，照溺职例革职；又生员报劣，学政令教官开具事迹封送，并令各府州县呈送密单，与教官所勘款项查对。如有互相关合请弊，该学政题参议各等语。今该学政所邹各节，核与定例大略相同，应请嗣后由学政严饬办理，教官及各州县等如有徇匿者，照例议处，以端士习而挽颓风。[①]

经提顿学院札饬，要求川省各州县在整饬士习的过程中，以门簿为据，定期开列"定期唆讼，为害阊间之文武刁生，被人控告若干次；替人扛帮若干次，摘叙事由，胪列清单，封送来院，以为黜劣奖优之据"。[②]

（五）教官举报优劣，训诲生员

各州县教官，除了主持朔望宣讲、季考、月考外，最主要的任务便是训束生员，举报优劣。顺治九年（1652年）朝廷将"平日不务学业，嘱托把持，武断包揽，或捏造歌谣，兴灭词讼"等行为，纳入劣绅的评定标准，"各学劣生，有不遵条例者，教官揭报学道，严行褫革"。雍正四年（1726年）又指出，虽然钱粮、词讼为州县专责，教官不得干预，但若教官能够训诲约束，则"士习渐端"，因而要求"所属文武生员，除受诬被告，及有冤抑切己不得已之事，申诉控理外，其有倚势衣顶、抗欠钱粮，并捏词生事，唆讼陷人等事，该教官即申详督、抚、学臣"。[③]

---

①《南部档案》9-500-1-c72p130，光绪十二年四月二十四日。

②《南部档案》9-500-1-c72p130，光绪十二年四月二十四日。

③（清）素尔讷等纂修，霍有明、郭海文校注：《钦定学政全书校注》，武汉：武汉大学出版社，2009年，第84、101页。

综上可以看出，为了防止生员以身份优势欺压百姓，谋取钱财，甚至是为不干己之事扛帮他人词讼，官方在制度上有诸多限制。然而这些规定毕竟只是制度上的，尚需依赖原始档案去考察制度在司法实态中的表现。

第三章

细故案件中生员的涉讼情况

——以《南部档案》为中心

　　尽管官府对生员会有较为严格复杂的程序以约束其诉讼行为，且在原则上只有遇到切己之事，才允许家人代为呈告。但实际上"巨大的人口压力和有限的自然资源，使得清代的生存压力变得非常大。在资源匮乏、生存随时受到威胁的情况中，人们必然会坚决捍卫自己的利益，而相互之间的礼让往往被放在一边"。①生活在基层的生员，除了利用传统"耕读"和"教读"的方式维持生计外，大多没有其他独立的经济来源。因此，多数生员的生活实际上较为艰难。加之，与上层士绅相比，生员数量在基层较为庞大，使得他们更容易与百姓进行生活、经济等方面的接触，更容易主动或者被动地参与到与其家人、族邻等相关的案件中去。此外，自明代"开纳监之例"后，正途、捐纳生员数量大增，其晋升之路更加艰难，使得士气十节为之沦丧。②而捐纳监生鱼龙混杂，既无师生体统，又横行霸道。终致生员和监生质量良莠不齐，士习败坏，"刁生劣监"好讼多事之人数量为之大增。由此也造成地方衙门受理了大量的以生监作为原、被两造、代质之人、"为名请命"等的诉讼案件。

　　霍存福认为，在"告不干己事"法下，只有所谓"切己"之事，才属于"干己"范畴，可以由本人告发，而当事者的亲朋友邻等均被排除在允许告发的范围之外。③孙岚指出，"干己事"从本质来讲，基本都逃脱不了"切己"的限制，即"只能参与自己为两造之一，或者自己的至亲为两造之一的诉讼"，且从例文来看，"至亲"的范围仅包括"未分家之父兄"。④因此，所谓"干己事"分为有关自身的"切己"之事，以及有关未分家之父兄等至亲的"切己"之事。就生员而言，由于科举名额的限制，他们在功名上获得升迁的机会较小，无法入仕的生员为谋生路，也会身兼塾师、农民、商人、医生、手工业者等职业，甚至担任地方公职，在这些身份下，生员所谓"切己"之事，显

---

① 邓建鹏：《帝国司法的时间、空间和参与者》，《华东政法大学学报》2014年第3期。

② "近年学校生员，听令纳马纳牛纳草纳米入监，殊非教养本意。且前代虽有纳粟补官之法令，而不用以补士子，为士子知财利可以进身，则无所往而不谋利，或买卖，或举放，或取之官府，或取之乡里。"（余继登：《典故纪闻》卷十四。）

③ 霍存福：《宋明清"告不干己事"法及其对生员助讼的影响》，《华东政法大学学报》2005年第1期。

④ 孙岚：《论士人干讼与清代州县官的司法裁断——以〈刑案汇编三编〉、〈樊山政书〉、〈樊山判牍〉为例》，硕士学位论文，吉林大学，2012年。

得更为复杂。笔者爬梳《南部档案》1 049 卷牵涉生员的案件，其中生员因"切己"之事而涉案的案件有 675 件，总计涉案 716 次，在数量上明显占绝对优势。具体详见表 3.1。

表 3.1 《南部档案》中生员"干己事"案件涉案情况

生员涉案情况	切己之事				家人之事				合计
	原告	被告	公禀	跟禀	原告	被告	代质	续禀	
合计（次数）	443	208	21	3	3	11	24	3	716
	675				41				

注：1. 因为一案之中涉案生员身份不尽相同，所以表格所统计出的数据多于本身的档案件数。2. 生员在案件中的身份，均以案卷中点名单及供状中所列身份为准，其他情况未纳入统计范围。3. 同一案件即便经多次堂审，案中所涉生员亦仅作单次计算。

资料来源：四川省南充市档案馆编：《清代四川南部县衙档案》（全 308 册），合肥：黄山书社，2015 年。

据表 3.1，生员在"干己"事中以原被两造为"切己"之事争理的情况共计 651 次，以公禀、跟禀在案的情况仅有 24 次；在为"家人"之事而涉讼的情况中，生员作为被告、代质身份的有 35 次，以原告、续禀方式涉案的情况仅有 6 次。而图 3.1 则更为精确地呈现出了这些告诉案件的分布时段及具体事由。

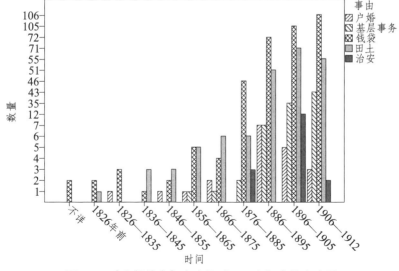

图 3.1 《南部档案》中生员"干己事"案件事由图

从图 3.1 中可以看出，《南部档案》中南部县生员所控案件多集中在清朝末年，且大多为有关钱债（共计 348 件）、田土（共计 201 件）等经济方面的纠纷，户婚（共计 20 件）、治安（共计 17 件）等方面的案件所占比例相对较少。有关基层事务的案件（1856—1865 年 1 件、1866—1755 年 1 件、1876—1885 年 2 件、1886—1895 年 7 件、1896—1905 年 35 件、1906—1912 年 43 件，共计 89 件），大致在 1875 年以后数量明显增多。以下根据生员在案件中的涉案的具体情况分而述之。

一、生员因"干己事"涉讼的情况

（一）生员为"切己"之事涉讼

从司法角度来看，生员因"切己"之事出入公庭，大多脱离不了户婚、田土、钱债等细故案件的范畴。但由于生员身份的特殊性及职业选择的广泛性，其涉案情况较普通百姓也更为复杂。以下仅以生员为普通学生、有地方公职两类来对其涉案情况进行探讨。

1. 普通生员因"切己"之事涉案

在南部县，有很大一部分生员和监生以教读、务农、煎盐甚至经商为业，与乡族邻里交集甚多，故很容易与平常百姓产生户婚、田土、钱债等方面的细故纠纷。生员们为了维护自己的利益和声誉，往往会以对簿公堂的方式来促进纠纷的解决。

如，在道光二十一年（1841 年），文生"刘三多等具告赵子敬等飞索陷卖事"一案中，由于陈国枢买刘三多一份田地以后，私自在田界中填埋界石，且该界石在赵子敬等房族公共坟前，因而被赵子敬等人搬毁。陈国枢不仅不给刘三多长价银，反偷列刘三多及其堂兄弟刘三斗之名捏禀具控。经知县审讯，宽免陈国枢"妄埋坟禁滋讼"之责，仅要求其长价银两如数交给刘三多。但陈国枢以刘三多曾借其侄陈金山、陈金全银两为由拖延。至五月初一日，刘三多向陈国枢理问遭到陈国枢言语凌辱，因而再次禀案。然知县以"毋得兴讼""无凭核查"为由要求两家自行清理账项。①该案件最终是否理明，无从知晓。但文生刘三多选择呈控的原因除了索要"长价钱"外，还为了说明陈国枢偷列其名"捏禀具控"而非本人滋讼的事实以及摆脱陈国枢之侄讨银并出言凌辱的尴尬境遇，以呈控的方式维护其在邻里的声誉及颜面。

又如，光绪四年（1878 年）九月，在文生周光烈具告周兴仁一案中，周光烈先祖在道光年间集有中元会，凑积流银，出放生息。并在祠堂竖碑志，刻有勉励子孙读书的祖训：

> 后有光宗耀祖者，游泮给关钱二十四千，中举给关钱四十千，作蓝衫紫袍，□资并免地丁三载，以示奖励。②

家族此举主要是为栽培寒士。然周光烈入泮后，总管周雨亭却以该会无钱为由，在族众公议下同意周光烈砍伐坟茔柴草三年，写有约据。随后周雨亭私自将坟茔柴薪卖与周兴顺，周光烈为维护利益，冒着"兴讼至伤族谊"后果来案告呈，经审讯，知县要求周雨亭限三日缴出钱二十四千文，并饬周光烈将义卖柴薪文约缴呈销毁结案。③

由以上两案可知，生员为切己之事告呈时主要有"争理"和"维权"两方面的需求。当生员自身经济利益受到损害借调处不成时，他们会寄希望于县官，希望县官给出公断，此为"争理"。当受到对方言语或行为侮辱时，受辱之生员会选择将对方告上公庭以全其功名，此为维权。

值得注意的是，生员为两造的诉讼案件在审理过程中，经常会有州县儒学衙门的参与。如咸丰七年（1857 年）政教乡文生王昭具告程炳暄一案。程炳暄曾受业于王昭之父王心畅门下七载，立有聘帖，陆续欠王心畅束脩钱二十四千文，王心畅生前讨要未果，程炳暄在其恩师死后亦不前来祭奠。等到

---

① 《南部档案》4-103-5-c6p265，道光二十一年四月初一日；《南部档案》4-103-5-c6p274，道光二十一年五月初四日。

② 《南部档案》7-807-2-c42p345，光绪二年九月十六日。

③ 《南部档案》7-807-12-c42p362，光绪五年二月。类似案件还有，光绪二十年（1894）乡试之期，文生何正心家寒，无由路费。家族筹商，在清明会内抽钱十两帮给盘费。后因资金方面出现问题而酿成讼案。参见：《南部县档案》12-420-7-c144p314，光绪二十二年六月二十六。

入学之时，程炳暄不仅前账未销，亦不请王昭谢师。王昭向程炳暄理问，他"反称说师死义绝，且生忿将生掌打凶凌，称言詈辱"，王昭因此将其状告到州县衙门。由于知县查得王昭与程炳暄均为文生，并未过多插手此案，而是直接批示"候移学传讯"。①值得注意的是，以上两例由儒学查覆的案件，涉案者均与"拜师""受业"有关。

生员虽然在地方社会有一定威望，但若与豪邻无赖之徒发生纠纷而不能调解时，他们大多数情况下还是会选择到县衙告理，以期得到县官的公判。再者，"教职位师儒之官，有督课士子之责"②，由于生员为肄业生，其行为受到州县儒学衙门的监督，特别是当生员遇有教习等事而涉案时，州县官也会考虑直接将此类案件"交由儒学查覆"或"移学传讯"，以期达到州县官与教官共同监督生员的效果。

2. 有公职生员因"切己"公事涉案

按照法律规定，文武生员不能充当官役杂差。光绪十八年（1892年）四川省学政瞿洪機曾发布申文：

> 川省保正名目即系甲长，皆所谓官役也。文武生员方不准干预公事，出入衙门。若令充当保正等差，使之交通官吏，安能望其自爱？况复借端诈搕，恐吓乡愚，唆讼扛扶，把持武断，种种弊端，皆所不免……如有生员充当保正、团保、乡正、保长各名，即行撤退。若生员另借族人名滥充者，该地方官即照例申详斥革，治以应得之罪。倘容隐不行撤换，惟该地方官是问。③

在南部县，生员充当首事、保正的情况较为普遍。如，文生汪全衙系王家场肉厘首事；④增生杜芝田为南部县文庙首事；⑤文生徐登岱为东路积下乡福德场学田首事。⑥而文生李调阳、监生冯开福、武生刘锡钦、文生敬心源等

---

① 《南部档案》5-264-1-c17p233，咸丰七年十一月十八日。
② （清）素尔讷等纂修，霍有明、郭海文校注：《钦定学政全书校注》，武汉：武汉大学出版社，2009年，第84页。
③ 《南部档案》11-314-1-c104p285-286，光绪十八年十二月。
④ 《南部档案》16-179-4-c196p119，光绪二十九年七月二十九日。
⑤ 《南部档案》18-551-4-c237p164，光绪三十三年九月初七日。
⑥ 《南部档案》11-153-3-c101p419，光绪十六年六月十五日。

人，均为一地保正。①这些生员在处理基层事务时，也会遭遇诉讼纠纷。如光绪二十六年（1900年），地方首人文生王天棋、保正王心才、马文炳、武生张焕镛等人，因听闻附近温润川同其子泽福、泽禄托，平素"私熬硝土，私卖硝药"，前一年被保宁府官矿局查牌，在温润川家中拿获硝水及硝，被温金元们说和了息。然文生温恭向保甲等处言语挑唆，使得王天棋等人"闻之大骇，恐日后酿出巨祸"，因而邀集保甲来案具禀。后经知县审讯，知此案"实属小情，将文生温恭等戒责，饬令归家各安本分，毋再生端"。②

生员们手中有一定权力，不免会出现"贪污肥私"、亏挪公款、"敛财搕索"等弊窦。如宣统三年（1911年），赵洪观设立初等小学堂，学董马玉林偷伐树株卖钱二百四十余串，趁培修校舍校具时侵吞学款，当监生程洪钧于宣统三年充任学董时，马玉林拒绝交出抽提学款账目簿据核算账目，后经劝学所首事核算：

> 马玉林亏空学款一百二十五串，众议减去钱十串，应该赔出钱一百一十五串，以盐井作抵，当立借约，有马文银担保，每月二分生息，按月支给教员学费，至五月利一并付清。③

然而，马玉林却私自将盐井佃给黎志元车煎，程洪钧催问数次，其所吞学款分文未还。程洪钧不得不再次来案具禀，请求知县公断。后经知县查明：

> 马玉林侵吞学款一百一十伍串，立有以井作抵并二分行息约据。乃不但不缴息钱，并将抵井外佃，殊属不合。又据马玉林供，原日修理费多至二百余串，显系不实，又作年学堂用款，自称有九十余串，乃查并无支账，足见原日侵吞必不止此一百一十五串。办学只有一年而侵吞多至三百余串，实属败类，掌责押限一月内共缴本利钱一百三十三串四百文，其余所吞既无凭据，加恩免究。马文因、敬必华系文昌会首事，所有应缴学费十七串限一月缴清，

① 《南部档案》11-52-4-c111p105，光绪十九年正月二十八日；《南部档案》13-129-2-c139p135，光绪二十二年四月十六日；《南部档案》16-212-6-c196p373，光绪二十九年四月十二日。

② 《南部档案》15-18-2-c172p216，光绪二十六年二月二十三日

③ 《南部档案》22-670-3-c296p49，宣统三年七月十八日。

如违，提案重办。此判。①

此类案件在经济条件相对有限的南部县来说，是屡见不鲜的。②大多数的生员和监生在经济上十分拮据，当他们参与地方事务后，为了改变经济现状一般会凭借手中的权力为自身谋取利益。如，南路流马场文生蒙仙若本为"一介寒儒，幼子佣工度日"，因"家室贫窘"，而"去儒习医"，经前侯主考医列榜首，充当流马场医学会长，后因私派医生捐款而涉案，县主饬令其捐钱三十串，因"借贷无门"无法措齐，经蒙仙若多次禀恳，以缴钱四串结案。③

（二）替家人代质

代质有代为质询、质讯之意，与前面所谈及的"代告"并非一事。代告，即抱告，用以代替不便出庭的实际告呈者告呈。而所谓代质，则是指涉案两造的被告一方不能到案，由家人或中人来案质询，以推进案件审理。虽然在一般情况下，"生员例不准代质"。④但在实际案件中，生员作为代质之人出庭的现象十分普遍。如光绪九年（1883年），在张荣上控陈泽惠谋改文约赂捏一案中，廪生陈光昭因胞兄陈泽惠患病难以赴质恳请知县到堂代兄质讯：

……陈世昌等呈控张荣等一案，沐赏差唤，张荣逞刁欺藐抗审，潜行逃府越控生胞兄陈泽惠等在辕，荷沐批回，应候讯验。生曷冒恳，第生兄现患疾病，卧床未起，碍难赴质，现在全案人证均各到案守候，故案已恳赏准□

① 《南部档案》22-670-7-c296p54，宣统三年八月。
② 如宣统二年（1910年），监生赵光藻充当戒烟会长，借公图搕，守捐钱十串，被赵天仁所告，后经知县审讯，将其械责，罚钱五十串，后以缴钱二十串结案。参见：《南部档案》21-353-10-c275p439，宣统二年十月十七日；宣统三年（1911年），武生汪镇川借充当学董，侵吞温武辉钱款六百串，而被汪沛然等人具控在案。参见：《南部档案》22-13-5-c287p380，宣统三年三月十八日。
③ 《南部档案》22-766-8-c297p162，宣统三年三月十八日；《南部档案》22-766-9-c297p164，宣统三年四月初八日；《南部档案》22-266-11-c197p166，宣统三年四月二十一日；《南部档案》22-266-12-c297p167，宣统三年四月二十三日。
④ 《南部档案》15-1049-1-c190p414，光绪二十八年三月十六日。（张均在请求代其父亲张鸿猷质询时，知县在其禀状后批示"生员例不准代质"）而该案涉及私煎、盐厘等事务，知县并未同意其代质请求。由此可见，知县在处理与生监相关的案件时，可能会带有很大的主观意愿。

为代质，以便讯明详覆，倘有应讯之处，生兄病稍痊愈，随传随到，如沐允准，实沾恩便，特以恳乞。①

由于陈泽惠患病，卧床不起，知县便批准廪生陈光昭代质。类似案件还有光绪十二年（1886 年），在何元龙捏控其祖父何玉龙套霸欺撇一案中，监生何天历恳请到堂代祖父质询：

……生祖现年七十一岁，匪特不能动履，且耳聋眼花，患病卧床，实难赴质，前生赴诉未据叙明，致沐批驳，特再呈明赏准生代祖质，以示体恤……②

显而易见，这些参与"代质"的生员，均系被告一方的家属，他们在被告因患病、年老"动履维艰"或者出门在外③难以赴审的情况下，前来代替被告质讯。而州县官为"体恤"被告，也乐意生员代替其亲属来案质询。

一方面，生员代长辈到堂质询的案件大多无关生员本身，但子孙代质在当时被作"孝"的体现。自孔子伊始，儒家一直推崇"孝道"，孟子更是把亲亲关系中的孝、悌与社会伦理关系中的仁、义相等同，提出"仁之实，事亲是也；义之实，从兄是也"④的主张，其后各王朝逐渐将其演变为一种"孝治"施政的实践。⑤从《南部档案》中的实际案例可见，生员"代质"的对象主要是血缘关系中的父祖或兄长，是他们作为家族成员对父、祖、兄尽孝尽悌在司法领域的具体体现。因此此种做法不仅不会被县官驳回，反而有助于提高生员个人在家族或乡里的名誉。

但从另一方面来看，以生员（和监生）代质也有被百姓反向利用的现象。

---

① 《南部档案》8-291-1-c57p309，光绪九年六月三十日。
② 《南部档案》9-454-3-c71p159，光绪十二年十一月初五日。类似案件还有：《南部档案》10-29-3-c81p229，光绪十四年五月二十日；《南部档案》4-811-3-c96p37，光绪十六年十月二十三日；《南部档案》11-103-1-c101p46，光绪十七年二月十二日。《南部档案》17-721-2-c223p487，光绪三十二年十一月二十六日。
③ 类似案件：《南部档案》13-751-2-c150p120，光绪二十三年九月十四日；《南部档案》14-270-13-c160p248；《南部档案》13-710-2-c149p165，光绪二十三年三月二十二日。
④ 金良年：《孟子译注》，上海：上海古籍出版社，2004 年，第 166 页。
⑤ 黄修明：《论儒家'孝治'司法实践中'孝'与'法'的矛盾冲突》，《江西社会科学》2010 年第 6 期。

台湾兵备道案察使徐宗干（1796—1866）在分析赴台经商的大陆商人"昌盛者少而衰败者多"的原因时曾说道：

> ……如两造目不识丁，任人簸弄，累月经年，防坐诬则令妇女出头，虑笞辱或以生监代质，自残骨肉，尽饱他人，负气不平，俱伤两败，堕人计中而不知……①

以上材料从侧面反映出，有时被告会"以生监代质"的方式，借助生员和监生的身份特权规避其本身受到"笞辱"责惩的可能。州县官在实际审案过程中也会考虑这方面因素，因而，并非生员所有的"代质"请求都会被知县允准。如，光绪十五年（1889年），在蒲天藻具告"郭连周等仗袊卡勒"一案中，义生郭云翔以"弟幼力农"为由恳准"代弟赴质"时，遭到知县的拒绝。而拒绝的理由，一方面是由于知县并不清楚郭云翔具诉是否属实，需要由当事人前来陈述案情；另一方面则因为其弟郭连周虽然年幼，但能够亲身到案，因而不必代质。②

二、生员因"不干己事"涉讼的情况

萧公权曾言："虽然宗族成员常常包括绅士和平民，但宗族的领导显然是要靠绅士的。"③在南部县较为偏远又缺乏士绅的宗族或村落，即便是拥有最低功名的生员也在街邻、家族、乡里之间有一定影响力。对于普通百姓来讲，生员们不仅可以为其代写词状，也能主持公道，调解纠纷；对于生员来讲，要维护其在宗族、邻里的威望，则必须承担教化地方、维护风化之责。当百姓有求于己时，生员必须站出来为其"讨回公道"。因此，在基层社会中，生员也会因各类"不干己事"涉案。具体情况如表3.2所示。

---

① （清）丁曰健辑：《治台必告录》卷五《斯未信齐文集·论郊行商贾》，清乾隆刻知足园刻本，第219页。
② 《南部档案》5-380-2-c87p305，光绪十五年五月二十四日。
③ [美]萧公权著，张皓、张升译：《中国乡村——论19世纪的帝国控制》，台北：联经出版社，2014年，第389页。

表 3.2 　《南部档案》中生员"不干己事"涉讼情况及处理结果

生员涉案及处理情况	他人之事						家族业产						基层事务				总计
	原告	公禀	续禀	保人	干证	窃名	原禀	公禀	续禀	被告	窃名	干证	原禀	被禀	公禀	续禀	
不准		21	15	2	1	4					1		6	1	6	3	60
候讯	2	40	22	5	14	11	8	8	2	1		5	11	1	37	3	170
调解		3	2	3	5		3	3		1					2		22
遵断结案		2	1	2	2		5	1					3		11		27
从宽免究					1		2						1		2		6
出钱				2						1			2	2			7
口头申斥	1			1			1										3
戒饬	1			2									1	1			5
看管管押										1							1
裭革													2		2		4
其他			1														1
不详		10	16	5	20	3	5	1		3		6	7	1	9	5	91
合计（次数）	4	76	57	17	48	18	24	13	2	7	1	11	33	6	69	11	397
	220						58						119				

注：统计说明同表 3.1。

从表 3.2 可以看出生员为"不干己事"而涉案仅 397 次，其具体涉案情况如下：

（一）为他人之事

1. "帮讼"他人案件

在档案中生员帮讼他人的情况十分常见，这些生员多以查明、见证案件事实等为由到衙门替涉案一方辩护。如咸丰十一年（1861 年）在徐武与其前妻严氏的纠纷中，廪生张鼎牵涉案中，其"同学契友"廪生刘浩等人，为此公同禀明，张鼎被牵连是因为杨文藻将严氏所遗幼子孬娃引到张鼎馆中，并称孬娃为徐武所抛弃。张鼎听信杨文藻所言，愿意为孬娃寻一人家存养，待其成年送还归宗。在此番言论中，张鼎虽因"事不干己"而涉案，但初衷却是好意。最后，知县对张鼎"从宽免究"，仅饬其速将孬娃送还。①

2. 联名"公禀"

光绪十七年（1891年），因"任培森等被差挟嫌滋凶"，文生李泽镕等联名武生、捐贡、监生等共计18人到县呈禀，称：

> 因邑差奉甲于保属，士民受害，案鳞冤深，实为上宪所共闻。第查南邑幅员辽阔，词讼纷繁，皆由差役教唆而起。至十九知农民，每位口角微嫌，睚眦小忿，本欲告到县城，差押难脱，若不具呈，则遭差殴。甚至听差指挥，无论事之巨细，总以某人家富，逼令牵入词内，罗织多名，波及无辜，得便遂其挜诈。可怜乡愚荡产倾家，典妻鬻子，悉皆由此。去岁幸沐 仁恩范任培士爱民，遇案惩创，此风稍息。咨沐府宪 恩主叠示定规，差等仍然藐玩，较前愈加恶挜。②

生员们为讨回公道，因此来县"呈请定规""陈明积习""祈赏查核澈究"。但知县面对此次联名，仅在词内批示"已批任培森等词内矣，候提案讯究"③，便再无后续情形。

3. 被牵连作证

生员作为乡里之中有一定威望和话语权的人，百姓遇有纠纷多会请其出面调解。一旦纠纷闹到衙门，参与调解的生员作为证人，自然会被牵涉案中。咸丰八年（1858年）"向位忠具告向儒林等卖休伤化事"一案中，文生向荣念及家族情谊，邀集两造"集场理说"，后该案闹到衙门，向荣作为证人被牵涉

---

① 《南部档案》5-212-10-c16p208，咸丰十一年九月十四日。
② 《南部档案》11-145-1-c101p394，光绪十七年五月十二日。
③ 《南部档案》11-145-1-c101p394，光绪十七年五月十二日。

案中。[1]

4. 作为保人担保

生员为人作保需要承担被保人的教化、教管、监督等责任，若作保不实，官府往往会追究其连带责任。光绪二十一年（1895年），在董天寿与范母氏的控案中，董天寿请同乡武生刘玉龙为其作保，"当堂保得董天寿还范母氏钱六十串，限六月以内，如数缴清。倘再拖延，惟生保人是问"。[2]

5. 被他人窃名

百姓窃用生员之名呈告的现象在档案中较为常见。宣统元年（1909年），马鞍塘保正谢宗科等具禀蒋作宾等私搕，控后谢宗科等"畏究"，便窃捏文生王善福之名呈递禀状试图销案。[3]对百姓来说，虽然将生员之名列入词状之中或许可以得到州县官的"偏私"，但就知县而言，断案应以"事之有理无理为断""乞词列一衿，即足制胜耶？"。[4]

（二）为家族之事

在南部县这样较为偏远又缺乏上层士绅的宗族或村落，生员们自然而然地承担起教化地方、维护风化之责，当遇有族人犯奸犯盗时，乡里人也会很容易利用生员的身份替族邻等人办事。如咸丰七年（1857年）三月，文生马悛在"彭汝斌具告马宗遂等串嫁生妻"一案中，武举马全德、马鹏飞等禀请"覆讯严究李应国马彭氏等通奸诬控事"，原文指出：

生等族大人繁，男妇皆有家规，不许犯奸犯盗，惟马彭氏始于李应国通奸两次，继被李应国习拐一回，均经生等劝息。玉良出有文约附捐，今正彭

——————————
①《南部档案》5-195-1-c16p3，咸丰八年正月十七日；《南部档案》5-195-8-c16p24，咸丰八年二月二十四日。
②《南部档案》12-807-12-c132p564，光绪二十一年五月十八日。
③《南部档案》20-391-7-c260p478，宣统元年闰二月二十九日。类似案件还有，光绪十八年（1892年），文生敬树槐树具控敬尚履同妻蓝氏一案中，敬尚履夫妇自知情亏畏审，窃保正、文生敬心源之名"插词扛禀"，企图"偏袒骗赖"。参见《南部档案》11-493-8-c108p70，光绪十八年九月初一日；《南部档案》11-493-8-c108p70，光绪十八年九月初一日。
④《南部档案》6-499-11-c25p132，道光十四年二月二十六日。

氏又犯奸情，玉良乃嘱宗绪修离，非敢无故卖休，既沐讯断，宗逊遵断领回，但淫妇奸夫未蒙惩治，恐其领回难以管束终烦金心，为此禀请复讯严究，以儆淫恶，而正伦风。①

马悛以维护本族名誉为由，企图介入到词讼中来，并请求县官覆讯此案。但由于县官怀疑该生呈词的真实性，因而并未同意复审。另一则更为典型的案例发生在道光五年（1825 年）三月，杜作才胞妹四姑被夫家何世岱等人商议改嫁，未通报杜家知晓。杜作才堂兄弟、文生杜伯棠便以杜廷奇为抱告，具告何世岱等伙卖杜伯棠之堂妹，在其呈状中出现"伙卖生妻有乖风化""婚姻人伦首重，一女两嫁，大玷家族"等语②，将该嫁卖案件变为事关本族风化的大事件，以博得杜氏在该案中的优势。案件最终也以杜氏被领回娘家，择户另嫁结案。③

生员作为宗族内有声望之人，若遇族产、坟界、风水树等纠纷时，族长便会协同生员一起呈控，以期对县官施压并推进纠纷的解决。光绪五年（1879 年）正月，积下乡武生马骧不仅未经同意砍伐家族公共祖茔内柏树，且将前来劝阻的胞姊马严氏推倒受伤，此恶劣行为触怒贡生马悛、文生马鹏年等人，便将此事投族理说。马骧等人不但抗不到场，反而变本加厉再次砍伐茔内柏树并砸坏祖坟，马悛等人因而协同族长来案具首。后经王主审讯，因原被均系亲族，要求：

閿共祖茔树株应宜培获风水，致马骧们身列膠庠，不应擅伐茔树，顶触婶母，殊干法纪，本应械责，有伤和好，从宽免究。断令马骧们所砍之树充入宗祠作为祭祖公用，凭族把茔边界畔理明清楚，茔内未砍柏树永远禁蓄，不准败伐，书立约据，以免日后妄兴讼端。④

后马骧等人不服再禀，经知县覆讯，仍遵前断。为避免以后再滋讼端而

① 《南部档案》5-187-11-c15p441，咸丰七年三月十六日。
② 《南部档案》4-260-1-c9p330，道光五年三月初二日。
③ 《南部档案》4-260-4-c9p336，道光五年四月二十八日。
④ 《南部档案》7-721-6-c40p492，光绪五年三月初一日。

"伤一本之谊"，知县还要求两造在各坟界处填埋界石，各管其业。①

在清代，规模稍渐庞大的家族，族内往往会成立一些会社以集资或者管理族内财产。而这些会社的管理者大多为族内绅衿、耆老等德高望重之人。他们在管理族产过程中，也会因一些钱债、土地等纠纷，主动或者被动地牵涉案中。如光绪十三年（1887），南部县鲜氏家族成立清明会管理族产，鲜（于）得（德）贤自认出银二百两作宗族祠祭，后来却违约抗审，鲜（于）云龙便将鲜（于）得（德）贤告到公堂。知县本着"息讼"的态度，要求此事"凭族众理交"。鲜（于）云龙遵断与清明会凭保正鲜洪都、文生鲜于煊等人集祠堂理问，鲜（于）得（德）贤却抗不认理，因而鲜（于）云龙等人再次禀恳，请求知县公断。②后经知县审断：

> 鲜得贤均属一脉，二比挟嫌讦讼，鲜于云龙等呈出宗祠祭扫银两约据，得贤亦呈有赔字，姑念一族，免究。将二比约据充破粘案，作为故纸。饬令鲜德（得）贤不得当堂恃符狡展，直呼李前县之名，其平日武断乡曲从可想，当于戒责，各回和好，毋有缠讼。③

一般情况下，在此类案件送入公门之前，首先会由族邻进行调解，而调解的场所，族人们一般会倾向于选择供奉祖先的祠堂。如江苏镇江王氏宗族所修的族谱内容涉及解决争端的规定：

> 族中言语小忿，及田产钱债等事，俱赴祠呈禀，处明和解。事有难处，方许控管究理。若不先呈族长，径自越告者，罚银五两，入祠公用。④

南部县许多家族在遇到族内纠纷时，两造亦会考虑"集祠理明"或者"集场理明"，但另一方经常会以"抗不拢场"的方式来抵触此类民间调解，从而将纠纷直接推进公门。县官在处理此类案件时，从息讼以及维护地方治安的

069

---

① 《南部档案》7-721-10-c40p503，光绪五年闰三月初六日。
② 《南部档案》9-899-1-c79p352，光绪十三年二月二十八日；《南部档案》9-899-2-c79p356，光绪十三年三月二十七日。
③ 《南部档案》9-899-7-c79p368，光绪十三年六月。
④ 王振泽纂修编：《苦竹王氏宗谱》卷一《祠规》，民国二年铅印本，第1a-b页。

角度，会再次将案件驳回族邻调处，若调处不成，再行公堂决断。而生员等人作为族内有话语权的群体，一旦作为两造代表对簿公堂，县官为维持地方治安的稳定，不得不对此类案件引起重视，一定程度上会引导或者直接参与促进纠纷的解决。虽然知县在对此类细故案件的判决上，一般会倾向于"从宽免究，令其和好"等决断，但在判词中也会写明解决纠纷的具体方法，一定程度上使得双方纠纷解决的方式变得更为正式，从而更加有利于推进争端的平息及邻族之间的和谐。

当然，我们也不得不考虑百姓窃用生监之名呈告的情况。如光绪十八年（1892年）闰六月，文生敬树槐具控敬尚履同妻蓝氏在案，知县"沐准唤讯"，然敬尚履夫妇自知情亏畏审，故意拖延，并于八月二十八，在保正、文生敬心源不知情的情况下窃其名"插词扛禀"，企图"偏袒骗赖"蒙混塞责。敬心源知晓后大骇，亲自到堂禀明实情。知县在其呈状中批示"既处亲身禀明该生之名系属窃列，着候集讯并究"。[1]此案由口角而起，知县为早日息讼，仅判"敬尚履出钱五串文在祠堂挂匾一道以了此案，亦同族不宜参商之意，各结完案"[2]，并未对敬尚履夫妇的窃名之事进行深究。与此相类似的案件还有宣统元年（1909年），马鞍塘保正谢宗科等具禀蒋作宾等私搭一案中，谢宗科、蒋作宾等控后"畏究"，便在文生王善福不知情的情况下，"窃捏"其名，"蒙禀注销"，王善福知晓后，"特遣子来辕恳查作主"。[3]

不仅是生员，其他上层绅士也会经常被百姓窃名。如道光九年（1829年），在监生马援具告何凤翔等阻砍业内树株一案中，何凤翔为抵塞控案，窃族弟武举何钟价之名，自己为抱告呈诉，知县识破其伎俩，并在批次中写道：

被告何凤麟、何钟伦均已远出，何凤翔又作抱告，独用案外之武举出名呈诉，而误武举，又不亲身到案，仍由抱告具禀，岂以为虚借武举出名，即可抵塞控案耶？殊不知经管集讯，当以事之有理无理为断，不论绅士与否也。何必饰渎！[4]

①《南部档案》11-493-8-c108p70，光绪十八年九月初一日。
②《南部档案》11-493-10-c108p76，光绪十八年九月初六日。
③《南部档案》20-391-7-c260p478，宣统元年闰二月二十九日。
④《南部档案》4-127-6-c7p55，道光九年二月三十日。

由此可见，由于士绅们在地方拥有优越的地位，百姓不仅以他们解决纠纷，有时为了推进案件向有利于自己一方的趋势发展，或者增加知县对该案件的重视程度，会将绅士特别是生员之名列入状纸名单之中，甚至是利用"窃名扛帮"等非法方式将他们牵扯进来。但就知县来说，百姓窃列绅士之名争控的做法是不被允许和推崇的，在他们看来，断案应以"事之有理无理为断""乞词列一衿，即足制胜耶？"[1]

（三）为地方事务

"以社会权威而不是以法定权力资格参与封建政权的运作，绅士阶层便集教化、治安、司法、田赋、税收、礼仪诸功能于一身，成为地方权力的实际代表。"[2]在缺乏上层士绅的偏远乡村，地方事务的管理一般也允许士绅阶层中地位相对较低却在族邻之间拥有一定社会威望的生员参与。在管理公共事务的过程中，生员很容易被卷入到诉讼中去。如光绪三十三年（1907年），监生程铭斗在南部县分县主的要求下参与地方公共学堂建设，垫钱七十余文，多次讨要无给，导致程铭斗与分县衙挟仇，因而分县主在阻缴肉厘案中谎报其名，程铭斗因而被查。程铭斗所述是分县主公报私仇，还是为推卸责任而诬陷分县主，知县在审理该案时并未给与过多回应，仅有"静候查案讯详，毋庸多渎"批语。[3]由于未见其他卷宗，笔者亦不能加以判断。但不管是因与分县主挟仇而被诬，还是监生程铭斗逃避责任之法，此案亦被看作生员和监生在参与地方事务时与官方互动的结果。

此外，当平民百姓与地方上权势极大的劣衿相对抗时，生员们往往又是其值得依赖的对象[4]，此时生员们作为某个群体代言人的身份，对把持地方事务者也会起到监督和制衡的作用。生员们一旦发现这些人有借公肥私、"挟嫌滋凶"等行为，便会以为民请命的形式将其呈告。如南部县谢鼎，在未博得功名之前家境贫寒，在取得功名后"把持邑中各项要公三十余年，如盐务、

---

① 《南部档案》6-499-11-c25p132，道光十四年二月二十六日。
② 王先明：《近代绅士——一个封建阶层的历史命运》，天津：天津人民出版社，1997年，第61页。
③ 《南部档案》22-405-1-c292p396，宣统三年七月二十六日。
④ （清）朱寿朋：《光绪朝东华录》，北京：中华书局，1958年，第1369页。

矿务、学务、堤工、官膏、酒厘各款概归总揽。吞公肥私，飞诬搕诈，骤起家至十余万"且"县府控案不下百余，词多为鼎"，至宣统二年（1910年），由于私吞"堤工、官膏两款"被本籍监生易承恩等人以"为权势弥天，阻碍行政事"联名将此时作为训导的谢鼎上控，并在禀状中呈明"谢鼎所犯罪案，除河堤亟宜修，官膏应当培缴，外酒厘为国上供非限，乃民冤苦，均应逐款彻底跟究，以除积弊，而端政生等"。由于该案为生员联名告呈有品级的训导，加之谢鼎的确涉嫌贪污"堤工""官膏""酒厘""学务"等各项款项，为查明案件事实，避免引起公愤，各衙门对此案亦十分重视。在此案的审理过程中，各衙门总计"六判一审"，劝业道以"保堤为要"要求谢鼎"回县自己出钱，赶紧将未完及已坏之工一一修补完全"，而南部县在判词中，则进一步对所控之情进行查覆，虽算明了"官膏店吞款"一项"银五百零七两八钱五分又欠一百七十二串九百一十六文"，然谢鼎抗不遵缴，"所控别款仍候覆讯"。① 由于材料记载有限，究竟后续发展如何，则无从知晓。然从一系列呈状可看出，"为民请命"的做法虽然不免兴师动众，但无疑是生员们与官方交流的重要方式之一。

综上所述，由生员参与诉讼的案件实际上不单单限于为"切己之事"告呈。一方面，部分生员在街邻、家族、乡里之间的影响力还是相对较大的，特别是对于目不识丁的普通百姓来讲，生员们发挥作用的地方就不仅限于"平息纠纷"或"代写呈词"等项，将生员之名列入讼案之中一定程度上还可以利用其身份"抵塞控案"甚至免除责罚。因而生员往往主动或被动地替家人"代质"，为邻族之事涉讼，或者为地方之事"为民请命"，监督地方官的行为，故生员参与的案件除了户婚、田土、钱债等一般细故案件以外，还可有状告官员等案件。

另一方面，"作为个体，生员个人对州县官几乎没有影响力"②，为了引起官府的重视，生员们往往会以联名等方式告呈，以期监督和抗衡地方事务负责人以及级别较低的官员和吏目。在州县档案中，生员是采取哪些方式提

---

① 《南部档案》21-143-2-2-c273p11，宣统二年；《南部档案》21-143-1-c273p8，宣统二年十二月二十二日；《南部档案》21-391-21-c277p128，宣统二年十二月二十日。
② 瞿同祖著，范忠信等译：《清代地方政府》，北京：法律出版社，2010年，第283页。

高地方官对其所告呈之事的重视程度的呢？以下利用《南部档案》着重讨论此类问题。

三、生员告呈的手段

由于生员个体对州县官几乎没有影响力，因而基层的生员和监生们主要利用窃名、联名、上控、越控等手段来提高州县官对其所呈案件的重视程度。

（一）窃名告呈

虽然百姓窃生员之名的情况时常发生，但也有生员本人窃他人之名进行告呈的现象。如道光六年（1826年）十一月，南部县文生任国光与一干生员联名将霸占书院田地的佃户具禀在案，但一个月后，联名生员之一熊柄文向知县告称，自己并不知情而是被任国光窃名在卷，由此请求知县究查此事。从本案后续记录来看，熊炳文的确从任光国等联名生员名单中消失。[1]而熊炳文之所以会被窃名，显然是任光国等人认为告呈时联合多名绅衿能给州县官施加更大压力。

（二）联名告呈

多名生员集体告呈，是生员给地方官施压、提高县官对案件重视程度最常用的方法。李典蓉曾提道："地方官员对于生监联名呈控的情形最为头疼，联名呈控，不但规避了朝廷对于匿名的严厉处置，更可以借众人之力，让官府更为重视。"[2]然而，在地方州县，生员告呈所发挥的影响力还是相对有限的。如，光绪十七年（1891年），文生李泽镕等人因"任培森等被差挟嫌滋凶"便联名武生、捐贡、县丞、监生职员等共计18人到县具禀，但这位在任的县官似乎不买这些生监们的账，仅仅在批词内表示"候提案讯究"[3]，便再无后续发展。正是因为生监联名告呈也不一定会对州县官的态度造成太大影响，因而生员会以窃名、上控等更加激进的手段达到目的。

---

① 《南部档案》4-310-1-c11p1，道光六年十二月初十日。

② 李典蓉：《清朝京控制度研究》，上海：上海古籍出版社，2011年，第183-195页。

③ 《南部档案》11-145-1-c101p394，光绪十七年五月十二日。

（三）上控或越控

有生员涉案的诉讼案件，若其告呈得不到州县官的重视，或者本人不服县官判决，涉案生员也会以上控的方式继续告呈。如，光绪十四年（1888年），监生陈安邦前控告殷宗裔亏抗募买一案，县官要求陈安邦让钱十串、让盐一百五十斛，殷宗裔仅须还八十六串及二百斛盐，照前市价所算。然殷宗裔不仅抗缴，还串通李子坤当堂朦保拖延，又串通盐役陈太钻企图交银二十两结案。陈安邦不甘，遂上控府辕，被府辕"批回比追"。[①]又如，光绪十五年（1889年），蒲天藻早年套文生郭云翔之父买其田地，价清税楚，其后连年需索，在中人蒲金有的劝说下，郭云翔帮钱四十串且让蒲天藻出具永不找买杜约。然当蒲天藻妻子去世后，由于郭云翔帮谷米钱衣酒不足，蒲天藻遂将文生郭云翔之弟状告。文生郭云翔请求代质，未被批准。到七月初九日，因乡试将至，县案终无了期，郭云翔因而上控保宁府，被保宁府批回，在县集讯。后经知县审讯，要求郭云翔帮给蒲天藻讼费两串，以息讼端。郭云翔念及旧情出钱四串并与蒲天藻断绝关系。[②]以上两例案例均涉及上控，且均被府衙批回县衙受理，但从另一方面来讲，由府衙批回的案件与呈告者亲自上呈的告状相比，前者在府衙的督促下，显然更容易受到州县官的重视。

虽然，生监们使用联名告呈、窃名告呈等手段不一定能够真正达到他们的目的，但对比其他呈控在州县的普通案件来说，联名、上控等案件，无疑更会让州县官头疼。加之地方诉讼情况一般会纳入地方官考级标准之中，联名上控或者越控的行为会或多或少影响到县官以后仕途的发展，因而对府辕批回的案件进行高效率的调查和审判是弥补其过失的唯一途径。

四、诉讼中生员形象的呈现

儒家传统的修身文化，强调文人的自我修养与道德自律意识。孔子在《论语》中曾提出"修己以敬""修己以安人""修己以安百姓"等语[③]，把自我修

① 《南部档案》10-227-3-c84p467，光绪十四年三月十六日。
② 《南部档案》5-380-2-c87p306，光绪十五年五月二十四日；《南部档案》10-380-7-c87p320，光绪十五年九月初八日；《南部档案》10-380-9-c87p323，光绪十五年九月十六日。
③ 《论语》卷七《宪问第十四》，四部丛刊景日本正平本。

养与治国安邦结合起来，以警示和告诫文人"修己身"的重要性。然而，随着明清经济发展，商人势力的膨胀，传统社会"尊儒重农"的格局逐渐被打破，特别是明成化"开捐"以后，财富逐渐成为决定社会地位的重要因素。由此造成以生员为代表的底层绅士的优势地位相对丧失，在利益的驱使下，士气士节随之沦丧。到了明末，顾炎武在《生员论》一文中，明确指出要废天下之生员：

> 废天下之生员而官府之政清，废天下之生员而百姓之困苏，废天下之生员而门户之习除，废天下之生员而用世之材出。今天下之出入公门，以挠官府之政者，生员也；倚势以武断于乡里者，生员也；与胥史为缘，甚有身自为胥史者，生员也；官府一拂其意，则群起而哄者，生员也；把持官府之阴事，而与之为市者，生员也。前者噪，后者和，前者奔，后者随。上之人欲治之而不可治也，欲锄之而不可锄也。小有所加，则曰是杀士也，坑儒也，百年以来以此为大患。①

而"废天下之生员"的原因，大多在于生员明末以前，任意出入公门，暗自与官府相勾结，造成地方政事混乱。吴宏在《纸上经纶》一文中明确提出："士子不自知爱惜，一切下贱之役，多系生员包充，屈膝公庭，面颊受辱，皆所弗顾。"②

由此可见，从官场到民间社会对生员的评价普遍较低。那么，从诉讼案件出发，清代生员的形象又是怎样被构建出来的呢？以下从生员形象的自我呈现、百姓对生员形象的构建以及官府对生员的认识等三方面对该问题进行讨论。

（一）生员形象的自我呈现

明清时期，生员"好讼多事"的形象被构建出来，生员自身也做出了很大的"贡献"。如前所述，生员除为切己之事呈告外，为人代告、联名匿名告呈、出头承办上控案件等情况亦尤为常见。此外，虽然在命盗等重情案件中

---

① （清）顾炎武：《亭林诗文集》卷一，《生员论》，四部丛刊景清康熙本，第96页。
② （清）吴宏：《纸上经纶》，康熙六十年吴氏自刻本，录于《明清公牍秘本五种》，第174页。

为中证的情况比较常见①，但在南部县的许多细故案件中，生员为中证的现象亦屡见不鲜。据陈慧萍研究，在《南部档案》中存有大量生员为中证的案件，总计349件。②但由于笔者所研究的对象并不包括文童在内，因而以此数据为基础，笔者认为在《南部档案》中存在为生监的案件为322件。加之，涉案生员"仗衿逞刁"的现象时有发生，这些行为不仅不利于"息讼"，反而增加了州县衙门的负担，由此，生员的形象日渐败坏。

当然，生员告状，亦会在呈词中强调"生等身列膠庠，素知自爱、平日非事关切己，万不涉讼公庭"。③希望构建一个平素"远离公门"的生员形象，但在实际的案件审理过程中，州县官似乎并不吃这一套。

（二）百姓口中"仗衿恶揢"之人

生员与百姓分别为两造时，即便生员一方占理，百姓也会以"恃符健讼""仗衿为符""衿财两仗""仗衿恶揢""仗衿扛帮"④等夸张虚构的措辞强调生员"恶行"，试图将自己塑造成一个被地方劣衿欺压的良善百姓的形象，以期恶化县官对生员的印象，博得县官的同情，而增加自己打赢官司的概率。如，咸丰三年（1853年），在宣化乡廪生董葆庆状告刘顺华妄争估伐一案中，廪生董葆庆故父所买坡地内有一座多年无人祭扫的孤坟，然刘牛儿等人忽于六月二十六日砍去该坟四周柴草作为坟禁。董葆庆"投原中姚育仁理说"，刘牛儿等人不依，董葆庆遂起意赴控，被拦回后邀集双方集场理明，刘牛儿等人不仅抗不拢场，且支使悍妇叫骂。为防止刘牛儿等人"借坟征禁，借禁争地，以后祸害无有休息"，董葆庆再次赴控呈告。⑤刘牛儿等为求胜诉，亦支使其父亲刘顺华反告廪生董葆庆"仗衿势"侵占坟地，"捏词妄控""希图骗占"。⑥由

① 蒋铁初：《清代刑事人证的制度与实践》，《甘肃政法学院学报》2011年第2期。
② 陈慧萍：《从南部县档案看清代地方的生员中证》，《西华师范大学学报》2018年第2期。
③《南部档案》11-145-1-c101p394，光绪十七年五月十二日。
④《南部档案》4-198-6-c8p25，道光二十九年九月十八日；《南部档案》4-262-2-c9p365，道光六年六月二十七日；《南部档案》5-62-1-c13p199，咸丰七年九月十一日；《南部档案》10-394-1-c88p1，光绪十五年八月初七日；《南部档案》11-76-2-c100p357，光绪十七年六月二十九日。
⑤《南部档案》5-74-1-c13p318，咸丰三年七月初三日。
⑥《南部档案》5-74-2-c13p321，咸丰三年七月初六日。

于两造各执一词，县官为求真相，便发出差票，要求工书何德升堪明现场。七月二十三日，何德升禀明：

"……蒙票差书，前往堪得：董葆庆买明坡内小柴薪，与刘顺华坟禁接连只有土坟一所，亦无碑志，被刘顺华仅已砍伐四丛。并堪董葆庆牛只出入与坟相距一尺余远……"[1]

在此事实基础之上，知县虽然对刘牛儿砍伐柴薪之事"从宽免究"，但因其"支父痞□"兴讼而将其掌责，并令原中人姚育仁照旧埋立界石，日后"不得添茔妄砍。"[2]由此案可见，生员在法律生活中虽有特权，但这些特权和威望也经常为其他百姓所利用。百姓经常会以"仗衿势""仗衿"等语将对方生监描绘成一个压榨乡愚、"恃符逞刁"的劣绅形象，以提高自己胜诉的可能性。

（三）官府眼中的唆讼对象

官府尤为注意的唆讼对象以生员和监生为主。生员很多时候不仅自己作为涉案两造参与到案件中去，还经常为人代写词状，架词挑唆挑战官府权威，而被官方视作健讼之徒。因而林乾与日本学者夫马进均认为，清代讼师很大部分来源于科场失意的贡监生员。[3]在光绪十一年（1885 年）《保宁府衙为钞录提督学院酌定条教数端宣示告诫》一文中，明确提出：

川省刁生劣监武断乡曲，往往暗地唆讼，当堂扛帮，遇有上控案件，尤喜出头承办，广募讼费，借此为生，甚或交结吏，胥尤为可鄙。今与壬子约，各宜安分讲读，痛自前雪，如仍蹈恶习，由该学详禀，暨被人控告者，随时注劣褫黜，决不宽贷。[4]

在四川任职的官员亦会有"川省士习情形甚是刁健，亟应整饬以挽颓风"

① 《南部档案》5-74-5-c13p331，咸丰三年七月二十三日。
② 《南部档案》5-74-4-c13p238，咸丰三年契约二十八日。
③ 林乾：《讼师对法律秩序的冲击与清朝严治讼师立法》，《清史研究》2005 年第 3 期；[日]夫马进：《明清时代的讼师与诉讼制度》，收录于[日]滋贺秀三等编：《明清时期的民事审判与民间契约》，北京：法律出版社，1998 年，第 413 页。
④ 《南部档案》9-488-2-c72p39，光绪十一年十二月二十三日。

的印象。①由于四川省籍生员大多平素与本学教官较为疏离，督抚学政查访时一般不能过问所管书院主讲。曾任四川学政（1862—1854）的何绍基在其文集中亦提道：

> 川省大吏于士习文风视犹隔膜，致各府县书院主讲，止为应酬上司人情，学政不能过问。臣于所过地方随时查访，或久不到馆，或空领束修，即有到馆者，人品学问多属不堪，其为士论所服者，十不一二。②

地方生员长期得不到严格的约束，有机会以各种方式参与到诉讼中，久而久之，这一群体便成为官府眼中的"刁狡"之徒。

①《南部档案》9-500-1-c72p130，光绪十二年四月二十四日。
②（清）何绍基：《东洲草堂文钞》卷二《使蜀奏藁》，清光绪刻本。

第四章

上控及命盗重情案件中的生员

——以《巴县档案》为中心

《巴县档案》是我国现存时间最长、最完整的一部地方历史档案，约 11.3 万卷，上自乾隆二十二年（1757 年），下讫宣统三年（1911 年），包括巴县县衙、重庆府、川东道等各级政权来往的政务文件、司法律例、清册以及民刑、民事诉讼等案卷，反映了清代巴县各个时期经济、文化、军事、外交等方面的情况。在《巴县档案》中可以查找到许多生员涉讼的案件，他们或者自构词讼，或者为别人讼，或者自为证人，或者被牵为证。他们既涉及户婚、田债等民间细故中，也牵涉命案、盗案等重情案件中。本章主要围绕生员参与的上控案件和命盗案件而展开，以《巴县档案》为中心，通过具体的案例分析，描述生员参与上控案件和命盗案件的实际情况，从而考察生员如何利用自身的特殊地位和诉讼策略游走于司法领域，地方官吏对生员涉讼案件的应对，以及生员的社会生活实态。

巴县除了有巴县县衙，也是重庆府府治、川东道署、重庆镇署所在地。县城地势西北高、东南低，城外环绕嘉陵江与岷江。《巴县志》中描述道："其地东至鱼复，西至□道，北接汉中，南极黔涪，又云郡治江州，巴县地势刚险，重屋累居，承三江之会，又云江州以东，滨江山险。"①同时，巴县"惟渝城会三江，冲五路，鞭长四百三十余里，俯瞰夔门，声息瞬应，而西玉垒，北边剑阁，南邛崃、戕舸，左挟右带，控驭便捷，故渝州能守，可俾锦官风雨坐安和会矣"②。从巴县的地理位置来看，巴县处于三江汇流之地，毗连云贵陕湖，是滇铜黔铅京运的必经之地，是四川物产（川米、川盐）水运外销的起点，水陆交通便利，商业经济繁荣，湖广江西等地移民广布。乾隆初期，重庆已是"商贾云集，百物萃聚"，"或贩至剑南、川西、藏卫之地，或运自滇、黔、秦、楚、吴、越、闽、豫、两粤间，水牵运转，万里贸迁"③重庆凭借其优越的地理条件，集四方之物于一地，贩进卖出，促进了其城市商业的兴旺，吸引了大量的商业性移民。

本章关注的是清代重庆生员的涉讼问题，所以有必要对重庆府及下辖各县生员的学额和额进情况做简单介绍。重庆府府学廪膳生员四十名，以岁科

---

① 吴波主编：《重庆地域历史文献选编》，成都：四川大学出版社，2011 年。
② 乾隆《巴县志》卷一《疆域》，乾隆二十六年刻本。
③ 乾隆《巴县志》卷三，乾隆二十六年刻本。

二试优等生员拔补，岁取资深者充，岁贡生一名额给饩粮银三两二钱，遇闰加银二钱六分；增广生员四十名，亦以岁高等科拔补，岁试取进文生员二十名，科试亦如之；武生员岁试取进二十名。县学廪膳生二十名，其拔补食饩与府学同，开二岁取资深者充岁贡生，增广生员二十名，岁试取进文生员十二名，科试亦如之，武生员岁试取进十二名。[1]重庆府学，额进二十名，廪生四十名，增生四十名，一年一贡。巴县学、江津县学，各额进十二名，廪生二十名，增生二十名，二年一贡。长寿县学、大足县学、永川县学、荣昌县学、綦江县学、南川县学、璧山县学、定远县学、铜梁县学、安居县学（安居县先经裁汰，其学未裁，后归铜梁县管属），各额进八名，廪生二十名，增生二十名，二年一贡。合州学、涪州学，各额进十二名，廪生三十名，增生三十名，三年两贡。[2]从府学、县学录取名额来看，生员的晋升空间较小。随着时间的推移，生员的总人数会不断增加。

因为生员的身份特殊，清政府对生员涉讼有严格的规定："凡贡、监出入衙门，逐一填造。每月申报督、抚、学政，严加查核。""生员有切己之事，赴州、县告理折，先将呈词赴学挂号。该学用一戳记，州、县官验明收阅。倘有恃符健讼，重则斥革，轻则以劣行咨部。"[3]严禁生员恃符健讼、包揽词讼、武断乡曲。但从《巴县档案》中可以看到，许多生员成了诉讼的主体。究其原因大概有以下几个方面：

第一，生员人数多，晋升渠道狭窄，能通过科考入仕的很少。清代顾炎武在《生员论》中对此有论述："合天下之生员，县以三百计，不下五十万人……可为天子用者，数千人不得一也。"由此可知，清代士人群体膨胀，但最后能做官的士人是少之又少的。论比例，数千个士人当中或许能有一个当官的。士人自幼读经诵史，把做官作为唯一的人生目标和理想，除了知识以外，别无它技。士人如果不能做官的话，不仅意味着前途暗淡，还很有可能因为没有经济收入而影响生计。刘大鹏说："当此之时，四民失业者多，士为四民之

---

① 乾隆《巴县志》卷四，乾隆二十六年刻本。
② （清）素尔讷等纂修，霍有明、郭海文校注：《钦定学政全书校注》，武汉：武汉大学出版社，2009年，第212页。
③ 同上，第88页。

首，现在穷困者十之七八，故凡聪慧子弟悉为商贾，不令读书。古今来读书为人生第一要务，乃视为畏途。人情风俗，不知迁流伊于胡底耳。"①为了生计，生员们或者为师，或者从商，或者为医，或者出入公门包揽词讼等。"士子廉耻之不惜，或由于饿寒之迫，其身而庠序仁让之未兴，皆因夫困穷之屈其性，使无以鼓舞其志气而簿书之庭有士矣。"②生员能读会写，熟悉律例和官府办案程序，加之有身份优势，包揽词讼如手到擒来，且收益颇高。《清稗类钞》记载："周屠……其父尝为某省太守，恃其戚为京都权要，因恣为不法，民不堪命，讼之省者屡矣。大吏不能庇……讽令辞职。既归，则包揽词讼，武断乡曲，所入与作吏时略等。周喜曰：'吾今而后知绅之足以致富也，何必官？'"③士绅们"凭借门第，倚恃护符，包揽钱粮，起灭词讼，出入衙门"的真正原因在于"士一采芹香便寻莩坂，结纳胥吏之欢，引同心于刀笔滑稽斯之伍，因而出于衙门，包揽词讼，武断乡曲，侵蚀钱粮，利之所在，群趋若鹜，稍不如意，即一呼百吠，蜚语流言足翟无忌"。④

第二，生员群体内良莠不齐，有的生员确系恃符生事，武断乡曲，为害百姓。在与己相干之事中，为了实现自身利益最大化，不断缠讼，或者进行诬告，牵连报复；在不干己事时，唆讼。有的生员在地方为所欲为，比如：武生金凤书，素不安分，惯以敲撒为事，人多畏其凶横不敢与较。"光绪四年正月，金凤书掣骗璧山县监生傅均平烟土银二百五十余两、光绪五年八月金凤书拦路凶夺陈定珊银九两零、光绪十年七月二十六日下午金凤书因李受山收有谭姓佃钱，估借不允，将其打伤。"⑤同时，地方官员在司法案件审理方面并不是求事件的真相，而是通过审理满足双方的利益基础上，大事化小，小事化无，维持地方社会的稳定与和谐。因此，他们在对诬告、越控等行为的处理并没有严格按照律例，同时，清代司法审判并没有终审制度，只要案件当事人对审理结果不满意，就可以继续诉讼，这也是造成缠讼出现的原因。

---

① 刘大鹏：《退想斋日记》，太原：山西人民出版社，1990 年，第 131-132 页。
② 吴欣：《清代民事诉讼与社会秩序》，北京：中华书局，2002 年，第 74 页。
③ 徐珂：《清稗类钞·狱讼类二》，北京：中华书局，1984 年，第 58 页。
④ （清）戴兆佳：《天台治略》卷四《一件再行劝勉以端士习事》，《官箴书集成》第四册，合肥：黄山书社，1991。
⑤ 《巴县档案》6-34-7436，光绪十年十月。

这些均为生员教唆词讼提供了理由和借口。如长生场监生刘伯皋为削官平私忿控府控臬合计三次。在长生场总监正胡从云等的恳状中禀称:"……伯皋为渝南著名讼棍,无贸集案,遇事生波,扛帮作诬,一□□□为文周、文彬、士彬、利宾、永清、武成、廷宣等名预为藏身地步,虽经戒责,怙恶不悛,案积如鳞,何可胜数,□就十余年来,伯皋谋唆离欺玷搕害十六款。"①所列刘伯皋恶行清单,桩桩件件,有据可查,记录了十余年来监生刘伯皋在乡唆讼、诈搕等行为。

第三,生员被人利用,无端被牵连案件中。因生员的身份特殊,清政府制定了一系列约束生监的规定。县官亦是生员出生,在对地方事务的管理中亦要依靠生员们,所以他们在对待有生员涉讼的案子会更注意,更容易受理。"概仅告凶人,则明知凶之不缉。控生员则传之而至,可以困辱之;传之不至,可以革其衣顶。"②清代田文镜、李卫的《州县事宜》中也有关于如何对待士人的描述:"绅为一邑之望,士为四民之首。在绅士与州县,既不若农工商贾,势分悬殊,不敢往来。而州县与绅士,亦不若院道司府,体统尊严,不轻晋接……地方利弊,可以采访;政事得失,可以咨询……事非切已,毋令干预以滋弊;法不容情,毋为袒护以长奸……如此则轻重得宜,礼法兼备。而于待绅士之道,其庶几矣。"③所以,一些民众,为了使案件能被受理,在诉状中列生员之名。此外,很多生员参与到了地方事务的管理中,或为监正,或为团正等,当地方发生命盗案之时,有上报之责,当地方出现赌博、私设烟馆、宿娼等有碍风化或秩序等事务时而禀控在案。

综上,清政府虽严禁生员涉讼,但现实社会中,还是有很多生员或者因利益受损而控,或者因为生计而控,或者恃符而骄在乡唆讼,或者被他人牵连涉讼。"今秀才实有穷者,不悦诗书不务讲求则其学穷;不饬廉隅不羞苟得则其行穷;只一贫字,终日戚器戚戚则其志穷,百无一能则其术穷。四者皆

---

① 《巴县档案》6-31-01473,光绪三十一年五月。

② (清)丁日健:《治台必告录》卷二《重士》,同治六年科本。

③ 李学勤、吕文郁主编:《四库大辞典·上》,《州县事宜》,长春:吉林大学出版,1996年,第1433页。

备可谓真穷也。"①生监在没有国家法律严格制约、保护及社会较高认同的前提下，其内心"无讼"的自觉与自律会随之降低，再加上经济状况的拮据，都可能促使其进行诉讼。因此，难免州县官会发出这样的感叹："乡愚之讼，大半由生监怂成。"②下面以《巴县档案》为中心考察上控案件和命盗案中的生员。

一、上控案件中的生员

上控是指案件当事人对初级审理结果不服，向府、道、司、院逐级上诉。据《清史稿》记载："凡审级，直省以州县正印官为初审。不服，控府、控道、控司、控院，越诉者笞。"③"凡军民词讼，皆须自下而上陈告。若越本管官司，辄赴上司称诉者，（即实，亦）笞五十。（须本管官司不受理，或受理而亏枉者，方赴上司陈。）"④从上面所引律例来看，律例严格规定必须逐级（县、府、道、司、院）上控而不允许越诉，越诉会受到相应的处罚，如院、司、道、府受理越诉也要照例议处。"词讼未经管衙门控告，辄赴控院司道府，如院司道府滥行准理，照例议处。其业经在该管衙门控理，复行上控，先将原告穷诘，果情理近实，始行准理。如审理属虚，除照诬告加等律治罪外，先将该犯枷号一个月示众。"⑤但在巴县司法实践中，也有例外，比如"生员陈飞翔告生员王义清灭伦凶伤案"。⑥璧山县生员陈飞翔与生员王义清等发生殴斗纠纷后，未在璧山县告状，而至府宪告状。府宪批语："璧山县虽因公赴省，斗殴案件例应就近在地方官衙门报明情由，捕官验报，取辜医治，听候印官回审讯。今陈西龙（生员陈飞翔之父）被张思齐等殴伤，陈飞翔不遵例在县呈报验明，将陈西龙抬赴郡城。本府衙门报验违例已极，若令抬回，仍由地方官查验，程途往返难免别滋事故，仰巴县就近验明，拨医调治。一面移关人证讯明具报，如虚照律反坐，设使属实，即将违例抬验应得之罪从重究办，

---

① （清）梁章钜：《退庵随笔》卷一《秀才》。
② 吴欣：《清代民事诉讼与社会秩序》，北京：中华书局，2002年，第67页。
③ 赵尔巽：《清史稿》卷一四四《刑法志三》，北京：中华书局，1977年，第4211页。
④ 胡星桥等：《读例存疑点注》，北京：中国公安大学出版社，1994年，第675页。
⑤ 同上，第678页。
⑥《巴县档案》6-02-2926，乾隆五十五年四月。

毋稍轻纵。"①因璧山县因公赴省，再加之陈西龙、生员陈飞翔受伤，免程途往返滋生事端，府宪准理此案，谕令巴县县衙审理。

对于上控案件，上级审判机关既可以提审，也可以发回原初审衙门重审，或转委所属其他州县审理。在清代，四川省设置十五府，九州，四厅。其中重庆府，顺治初，因明制，领州三，县十七；乾隆后领厅一、州二、县十一。即巴县、江津、长寿、永川、荣昌、綦江、南川、合州、涪州、铜梁、大足、璧山、定远、江北厅。川东道辖重庆府、夔州府、绥定府、忠州直隶州、西阳直隶州、石砫直隶厅。巴县是川东地区政治经济文化中心，是重庆首府，是巴县县衙、重庆府衙、川东道辕所在地，因此《巴县档案》中存有大量上控案件，本节选取典型的涉及生员的上控案件来做具体分析。

（一）上控的动因

在有生员牵涉其中的上控案件中，有生员上控的、有上控告生员恃衿而骄的、有生员被无故牵涉案件中的。上控的理由多种多样：有的是为了维护集体的利益，有的因自身的原因，有的是以生员身份帮他人诉讼，等等。

1. 事涉公共利益

清代国家官员的设置只到县级，州县长官统揽州县的钱粮刑谷所有事务。州县官及佐贰官是少数，少数人管多方事，势必依靠地方上的有名望、有影响力的群体——士绅阶层。生员是士绅阶层中较大的群体，他们通过科举考试获得了一定的功名，但还未能金榜题名，授予官职，是官和民中间的桥梁，他们充任监正、团正、局士等，积极参与地方社会的管理。在管理过程中，或者因以公肥私，或者因管理不善，或者因权力争斗牵涉一些案件中。比如："璧山监生张涵益、张浩等因办驿站差务亏空银两互控一案。"②道光九年（1829年），监生张浩入夫马局经管差务，报销不实，侵吞公项银二千文百余两，监生张涵益、李灼等将之告在璧邑，经审讯方知：道光九年（1829年）局务轮交王德钦、张浩等经管，张浩等因王德钦系属熟手，银钱出纳均由王德钦一

---

① 《巴县档案》6-02-2926，乾隆五十五年四月。
② 《巴县档案》6-07-768，道光十一年九月。

人管理，王德钦管理期间，自行挪用局费八百六十一千六百九十六文又银百五十五两银钱，王德钦病故，张浩等接收经管，并未清查核算。至道光十一年（1831年），张浩等邀同绅耆清算账目，经张涵益等查对核算底簿不符，怀疑张浩等伙同侵吞，拿取硃册底簿四本，由府道上控，批县查讯。钱主讯明系王德钦一人侵用，张浩等并无伙同分吞，但因同在局内管事，却任意让王德钦侵用，王德钦又身故，钱主断令张浩、李茂青、汪天青、龙超汀、刘思贵、傅大文六人分赔，共缴一千三百五十九串五百五十文，但他们违限不缴，监生张涵益们才赴藩宪衙门上控。璧山县是川东大道，往来差务需用夫马，费用均系藉民力按粮摊捐，由阖邑绅耆轮流经管，武生张浩入局经管后，出现侵吞公项银之事，侵犯了公共的利益，监生张涵益发现后，联合其他生监一起上控，维护大马局的利益。与此相类似的还有"已单武生陈世传盗卖社谷案"：同治四年（1865年），革生陈世传随招上控，声称："革生借发仓谷支给勇丁口食，系与首事们公同商议，在前县主呈禀有案，至按户派钱四百文另有团首经理，与革生无涉"。①鉴于陈世传的翻供，府宪仍发文招解陈世传到府、提县卷来府查核、传社仓首事练茂绿等来府质讯。经过审讯查证，陈世传贿赂逐开时错号逐假二，顶逐廷耀之名上控，妄称练丁口食支销用尽，承认如数筹款填还，图保世传出监，为其开脱盗卖社谷之事。经练茂绿、张继凤、逐明伦、李文富来辕质讯，真相大白。社仓谷石实系革生陈世传盗卖肥己，并非因公支用，仍照原招勘转将其暂行收禁，随后逐程递解至铜梁县衙门收监。不管是夫马局银钱还是社谷均是公共利益，都是由地方自筹而来，涉及人数众多，侵吞夫马局银钱和盗卖社谷，均会引起地方社会的不安，生员作为地方社会中有影响力的人，其侵害公共利益的行为必须严惩。两个案子中，不管是因为疏于管理导致的银钱流失还是故意盗卖肥私，均按照讯断赔偿。而下面的这个案子发生在局士和监正之间，双方都打着为公的旗号发生龃龉，闹上公堂。

"直里一甲贡生梁安惠等以除害事上控余元恺"②：余元恺是龙隐镇团练，

---

① 《巴县档案》6-23-01069，同治四年二月。
② 《巴县档案》6-30-16287，同治七年正月。

经理渝城夫马、三费、积谷各局，廪生梁安惠、文生覃树猷、监生孙龙章为总理十团监正。同治六年（1867年），廪生梁安惠等告余元恺等藉官贩私。同治七年（1868年）正月十六日，余元恺以查算团账为借口，齐集贡生梁安惠等于万寿宫，打伤覃树猷等六人，贡生梁安惠以"统匪凶伤"控县，余元恺又以"私枭挟诬"控梁安惠等在案。正月二十一日，廪生梁安惠等又以"重伤垂危协恳作主事"控县，蒙批："案已差唤，孰是孰非候集讯察究，毋庸烦渎。"正月二十三日，廪生梁安惠等又以"除害事"上控余元恺等。在这个案件中，双方互控对方贩私，一方说自己以诗书为业，并无不礼乡党之处；一方说自己素守忠朴，教读为业。双方因贩私事不断呈词互控，矛盾不断升级，牵涉人员众多，最后上控到府辕。府辕批道："查前据该生等以藉官贩私等情来辕具控，当经批县录覆，迄今未据，覆到兹复，据呈余元恺挟忿统众凶殴致该生覃树猷等□□□伤是否属实，仰巴县迅即□□□按照先今控词逐层研讯明确，分别究拟具覆，毋稍□□徇延，致滋衅端，词发仍缴。"①在这个案子中，互控双方均在地方上担任要职，都为地方的安定做出过贡献，是具有影响力的人物，因是否以权谋私、损公肥己而互控，表面上打着为公的旗号，实际上都是在维护或者巩固自己的权力和地位。这个案子也反映出在地方上，生员们通过各种手段增强自身对地方事务的掌控来扩大自己的利益。

"长生场监生刘伯皋告职员李小山冒充里正侵吞公款诈骗银两一案"②：光绪三十年（1904年）七月，因为设官平嫌疑起衅，长生场监生刘伯皋等以"势吞挞害"呈控府辕，告讼棍李小山冒充职官同伊弟衿棍李星门恃充里正，擅权揽公，横行乡里，藉势诈挞，吞蚀公款。李小山等以"恳质究传"禀县，九月初，经三里首士清算账簿，李星门等并无握吞情弊，李小山经手济米、积善各会未交者亦当众算结认签，两造甘愿息讼敦好。到光绪三十一年（1905年）五月，监生刘伯皋等又以"鲸吞势挞恳提究追事"控府，经查证监生刘伯皋窃名上控，屡传不到。后张梅羹们十余人均赴案齐称被窃名，所控各节概不知情，画押备案，刘伯皋才回渝投质，蒙审讯：监生刘伯皋所控不

①《巴县档案》6-30-16288，同治七年正月。
②《巴县档案》6-31-01473，光绪三十一年七月。

实，李小山确系通判有执照可凭，李小山们实无侵吞款项事，监生刘伯皋名为官秤实挟忿而控。臬宪批示："遵行，如伊自悔错误，认真求公正绅董挽回了结，定有格外从宽之处。"[1]这个案子发生在清末新政时期，为了兴学校，长生场将铺平改为官平，以官平收银为兴学经费，监生刘伯皋因收益受损，上控职官李小山、里正李星门们侵吞公款，诈搕银两。

2. 事关己身

清代对生员涉讼进行了严格的要求，雍正六年（1728 年），"生员有切己之事，赴州、县告理者，先将呈词赴学挂号。该学用一戳记，州、县官验明收阅。倘有恃符健讼，重则斥革，轻则以劣行咨部"[2]。乾隆元年（1736 年），"生员事关切己，与包揽词讼不同。若必令赴学挂号，求用戳记，恐不肖教职挟嫌勒索，徇私容隐，徒滋弊窦。应将赴学挂号戳记之例停止"[3]。虽乾隆元年取消了挂号戳记，但并不代表生员有切己之事就可以任意滋讼。在搜集的50 余个关于生员上控的案件中，事关己事上控的占多数，这些案件发生在生员和民之间、生员和官之间、生员与生员之间。就案件类型来看，包括与人命相关的案件、盗案、经济纠纷案件、婚姻家庭纠纷案件、诈骗案件、斗殴案件等，下面分别举例加以说明。

（1）与人命和盗窃相关的上控案件

命盗案件系重案，需要上报。从上报的时间来看，清末《调查川省诉讼习惯报告书》记载："命盗案，呈报期间以三日内为原则，但被害者路途遥远，与有其它之障害时，虽逾限呈报，仍与未逾限者有同一之效力。"[4]即通常情况下，以三天为限。呈报的主体中必须要有约邻、地保。在实践过程中，并不是所有的命盗案件都会到府宪、臬宪或者藩宪，有的命盗案就在州县范围内结案，此处所列举的是上控的命盗案件。命盗案出现在上控案件中，一定

① 《巴县档案》6-31-01473，光绪三十一年七月。
② （清）素尔讷等纂修，霍有明、郭海文校注：《钦定学政全书校注》，武汉：武汉大学出版社，2009 年，第 88 页。
③ 同上，第 89 页。
④ （清）李光珠辑：《调查川省诉讼习惯报告书》，中国社会科学院法学所图书馆藏。转引自吴佩林：《清代县域民事纠纷与法律秩序考察》，北京：中华书局，2013 年，第 411 页。

会被重视，认真对待。"长寿县监生孔元卿上控谭金谟越界伐生树木勒毙生妻一案"①：嘉庆九年（1804年）二月，监生孔元卿的弟弟孔俊卿向他索借银两，监生孔元卿以不务正业不允周给。孔俊卿就到山上将其母坟山内蓄培大青杠树三根砍伐出卖，监生孔元卿理斥并控案于长主，孔俊卿因素与涪州厅差役认识，越署控于涪厅，且孔俊卿又到监生孔元卿家，与孔元卿的妻子高氏发生口角，致使高氏怄气自缢。监生孔元卿随捏情妄控于川东道大人辕下，想控准拖累。在这个案件中，孔高氏是因为发生口角怄气自缢身亡，属于假命案，监生孔元卿想借此上控来到达惩罚其弟的目的。除了妄控外，也有因置疑命案审讯结果而上控的，比如："直里五甲武生张棠告刘天锡等屈毙其女一案"。②同治五年（1866年）三月，武生张棠告刘天锡们嫌其女贱、言辞侮辱、毒殴妻女，致使其女身亡。"……生女因为天锡招婿万百三与女刘氏同居共梦，遂至将生女嫌贱难堪，毒殴夺词，凭场叠理均剖，刘氏不应唉嫌搬迁寝事，无如刘氏挟忿转深，怂母刘程氏愈为嫌刻致酿命件。"③经查验审讯，张棠之女刘张氏系疯疾发作自缢身亡。张棠发现其女前头颅左肋有伤痕，不服审讯结果，以"屈毙事"上控府辕。还有指认自己怀疑的凶手对象而上控的。"直里九甲武生邓辅清告陈二耗子（即陈国勋）等掠杀冤沉"④：咸丰十年（1860年）腊月，张逆窜境，武生邓辅清同子邓正发、孙邓光瀛逃往合州三汇坝避乱，其三子邓三阳同孙邓光涵在高店子被杀，银钱衣物被掠，坐宅被拆毁。同治元年（1862年）贼退，武生邓辅清归来，知晓掠杀弛放搂物瓜分事，呈词控县，均未准，同治三年（1864年），贼匪减尽，军务成平，又以"掠杀冤沉"由府上控至臬宪，涉案人员达30多人，经多人呈词，多次审讯，武生邓辅清之子邓三阳、孙邓光涵"因同朱爵三起意从贼，在寨山坪私开铁坟，剃左眉为号，摇惑人心，被团众格杀"⑤。"武生邓辅清不应捏词上控，希图拖累，念其年老且不知子孙从匪徒情事，控书痛子情切，从宽免究。"⑥同治五

①《巴县档案》6-3-0760，嘉庆九年三月。
②《巴县档案》6-23-1599，同治五年三月。
③《巴县档案》6-23-1599，同治五年三月。
④《巴县档案》6-23-00607，同治三年八月。
⑤《巴县档案》6-23-00607，同治三年八月。
⑥《巴县档案》6-23-00607，同治三年八月。

年（1866年）八月，武生邓辅清又以"乘机冒掠毁"上控韩至诚周祥等于督宪，七次呈词，均未审讯，直到同治八年（1869年）双方立息讼文约，同治十二年（1873年）销案。

盗案同命案一样均是重件，《巴县档案》中盗案数量较多，其中与生员有关的也不少，他们或者被盗，或者是因他人被盗而上报，或者是监正、团正等牵连其中。下面两例均是生员被窃，因日久赃悬贼不获，多次呈控无结而上控的。"合州监生黄衡兴报其在船户刘文秀船内被贼窃去银钱一案"①：嘉庆十九年（1814年）三月十九日，监生黄衡兴拿银一包共计二百五十两托船户刘文秀带去渝城，船天黑到达渝城，停靠千斯门，第二天早上，船户刘文秀查看公舱内麻布口袋，发现不见这二百五十两银子，即投鸣案下并告知监生黄衡兴，监生黄衡兴跟报在县。巴主并未严审被窃情形，并且故意拖延，监生黄衡兴气忿于四月初八以"窃害赃悬事"，二十八日，以"不缉弊延事"，六月十八日，以"赃贼弊悬事"，三叩祖宪。经巴县县衙审理，谕令刘文秀赔还，刘文秀船只变卖价银三十两，九月八日，交监生黄衡兴具领，九月十三日，监生又以"藐法贿悬"上控，告刘文秀匿银假报、捕头皮陞藐视法律，收受贿赂，把持重案。同类型案件还有发生在道光十八年（1838年）到道光二十年（1840年）的"文生况皋告朱正伦在其家行窃一案"②：文生况皋家在三年里连遭被窃六次，因日久赃贼未获，况皋恐捕役林陞等舞弊不查，以"纵贼叠窃"上控捕役林陞等。经过审讯，"况皋因日久赃贼无获，辄架词上渎，实属不合，姑念到案□□□究，始终诬执者有间，应请从宽面议。刘天爵并无窝贼等情，朱正伦亦无行窃情事，徐长寿系属另案正贼，并无行窃况皋家，差役林陞、朱奇、黄元并无纵贼弊塌情事均毋庸议，无干省释，除取备案，并饬差严缉此案正贼，务□究追。"③

（2）家庭纠纷

在巴县档案中，家庭婚姻方面的档案较多，关于家庭关系、婚姻方面的

---

①《巴县档案》6-6-7658，嘉庆十九年五月。
②《巴县档案》6-14-14769，道光二十年四月。
③《巴县档案》6-14-14769，道光二十年四月。

研究成果颇丰，如张晓霞《清代巴县档案中的"休妻"与"嫁卖生妻"》等系列论文，苏成捷（Matthew H. Sommer）著、林文凯译《清代县衙的卖妻案件审判：以272件巴县、南部、宝坻县案子为例证》，李清瑞《乾隆年间四川拐卖妇女案件的社会分析——以巴县档案为中心的研究（1752—1795）》，等等。①在此不一一赘述，以下列举的是与生员相关的家庭婚姻纠纷方面的上控案件。

"监生熊锦春告熊坤元违犯难容一案"②是父因子忤逆不孝，不听约束而上控。道光十三年（1833年），监生熊锦春以违犯难容上控其子熊坤元、熊嘉元等。事缘因分家，监生熊锦春不遵判将妾室邱氏另嫁，并欲售卖产业，携邱氏回籍，子媳劝阻，监生熊锦春不依，反将子媳一并逐出，其子熊坤元商与族叔熊道源赴杨主案下呈控，批委八府妥议禀覆，熊道源邀集黄万春、傅经国、姬贵、唐敏功等人商议分家，经杨主审讯，谕令监生熊锦春缴银二千两给与两媳两子资用，俟回原籍分家。监生熊锦春不甘分家缴银而上控。"孝里三甲生员张国垣告陈金义等自伤诬告一案"：生员张国垣于嘉庆十一年（1806年）来六月，用银五十两娶陈王氏之女长姑为妾，因长姑性悍，王氏（长姑的母亲）性妒，先后以"刁女滋泼""卷逃无踪""拐露缯骗""唆悍蛋骗"控案。嘉庆十四年（1804年），厅讯断："劝生属迂儒，难敌妒妇，判生给伊银三十两离异，姑归宁另户，砵照离异。"③后遭王氏之侄陈金义并讼棍牟银仕等唆王氏母女翻控府辕，拨回讯断"生员张国垣领回长姑王氏"。王氏母女不断缠害，嘉庆十六年（1811年）三月，陈金义（即陈际虞）以"伤发命危"控监生张炳和张国垣父子，后经约邻牟庆元、张惠川、王树山剖具结。"张国

① 张晓霞：《清代巴县婚姻档案史料价值探析》，《兰台世界》2013年1月上旬。张晓霞：《清代巴县档案中的"休妻"与"嫁卖生妻"》，《甘肃社会科学》2014年第2期。张晓霞：《清代孀妇的再嫁问题探讨》，《成都大学学报》（社科版）2013年第2期；《清代孀妇的守节与再嫁》，《山西财经大学学报》2012年12月。张晓霞：《清代童养媳现象探析——以巴县档案为中心》，《成都大学学报》（社会科学版）2017年6月。苏成捷（Matthew H. Sommer）著、林文凯译：《清代县衙的卖妻案件审判：以272件巴县、南部、宝坻县案子为例证》，收入邱澎生、陈熙远编：《明清法律运作中的权力与文化》，第345-396页。李清瑞：《乾隆年间四川拐卖妇女案件的社会分析——以巴县档案为中心的研究（1752—1795）》，太原：山西教育出版社，2011年。
② 《巴县档案》6-11-8326，道光十三年七月。
③ 《巴县档案》6-5-4312，嘉庆十六年三月。

垣再给陈王氏之女陈长姑奁资银四十四两作长姑另行择户赔嫁之资，自此以后陈长姑另户，国垣不得异言阻滞，长姑不即另嫁，王氏亦不得复行翻累。"①两个案件都是因为家庭问题而上控，都经历了约邻、族长等的调节，在清代巴县社会，约邻、族长等在地方社会纠纷的解决中发挥着重要的作用。

（3）经济纠纷

巴县到乾隆初期，已是"商贾云集，百物萃聚"商业经济发达，吸引了大批各地的商业移民，因商业而产生的借贷、钱债、租佃等方面的纠纷也较多。例如："客民王集兴等上控夹江县监生王必华等欠其买棉花钱款不还一案"，此案始于嘉庆十六年（1811年），生员王必华因为做棉花生意，欠客民王集兴等棉花银四千三百六十余两。经过官府查证"王必华王文楚负欠属实，当即札发该县严行比追"，复又叠次移催夹江县关提王必华之子王福宁变产缴还，到嘉庆十九年（1814年）十月二十七日，王必华等均抗不呈缴，再次严催。"尔屡限屡违，分厘不缴，安心延骗，情殊可恶，姑限至八月望前措齐清缴再延严比不贷。"②到临限王必华又施计商串禁卒捏病朦禀，到嘉庆二十三年（1818年），不断提讯，掌责，王必华缴一千两，王文楚分文未缴。在这个案子中，监生王必华和王文楚通过不断拖延的方式迟迟不缴欠款。

与之同类的还有"监生周永顺以串衿诬搕等情上控涂式廷等一案"：同治九年（1870年）命妇涂骆氏以"套哄撞骗"控周炳垣、牟炳三等在案，经审讯，谕令"周炳垣缴银四百两、牟炳三缴银三百两并租谷四十石，因周炳垣违限未缴，多次比讯，将其掌责仍行收押，吩谕夏荣显张吉祥们出外，酌议把他房屋当卖缴还"③。周炳垣的父亲监生周永顺以"串衿诬搕"等情上控。词称："涂骆氏朦供诬控，被蠹张祥、周魁、石玉等叠搕……原中尚有七人收银，炳三现在何得生子一人独赔四百之理，同罪异罚，心岂能恢。"④经审讯，监生周永顺同儿子周炳垣应缴银四百两，仍将周炳垣收押，俟监生周永顺取具人银妥保，限两月内缴楚，给涂骆氏具领。

"监生李恒丰告余道才等抗逼命悬一案"：同治九年（1870年），合州杨义

①《巴县档案》6-5-4312，嘉庆十六年三月。
②《巴县档案》6-6-7806，嘉庆十九年三月；6-6-7904，嘉庆二十三年四月。
③④《巴县档案》6-26-6102，同治十年七月。

盛、杨义方控余道才叔侄于道宪，余道才等央保在店，后该欠监生李恒丰银二百两余立有约，延至同治十一年（1872年）未还，监生李恒丰于同治十一年七月、同治十一年十二月分别以"抗逼命悬就恳提究"事和"藐责纵再叩更提事"控州，但"批虽森严，蠹弊愈塌，生叠鸣冤，藐视如故"。①同治十三年（1874年）二月，以"蠹弊藐塌"控余道才、邓清华于府辕。后又以"藐塌银悬禀恳各关事""塌骗难生叩恳关唤事"续禀。

（4）搕索、凶殴类上控案件

在《巴县档案》中搕索、凶殴这两类案件较多：嘉庆朝凶殴类694件；道光朝欺诈类案件2 224件，凶殴类案件1 848件；咸丰朝欺诈类案件1 674件，凶殴类案件829件；同治朝欺诈类案件2 570件，凶殴类案件1 350件；光绪朝欺诈类案件5 190件，凶殴类案件1 898件。这中间多为民间细故，通过约邻调解结案，当然也有很多上控案件。"武生段安邦告僧道轩等藉案诬搕一案"：同治元年（1862年）二月间，僧道轩将佃与武生段安邦母舅何恺耕种的寺业收回自种，武生段安邦等驱逐僧道轩出寺，僧道轩不从，段安邦等挟忿将僧道轩捆缚送案，经讯断"武生段安邦缴银三十两给僧道轩，培修庙宇，俟秋收后再行出庙"②。段安邦不遵讯断，同年七月，又将僧道轩捆绑灌粪，并用井水抹擦两目，致使僧道轩两目成瞽，僧道轩俗父段佐伟知骇，以"吊灌殴逐"禀厅，段安邦等给银三十两，另寻居住。不料道轩目瞽伤发成废，八月二十八日，僧道轩以"被毒难生"禀厅未准，闰八月十四日，僧龙华以"目瞽伤发"具呈厅主，因前后供词互异，维持原判，僧道轩见冤抑莫伸，始以"霸害成废"呈控府祖，批回厅讯。同治二年（1864年）二月，段安邦以"唆控诬霸"等情控府，批回讯覆核批："据江北厅详请褫革武生段安邦衣顶，将段安邦卡押，提集全案人证，验明僧道轩已未双目成瞽，是否实系该武生所致，究竟因何起衅。"③经当堂查验，僧道轩左目成瞽，右目视弱，仍将段安邦押店听候详覆。同治二年（1864年）六月十三日，段安邦又以"藉案诬搕"呈控。本案双方因租佃问题发生凶殴事件，发生在生员和平民之间。下

---

①《巴县档案》6-26-6669，同治十一年七月。
②《巴县档案》6-30-14475，同治二年六月。
③《巴县档案》6-30-14475，同治二年六月。

面两个案子均发生在生员与职官之间。

"武生陈照东（即陈正泰）告吴光銮（即吴德余）等案"：武生陈照东，璧山县人，在渝城开鹿茸铺，内有张天成开客栈，共门出入。同治八年（1870年）六月十一日，綦江县吴光銮在张天成客栈居住，宴请贵州局缘候补同知汤世辑、候补通判许松年、暨候补主事王怀珍，更深未散，往来多人均由正泰铺内出入，正泰嘱徒朱志明将门暂闭，王主事官轿不得出，双方发生冲突，王主事家丁胡成、吴光銮家丁陈贵、陈照东徒弟朱志明等均被伤，损毁丢失多物，事后武生陈照东以"纵毁凶搂"禀验唤，后又以"恃勒损塌"续禀，经审讯，"陈贵、胡成与朱志明均受伤，所失衣物两不究追，但高火房未能到案，将朱志明责惩，日后铺门照旧出入"①。对此结果武生陈照东不满，以"凶搂毙屈叩提究"上控。冲突过程中，武生陈照东的损失如下："南茸一架、西茸一一架、票银一定重九两六钱二分、红钱三千六百文、蓝绸单衫一件、蓝洋布单衫一件、葵蒲扇一把、檀木算盘一架、白洋布洋衣一件、天平砝码一副。"②而"监生邓树勋告墙东山等串娼捆剥一案"③系因欺诈而引起：同治十二年（1873年）七月，监生邓树勋告墙东山（实系墙东山的堂弟墙二）假冒职官，擅戴红顶，串游娼李杨氏，将其捆绑搕索钱物，共计四百余两。经过审讯，将墙东山笞责枷示，后因在押患病沉重，保释出外医调。同治十三年（1874年），参将墙明德因其弟受罚怀忿以李升为抱告，以"贪赃枉法"上控监生邓树勋，并质疑王前县非刑，萧贵等并搕赃。两个案件一个最后不了了之，一个最后查明事实维持原判，但对职官的诬告行为不予追究。

除了上面提到的四种以外，还有其它类的上控案件。例如："职员顾辅家和生员刘善潮互控一案"④，两造因坟界而引发上控。乾隆五十二年（1787年），职员顾涉川即顾辅家将父亲葬于真武山刘姓古墓上，并捐出银三百两修理真武庙月台。到嘉庆十年（1805年）三月，生员刘善潮们清理祖坟界址，知晓坟地被占，请凭亲邻理迁，顾涉川不允，后蒙查勘，顾涉川自知有错，把坟起迁，但矿未拆，想借此让寺僧海润还修月台捐项三百两。马县主令其

---

①②《巴县档案》6-30-16431，同治八年十月。
③《巴县档案》6-26-6481，同治十二年七月。
④《巴县档案》6-6-8235，嘉庆十一年九月。

拆矿，顾涉川不遵上控，生员刘善潮等也以"压葬弊脱恳提律究事"赴臬宪具呈。最后在绅约南国彦和赵协祥们理劝下息讼，具结销案。着令顾涉川把矿拆去，迁地仍归真武庙管业，捐修月台银子算了。

3. 以生员的身份帮他人而成讼

清政府对生监的约束极为严格，防止生监恃符生事。《大清律例通考》卷三十《刑律·诉讼》："文、武生员，除事关切己及未分家之父兄，许其出名告理外，如代人具控、作证者，令地方官申详学臣，褫革之后，始行审理曲直。"① "生员代人抗帮作证，审属虚诬，该地方官立行详请褫革衣顶，照教唆词讼本罪上各加一等治罪；如计赃重于本罪者，以枉法从重论。其讯明事属有因，并非捏词妄证者，亦将该生严加戒饬。倘罔知悛改、复蹈前辙，该教官查明再犯案据，开报劣行，申详学政黜革。"② 这两段引文道出了对文、武生员代人具控、作证的，将面临着褫革衣顶或黜革的惩罚。法文虽严格，但实践中，生员代人诉讼的案例不少，以下这三个案例，生员都是代堂弟、侄儿具控。第一个案例是生员串其堂弟捏控，因理亏反被人上控至府厅。"永川县武朝惠告武生马国鼎毁其母坟反将其诬告一案"③：武朝惠先年佃马国辅的父亲马锡权田地耕居，乾隆四十二年（1777年），其母亲病故，向马锡权讨地安埋。到嘉庆十八年（1813年），马国辅胞弟马国猷将业卖给武朝惠，凭中在其母坟前摘留阴地一穴，并窨下界址，议明价钱七百二十千文立契成交，文约是马国鼎亲笔，并恳马国鼎代为赴县城投税，交过钱十五千文，延不报税，后武朝惠自行投税后向马国鼎讨取包契税十五千文。嘉庆二十年（1815年），武生马国鼎串马国辅以摘留阴地问题捏讼，马国辅又串文生马国藩、张文渊等妄禀武朝惠弟兄违例立碑，经永川厅厅主查勘讯断，武朝惠并无违禁立碑情事，马国辅弟兄摘留阴地在朝惠之母坟前仍照原界，马国鼎缴还武朝惠包税钱十五千文。武朝惠被马国鼎们妄禀拖累，怄气不过，以"谋骗刁害叩并拘究事"具控马国辅等，捏造马国鼎们串差搕索。在这个案件中，武生

① 马建石等校注：《大清律例通考校注》，北京：中国政法大学出版社，1992年，第874页。
② 胡星桥等：《读例存疑点注》，北京：中国公安大学出版社，1994年，第693页。
③《巴县档案》6-4-2063，嘉庆二十一年六月。

马国鼎串其堂弟马国辅诉讼，最后被人以"劣诬蠹搕""串差搕索"上控至府厅。

无独有偶，生员唆人诉讼的情况还有下面这个案例。"武生黄会川告欧俸冤死屈生一案"：道光三年（1823年）腊月初一，黄显庸纵妻罗氏与差役欧俸通奸，向欧俸借钞四千文不遂，将欧俸、罗氏一并送案，讯明黄显庸纵奸情真，分别责惩。把差役欧俸枷示，断令罗氏离异归宗，由堂兄罗长春、罗长吉领回另嫁。腊月十七，黄显庸去黄家要妻，罗家兄长赴县覆禀。到十八日，黄显庸不知何故在刘太然地界死了。刘太然向黄显庸的弟弟黄显祥告知，武生黄会川的父亲黄金枝同王兴江同叫黄显祥不领尸，呈词供县和控府，翻控前案，以便向欧俸们搕索烧埋钞文。不料被县主查知，将黄金枝杖责究办，武生黄会川弟弟武生黄兰芳到承发房探听消息，被县主查知，将其武生褫革，一并押班究办。武生黄会川不甘，以"冤死屈生"上控欧俸，并添控门丁吴二、差役刘伦、刘陛、余伦等枉法诈搕。六月二十一日，武生黄会川呈悔状具结："生父与生弟兰芳及被告欧俸等并申解来渝取保候质，生父子弟兄在店商议所控欧俸等朦官屈毙显庸及枉法锻炼，丁役诈搕各情，尽属子虚。已沐发宪示审生父子弟兄，午夜思量，与其讯后坐诬，不如仁恩于未审之先，情甘具结悔案，日后永远不得翻控滋事。"①在这个案件中，武生黄会川的堂弟黄显庸纵妻卖娼被责惩后病死，事关伦常，有玷族亲，武生黄会川之父代作词稿，企图唆使翻控前案并搕索烧埋钞文，被县主查知后，武生黄会川以"冤死屈生事"上控欧俸并添控余伦等"朦官屈毙，枉法锻炼"。实属不关己事，私下唆控。

同样，也有借生员身份代诉的情况。在下面这个案例中，监生郑余亭是郑海清的叔叔，武生但春元是但氏的叔叔，虽是近亲，但不在干己事范围。"合州监生郑余亭告武生但春元等忿貌谋害一案"②：同治十年（1871年），监生郑余亭的胞侄郑海清的妻子但氏因患喉痛病症，医治不愈身死，但氏之叔叔武生但春元等要求郑家厚葬，郑家未能遵从，草草了事，因之发生吵闹打毁

①《巴县档案》6-11-8698，道光四年六月。
②《巴县档案》6-3-0802，同治十年十二月。

之事，武生但元春等联名赴州控告，经陈牧审断令郑余亭再为超度修坟结案。后但春元等又勒要郑余亭出银三百两自行包坟超度，郑余亭不服辄以"忿藐奸害等情"上控。

除了因公共利益上控、事关己事上控和代他人诉外，也有生员被牵连到民与民之间的上控案件中的，比如"江津县孀妇苏朱氏上控刘三等借案搕诈银钱一案""孀妇曹陈氏告曹礼中等人捏控屈断一案""南川县民谢裕洪告邱明等刑征搕佔一案"等。①或者是民因生员的身份特殊，故意牵连他们到案件中，或者是生员确系与案件有关系，或者生员在案件中调节过双方的矛盾等等，因篇幅原因，此处不一一赘述，待另文分析。

（二）上控过程中的活动

为了让上控案件得到批准、重视并得到有利于自身的审讯结果，上控人在上控过程中采用多种策略：捏造事件情节，牵连多人在案；控告差役勒索；缠讼；夸大其词；塑造冤枉的形象；采取过激行为；等等。下面以搜集的《巴县档案》中，生员牵涉其中的上控案件为例，对这些诉讼策略进行说明。

1. 捏造情节，牵连多人

据查搜集到的上控案件，在上控呈词中，捏造事件情节，并牵连多人，以图拖累的案件不占少数。比如监生孔元卿一案中，监生孔元卿以"纵越勒毙"控道宪，呈词中声称："串同涪州厅蠹游澄万、戴顺、张荣纠串涪厅门丁熊华□幹火票□□□生于涪捕厅，差蠹游登万、戴顺、张荣带领白役杨彪一行四人，执持火票，于初五日，越属来至生家，乘生在县未归，锁生次子孔文儒至与宅相距一里之孔傅扬店内，威索勒要钱二十千，生妻高氏见锁心伤，母子天性，跟赴彼店，哀□蠹等，先措钱给蠹，释锁。初六日，蠹等役坐生家，如狼似虎，威逼愈甚，生妻措钱不急，以致情急，是夜自缢。"②"逆弟无法无天，今三月初六日，放炮登生门嘶言，尤持杆刀行刺，以致生妻高氏

①《巴县档案》6-4-3718，嘉庆二十二年十月；6-8-02950、道光七年十一月；6-02-3862，乾隆四十六年十二月。
②《巴县档案》6-3-0760，嘉庆九年三月。

自缢身死，生报长主验埋□□□谭登谟、孔傅杨□逃，差拿不获，案无究结"①，监生孔元卿先后以"串差搕索""越署差拘""逼毙人命"上控。监生孔元卿后来的结状指出：实是孔俊卿同孔傅扬们舞弊把监生妻子逼毙，与房书游澄万、厅役戴顺、杨彪们没有干系。由此可见，监生孔元卿的呈词中有捏造成分，他通过捏造诬告来达到上控的目的。

"直里九甲武生邓辅清告陈二耗子（即陈国勋）等掠杀冤沉一案"，牵连甚广，上控被告达到 30 人，干证 5 人，场约 1 人，词内 1 人。并且捏造人名，审单中有钱驼子之名，询遍方境并无其人，差役只有妄指钱朝洪为钱驼子趋赴到案。冉启荣一不是监正，二不是团首，监正胡永芳案发当时在城避乱，谢天相系武生邓辅清家烤酒帮丁，案发时候亦不在场，但均被列入被告，牵连到案件中来。

"长生场监生刘伯皋告职员李小山冒充里正侵吞公款诈骗银两一案"中，监生刘伯皋光绪三十一年（1404 年）五月上控府宪时，涉案人员达到 24 人，并窃文生张嘉涛、周晓峰、廪生艾子熙、监生张梅羹、文生文炳奎、袁玉山、兰联芳、监正唐开虞、里正邹元兴、职员刘华清、职员谭友义、民李洪九等15 人之名上控，禀控中捏造 3 人姓名，在禀状中捏控二十三款。

计开刘伯皋窃捏诬控二十三款：一、诬李筱山即李小山冒充职官等说，切小山原名继宗，各有执照朗凭；二、李筱山设立官平，切本场历系伯皋铺平霸作官平比兑阖境，□□均可备质；三、请设立济局，系里总正傅光等六人各出本银伙贸折本，二十七年伯皋同小山、春发接贸，仍是折本，去夏收贸，有账可查；四、诬李筱山把持各会，切济米、积善、惜字等系小山捐施募典，与人同官之会均按会期算交，周晓峰、张香廷各禀，有卷可查；五、诬李筱山把持大兴义学田租，系小山捐募挪垫兴设，算交时小山尚垫银四十余金，经张香廷等接禀，有卷可查；六、诬李小山霸借积谷，原有仓正经管协里，总每年具结，有案页验；七、诬李筱山等搕僧黄八，切黄八系太和保广福寺僧，犯奸被获，监正胡从云等以恩存防患禀存，有案可查；八、诬李

①《巴县档案》6-3-0760，嘉庆九年三月。

小山搕刘光兴银两，切广兴弊吞肉厘，系伯皋等获禀讯罚有案，小山何搕何质；九、诬李小山揽陈徐氏家场各案，切徐氏家讼控府，讯明实与小山无关，府卷可查；十、诬胡从云等措买秦敷五街房价，现此房转卖大兴场文物会，契税可查；十一、诬梁绥之借骗陈宪卿银案，经张主迭讯，断结房卖作公善学堂，有案；十二、诬捕何清获贼分赃案，经仁恩讯，责何清，有案可查；十三、诬李小山串保李星门充里正，本场兰向□病故，系三局查举星门接充里正，迭经禀辞未准，有卷；十四、诬李星门吞罚刘光兴银三百两分团，切此银禀提买立公善学堂，有卷可查；十五、十七、十九、二十五款诬陷李星门弊吞□盐书院长生义学巨款两千余金院义学向系六人经管，各专责□年算批账，各省账证可查可质。①

2. 控告差役搕索

差役是地方政府中必不可少的组成部分，州县官都依靠他们去推行法律，执行政令。但他们的社会地位和法律地位都很低，薪资也很低。瞿同祖在《清代地方政府》一书中提道："衙役的平均年薪是 6 两银子。其最高薪，除了马快和民壮以外，不超过 12 两。在低薪组中，约为 1 两至 6 两。显然这样的低薪无法让人糊口。"②因薪资很低，衙役们被迫依赖陋规费生活，比如：鞋钱、酒钱、饭钱、车船费、招结费等。州县官一般都容忍衙役们索取"船费"和"饭费"，但如果一名衙役被百姓指控勒索敲诈，州县官也会重视并依法处理。因此，在呈词中控告差役搕索成为一种策略。

在查阅到的上控案件中，呈词中提到差役搕索问题的数量不占少数。有的确有其事，有的属于捏造。在监生邓树勋一案中，参将墙东山的上控呈文中称："李杨氏系伊（指墙二）之妾，被邓树勋奸占，经伊撞获，当欲扭送，邓树勋求饶，自愿罚银和息，之后，反而将伊往县，贿通王令，将伊酷责，并差役先后搕索得赃。"③从案件后面情况来看，这段呈词不实，李杨氏并不

① 《巴县档案》6-31-01473，光绪三十一年五月。
② 瞿同祖著，范忠信、晏锋译：《清代地方政府》，北京：法律出版社，2003 年版，第 108 页。
③ 《巴县档案》6-26-6481，同治十二年七月。

是墙二的妾，实是墙二串李杨氏搕索邓树勋。参将墙东山不过是通过控诉邓树勋贿赂县令、差役搕索来达到上控的目的。文生况皋一案中，文生况皋以"纵贼叠窃"控差役林陞等，在呈词中陈诉被怀疑为正贼者与差役林陞等有关系，并谴责捕役知贼养害，只图肥己。通过指控差役与盗贼勾串来引起府县重视，达到上控的诉求。最后证实差役林陞、朱奇、黄元并无"纵贼弊塌"。郑余亭一案中，郑余亭在上控中亦捏承办但喜元与郑余亭案的拨役勒索，并诬告武生但春元等卷搂，最后，经过审讯，差役姜贵并无抄毁搕索。武朝惠告监生马国鼎等一案中，面对监生马国鼎等的诬告拖累，开销差役饭食钱文四千三百文，气忿之下捏情上控，称监生马国鼎等串同差役勒索。经审讯，"差役李芳虽无搕索事，但是官人役不应让武朝惠开销饮食钱文，应请照不应重律，杖八十，各折责四十板，免其革役，饮食钱交如数缴还"①。

100

有些案件中提到差役搕索，但因没有见到结案，所以无从知晓所控是否属实。武生段安邦一案中，在武生段安邦的呈词中表述道，"……讵知伊等弊大弥天，复串江北房书改供更结，将生缴呈并胡主批示隐匿不见"。②通过告僧道轩与房书勾结更改供结来翻控。有意思的是僧道轩的师傅僧龙华在禀状中也提道："安邦贿弊书差苏复春、高全隐匿伤卷，并改供词，朦蔽厅主，以致厅主仅解给道宣银三十两，不料道宣伤发成废，目瞽足□，即以被毒难生禀厅未准，皆缘被伊朦蔽，僧等于闰八月十四，复以"目瞽伤发"具呈厅主，未见伤单供词，仍执前苏复春改写供□□□在卷"。③监生李恒丰案中，监生李恒丰告差役蒋俸奉文往州"匿文不投，藐视法纪受贿，不唤余道才、余德庆等人，人证无法齐集，案无从审讯，银两无从追回"④。武生张棠在上控过程中，陈诉"仵作受贿匿伤"。

有的案件中，差役确实有类似搕索的不法行为。例如：在武生黄会川的呈词中，告差役欧俸"狡计勒约赫诈，恃蠢怂县颠倒曲直，冤屈滥行"。告差役余伦、刘伦、刘陞等"朦官屈毙，枉法锻炼"。在案件过程中，差役余伦在

①《巴县档案》6-4-2063，嘉庆二十一年六月。
②《巴县档案》6-30-14475，同治二年六月。
③《巴县档案》6-30-14475，同治二年六月。
④《巴县档案》6-26-6669，同治十一年七月。

尸厂得过刘太然钞十二千文，但并没有搕索刘太然银五十两。有意思的是差役可能在案件过程中搕索，也有为了完成差事，被搕索的事情发生。在武生黄会川的这个案件中，差役余伦为了让黄显祥报验领尸体，以便把妻子和儿子从大监中释放出来，邀众班出银三十两给黄显祥，在同黄显祥一同赴案报验时，还承担了黄显祥的饭食钱共钞四千文，最后断令差役余伦认给黄显祥银三十两，免其追缴。

3. 缠讼

虽然清代社会主张无讼，地方官员经常出示谕令劝慰人民息事免讼以省拖累，但在清代的法律制度中并没有终审制，缠讼的现象时有发生。在有关生员的上控案件中，缠讼的案例亦属不少。"生员林文敷等人告周英等人暗吞厘金案"中，周英等多次上控，虽不获批准，但引起了地方官员对案件的重视，达到了拖累他人的目的。生员林文敷在状词中提道："以藉行掣骗，包揽词讼为能……恶等朋党，差唤则散，差去则聚，拖累生等不休。"[①]

武生邓辅清一案中，邓辅清连年控告，躲不审解，证人来衙，辅清又逃。同治三年（1864 年）以"劫杀折掠"，同治三年八月以"掠杀冤沉"，同治四年（1865 年）二月二十四日以"乘杀伙掠"，同治四年六月十三日以"矜冒匪掠"，同治四年九月初三日以"杀毁两悬"等上控。监生陈国勋、文生甘培棠的禀状中称："窃伊素行不法，武断乡曲，案积如山，实与张大童等同为一类，未讼之先，张扬上控，搕取银钱，此告以后，拖延不审，希图陷害，授意其党，四处索贿，方才息讼。"[②]至同治四年十二月审结完案，未蒙申详，武生邓辅清复控韩至诚等，在同治五年（1866 年）到同治八年（1869 年）间，七次呈状，直到同治八年十二月，在团邻郭先升等调节下，立息讼文约。后因涉及案件的邓辅清、王大顺、杨大顺、周祥早经病故，冯酉、瞿仕清、邓正法均远贸未家，同治十二年（1873 年）十月才呈明销案。在这个案件中，武生邓辅清采取了捏造人名、上控诬告和缠讼的诉讼策略，多人被牵涉其中，案件迟迟不能结案，从同治三年持续到同治十二年，很多涉案人员都病故。被牵涉案

①《巴县档案》6-01-1356，乾隆五十年四月。
②《巴县档案》6-23-00607，同治三年八月。

中的一些人，也因此而苦不堪言。韩至诚在禀状中提道："蚁赤贫守朴，微贸活家，前被株连，累费如洗，事蓄不敷，今遭绎害讼资无出，绝生莫路。"[1]

监生潘裕然具告廖代万等将廖潘氏凶伤毙命一案中，从光绪三年（1877年）七月到光绪五年（1879年），监生潘裕然以"报叩验究""乘掩贿阻叩恳亲验"、为"弊塌尸悬事"、为"畏阻捏抵粘结恳验事"、为"藐塌冤沉事"、为"非提莫伸事"、为"始终抗塌事"、为"法失冤沉事"、为"逃抗过迫叩讯究事"、为"弊大弥天非提难结事"等呈控，由县上控至重庆府、川东道、四川省按察司，提讯七次。桌宪有批："杀人者律有明条，廖代万夫妇果将尔女潘氏殴勒毙命，报县岂有不为验究之理，察核呈情，明系藉尸图搕不遂，砌词妄控，仰重庆府转饬巴县速将审讯缘由，据实录复核夺，毋稍刻延，词发仍缴。"[2]在监生黄衡兴银两被盗一案中，也同样采用了不断上控的办法。从四月到九月四次呈控，加速了对案件的调查和审理。在监生李恒丰的案子中，监生李恒丰采用了缠讼的手段，先控于州，没有达到目的，就上控于府，并多次呈禀催关。

4. 夸大其词，塑造冤枉的形象

文字是一种无声的语言，恰如其分地描述能获得意想不到的效果。在控状中，对事件的夸大描述，塑造冤枉的形象，反衬对方的无理和凶横，从而博得县官的同情，这也是一种诉讼策略。在监生邓树勋被搕一案中，邓树勋的禀状中描述了自己先被搕索、后被寻仇、再被诬控的惨境："殊东山何弊，悻脱法网，怙恶不悛，执刀寻仇，迫生以'酷罚庇纵'控府，批录东山畏究潜逃，捏词砌情，诬生假造信字，霸占伊妾，透漏伊物等谎越控督宪，批辕提审，生遵提投质，切东山串娼诬索，作奸犯科，罪有应得，业经县主讯实，供断确凿，胆敢藐法捏诬，况生既被凶搕于前，复被勒法于后，冤惨已极。"[3]生员张国垣一案中，生员张国垣遭到王氏母女缠害，被上控至府。在生员张炳和张国垣的呈词中，对陈长姑的泼辣进行了淋漓尽致地描述："长姑性原残毒、

①《巴县档案》6-23-00607，同治三年八月。
②《巴县档案》6-34-7075，光绪三年七月。
③《巴县档案》6-26-6481，同治十二年七月。

剪发潜逃、轻生缢抹、辱姑逼夫，更兼王氏纵其泼悍、拐婢透卷。"①"审陈长姑以蛮为能，除将差人辱骂外，毁生器物，砍坏古器等件，楼上爨食火炬四散，差不敢唤，正倬等日助其威，蛮毁日增，此种悍妇不啻蜂蛮，拒不集案，祸胎难斩。""有妇如此，祸根不除。"②通过这些言辞来突显自身的惨状。监生李恒丰一案中，监生李恒丰在呈控中，一方面突出余道才等贿差致使案件无法审讯，一方面陈诉己方惨状："……生替伊等代借许文氏、张魏氏银五百余金，连年本利未给，许文氏、张魏氏来家踞索，生垫利银五十两，后又复来栈内日夜滋闹，停栈绝食，生妻陈氏被逼气急毙命，生忍未报……"因为案卷缺失，只有监生李恒丰的禀状，无从知晓余道才等人的说词和官员最后是如何处理的。但从官员对监生李恒丰的禀状的批词来看，州县官对监生李恒丰的呈控存疑，认为其有虚构的成分。

在廪生梁安惠与余元恺这个案件中，双方都有生员，均不断通过呈词来美化己方，控诉对方的罪恶。在廪生梁安惠的呈词中写道"……众伤交剧，覃树猷眼珠血朦、腰肋硬肿，孙有容眼珠肿合，血流朱启，生庚飏肋胀腰疼，吐血如泉，饮食不进，廷□（扬）腰疼欲折，吐血卧床，医不发药，切生树猷一介□儒，被伤肢体成废，何以上进，生庚飏等父母皆逾七旬，闻受重伤，气毙方生，况生廷扬独子承桃，现今父染风疾，设有不测，何所属望……"③，呈词中突出受伤后的惨状，从而塑造冤的形象。两造的另外一方监生余廷珍、余式山、余□全、余从龙、余炳南的禀状中呈称："缘生等入川，二百余年，诗礼传家，祖任灌县，教谕子孙，江巴分列胶痒，非公不至，非试不入，清白自矢，城乡共证，生侄元恺为历任所器，札委总办磁镇团练，不避艰险，不辞劳怨，叠次报销，屡辞不果，官绅咸谓能顾大局，殊正直招尤，为劣衿所忌，久欲闻管，以便贩私，昨仁恩拿盐充公，梁安惠等实私禀之首，疑元恺所禀，遂控以上烝下纳等诬窃运伙百□□□，独迁怒于元恺，其闻管团务，便伊贩私之情已见，且败人□□□有明条，现生嫂与孙□忿不欲生，必酿命

---

① 《巴县档案》6-5-4312，嘉庆十六年三月。

② 《巴县档案》6-5-4312，嘉庆十六年三月。

③ 《巴县档案》6-30-16288，同治七年正月。

件，协恳昭雪伏乞"。①在禀状中，通过描述余家家风清白、突出余元恺的贡献来凸显己方所受的冤抑。在武生段安邦案中，僧龙华描述案发时的情况："……安邦恃势恃断，□道宣回庙收获，唱同郭洪告等凶将道宣跪掌责，绳捆凶殴，复以大粪调和盐井，先毒两目，后用铁钳刁牙，□腹至饱，道宣当行昏毙。"突出当时的惨景，无声地谴责武生段安邦的残暴。

5. 过激行为

因官官相护，有的案件冤莫能伸，为了能使案情真相大白，沉冤得雪，有人会选择自杀以明志的过激手段。同治年间，四川人生员刘沛壬因知县娄诗澄向其票借银二不遂，被娄诬察阻挠筹集军粮，由四川总督批饬就地正法。生员刘沛壬之子刘裕骢京控日久不能平反，冤莫能伸，最后投井身死。对于一个普遍信仰"人命关天"的社会来说，刘裕骢的死宣示了自己的冤屈和官员的贪虐，暗示了自己京控的正当性和合理性，最后刘沛壬的案件沉冤得雪。正如刑部所言："是该革生刘沛壬死于军法，咎有应得，其子刘裕骢何至以该县贪捏诬杀等词，屡次呈控不休？其中显有不实不尽。"②刘裕骢用自杀的过激行为，以死明志，来使案件被重视，从而得以重审。可以说，没有刘裕骢的自杀，就不会引起刑部和皇帝的重视，刘沛壬之冤也就无从平反。

生员在上控过程中，除了上面提到的五种诉讼策略外，还有联合多名生监一起上控的策略。例如：监生张涵益等上控武生张浩一案中，监生张涵益就联合了文生李灼、监生陈鸿宾、职员陈珍、武生陈本源、监生张宗智、文生刘文焘一起上控。监生刘伯皋一案中，监生刘伯皋列了监生张梅羹、廪生艾子溪、文生文炳奎、监生杨洪福等多人同禀。在仁里十甲何贵以姚泰顺、傅正元二人身死告监生刘雨三一案中，崇儒、龙凤、天赐三团的多名生监上禀为监生刘雨三的品行担保。人多既可以增加己方呈词的可信度，又能壮大己方声势。

这些诉讼策略是相互联系的，在一些与生员相关的上控案件中，为了达

① 《巴县档案》6-30-16288，同治七年正月。
② 沈家本编：《〈刑案汇览〉三编》，卷三十九下，"知县诬禀廪生阻挠军米批饬正法尸子亦自尽，同治十一年"。

到目的，多种策略被同时使用。比如：在武生邓辅清一案中，就运用了缠讼、塑造冤枉形象、捏造情节、牵连多人在案等策略；在监生刘伯皋一案中，运用了缠讼、牵连多人在案、捏词诬告等策略。通过对生员在上控中的诉讼策略的分析，我们发现，在这些案件中存在很多诬告的现象。乾隆年间的一道谕旨指出："从来诬告越讼，最为良民之害。盖一州一县之内，必有一二狡黠之徒，以殷实之家为可扰，稍不遂意，辄寻衅兴讼，且捏造谎词，牵累株连，以泄私愤。更或未控州县，即控道府，未控道府，即控院司，比比若是。为有司者审理词讼，既得其虚诳之情，而告讦成风，闾阎不胜其扰累，深可痛恨。虽诬告越诉，律有明条，而实力奉行者少。嗣后州县审理词讼，凡理屈而驾词诬控者，必按律加等治罪，若故行宽纵，经该上司查出，以罢。凡未经在下控告者，院司道府不得滥准，其业经在下控理，复行上控者，必其情理近实，先将原告究诘，然后准理。若发审属虚，诬告与越诉，二罪并坐。"①这道谕旨中指出诬告越讼之风盛行，要求州县官在审理过程中，对诬告越讼者依律处置。但从所搜集到的与生员相关的上控案件中，对生员捏词上控行为或者越控行为，按律处置的少，多是从宽免究。即使监生刘伯皋捏词诬告李小山等二十三款，并且十余年在乡间唆讼，劣迹斑斑，但最后也还是从宽处理，这无疑助长了生员的捏词诬告行为。

（三）上控案件中官员的应对和处理结果

1. 官员的应对策略

生员是有特殊身份的人，拥有特殊的社会地位，同时，生员善于言辞、通晓律例。对于生员参与的上控案件，官员们都谨慎应对，如系棘手重件，拖延不结，留给下一任。从《巴县档案》中可以看到要求"民间上控，批发词讼，例有定限，依限完结"的札文，在上控案件的红白禀中或者申文中却经常看到"卑职并非原审之员，饬令研讯明确，据实具覆"，这从一个侧面反映出上控案件有些并没有依限完结。在武生邓辅清上控一案中，武生邓辅清不断呈控，呈控案件又系命案，并且发生在咸丰十年（1860年）贼匪窜扰时

---

① 《清会典事例》卷816《刑部》，清石印本影印。

期。官员们采取了拖延不结的方式，此案持续多年，最后调和结案。发生在同治八年（1869年）的"武生陈照东（即陈正泰）告吴光銮（即吴德余）等一案"，因被告解饷赴黔无从唤解且原告已不愿终讼，于同治十二年（1863年）十二月销案。

官员遇棘手案件，除了拖延不结留给下一任外，还采取调和结案的方式。比如监生刘伯皋一案，在监生刘伯皋第一次以"势吞搕害"呈控府宪时，在三里首士们的调和下息讼寝事。亦是根据律例、结合案件实情和涉讼双方情况、地方习俗等移情结案。比如监生潘裕然一案，最后以"潘氏身死日久，业已掩埋，恐今腐化，不忍蒸骨受苦，从厚超度，免伤姻戚，断令廖虚舟缴银一百两给周廷泰，承领转给监生与女儿潘氏包坟超度"①结案。下面我们就具体地看文中所列举案件的具体处理结果。

2. 案件处理结果

对于上控案件或者不予受理，或者发回初审衙门重审，或者授予所属其它州县衙门重审，或者由府宪臬司提审。从搜集到的资料来看，大部分案件由府宪臬司提审或者授予巴县县衙审理。上控案件的处理结果，要么维持了原判，督促州县审理结果的执行；要么原告呈具悔状，主动撤销上控；要么因长时间传唤不到，官府销案；要么文书不齐全，无从知晓结果。对于州县衙门没审讯而告到重庆府、川东道的，经过传讯，给予讯断。

（1）维持原判，限时执行

经过传讯，案情与州县的审理并无二致，辄维持原判，对违判不执行的行为，视情况给予相应的处罚。监生张涵益等与监生张浩等互控一案中，重庆府委巴县县衙悉心研审，蒙审讯仍照璧邑钱主断令。"查此案王德钦经管收交夫马千文应秉公办理，乃辄侵用钱，殊属不法，应坐赃科罪，业已身死，应毋庸议。张浩、李茂青、汪天青、傅大文、龙超江均在局内帮办，刘思贵书写支收簿册，当王德钦侵亏公项，既不查察于前，后不行清算于后，虽讯无通同徇私情弊，究属不合，姑念钱已分赔，□数全缴，应请免其置议。张涵益、李灼具控张浩等侵吞银三千五百余两，现在算明王德钦侵用钱，并非

①《巴县档案》6-34-7075，光绪三年七月。

妄控，应与并未串同之户书陈铭衡等均毋庸议。该县差务事宜，应请檄饬璧山县，传谕各绅公同议举管理，张浩等所缴钱文，并饬移取回县，发给现办差局首士具领办公，再查该县应差旧章，每粮一两原只捐钱二千文，应请饬令照旧办理，以纾民力。"①监生张涵益并非妄控，无议；监生张浩等已分赔银两又并非直接侵吞银两，免议；但张浩等四人不准入局管事，另觅稳妥人经管。监生周永顺捏词上控一案，监生周永顺在上控呈词中极力推脱其儿子的责任，并认为州县官同罪异罚不公。经过审讯，最后遵从原判，限两月内措银缴楚。监生郑余亭一案，经巴县审讯"但氏尸躯实因患病身死，与人无尤，但喜元亦无搂卷情事，断令把监生发回合州，与但氏修建，三日齐醮，酌量包砌坟茔"②。差役姜贵并没勒搕郑余亭千文，亦无证见无从跟究。监生邓树勋一案中，经会讯，王前县将墙二枷杖并未擅用非刑，差役萧贵等亦无搕赃事，参将墙东山的弟弟墙二，假冒职官，捆搕监生邓树勋银物属实。监生邓树勋不应狭妓，"姑念已经前县究结，从宽免议"。墙明德即墙东山"因伊弟弟墙二罪有应得，向邓树勋诈搕滋事控县，枷责辄即捏情上控，罪有应得，系姑念系因痛弟情切，与平空诬告者有间，应请从宽免议"。③这三个案件中，对生员的处罚都是从宽免究，并没有褫革或者斥责。

而在武生张棠一案中，武生张棠因违判上控，并妄供万刘氏与刘心恕姐弟同室。根据《大清律例》"见禁囚不得告举他事"条附例的规定："年老及笃疾之人，……许令同居亲属，通知所告事理的实之人代告。诬告者，罪坐代告之人。"④将抱告张万春掌责，各结完案。已革武生陈世传盗卖社谷一案，陈世传系贿赂逯假二投质捏言，以图让陈世传脱罪，保其出监。经审讯，陈世传盗卖社谷属实，维持原判，将陈世传逐程递解至铜梁县衙门投收监。"监生王必华、监生王文楚欠王集兴等棉花银一案"因监生王必华和王文楚违限不缴银被监禁，多次比讯，责其变卖产业，限期缴银。在上述三个案例中，均对生员的违判上控行为进行了相应的处罚。也有上控结果与原判不一致的

107

① 《巴县档案》6-07-768，道光十一年九月。
② 《巴县档案》6-3-0802，同治十年十二月。
③ 《巴县档案》6-26-6481，同治十二年七月。
④ 胡星桥等：《读例存疑点注》，北京：中国公安大学出版社，1994年版，第701页。

案件，比如生员张国垣一案。生员张国垣以刁女滋泼控于厅，厅主讯断："生员张国垣给陈长姑银三十两离异，姑归宁另户，砵照离异。"而后陈金义违断越控至府辕，府辕沐讯"生员张国垣领回陈长姑。"①

（2）原告主动销案

在审讯前或审讯中，上控原告具悔状销案。监生孔元卿上控案中，经移关案件相关人证，在未讯之前，监生孔元卿恐审虚反坐，具悔前来，称自己不该捏情妄控，妻高氏系因与其弟孔俊卿口角轻生，并不与涪州厅主书差游澄万、戴顺、杨彪等相涉。"姑念于未讯之前即据悔明与始终诬执者有间，从宽免议，游澄万等实系挟嫌被控，并无逼勒情事，应与牵控之孔傅扬均请毋庸置议。"②

武生黄会川的上控案中，武生黄会川在审讯前，自具悔状称所控尽属情虚，经研讯："武生黄会川因父犯事详办，弟被斥革之案，辄行砌词上控，查有不合，姑念系听从祖母嘱令翻控，情尚可原，且于未经案讯以前，即行具悔，与始终诬执有间，请免置议。黄金枝、王兴江先经佐呈唆讼，虽未诬告多人，亦有不合，但尚未呈控即得破案，与好事唆讼者不同，黄显祥听唆躲避延案，□讯无赫，许差役回首□银两亦属□是，黄金枝、王兴江、黄显祥均照不应轻律笞四十，折责发落。差役余伦因为黄显祥延不到□□□违限责革，辄行贿给银两，致滋牵累，殊属不合，应请照不应重律，杖八十折责三十板。已革武生黄兰芳，因父黄金枝犯事详办，令其赴县承发房探听消息，但究系听从父命，与实在好事讼词，作奸舞弊者，情节不同，应请移学戒饬，所有斥革衣顶应开复。欧俸罗氏通奸之案，经该县讯明，黄显庸知情纵容，业经照例分别枷杖离异，此次免其重科。黄显庸既经该县验明痧病身死，业已通详立案，应毋庸议。差役余伦认为给黄显祥银三十两，口许虚赃免其追。"③

监生熊锦春以违反难容告其子熊坤元等一案，研讯时，熊锦春到案供称："伊妾邱氏业已遣嫁，伊次子坤元尚无过失，惟三子嘉元平日不听管教，委无

①《巴县档案》6-5-4312，嘉庆十六年三月。

②《巴县档案》6-3-0760，嘉庆九年三月。

③《巴县档案》6-16-19342，道光四年七月。

推跌忤逆以及贩烟不法别情。前因一所气忿，是以一并捏情呈前，只求施恩。"①

经研讯："熊锦春欲卖产业携带邱氏回籍，子媳劝阻反斥逐，经族长道源等控县乃不俟讯断，辄捏情控，殊属不合，其呈首伊子不□，□□勿论，所控五服族叔熊道源勾诱串唆，并未指实。念监生熊锦春已据到案供明，与始终诬执有别，且年逾七旬，律得收赎，免其置议。熊嘉源讯无忤逆情事，惟平日不听伊父管教，应请照子孙违犯父□□，敕令杖百律，应杖一百折责四十板。故熊坤元虽无违犯别恃，惟□□善为□阻，亦有不合，应照不应重律，杖八十折责三十板。□□□讯无串同唐敏功等教唆附和情事，应与差役叶荣，均毋庸议。邱氏业已离异，应免提质。所有熊锦春财产，愿否分析，应听其自便，熊道源等不得从中干涉，无干省释。"②到道光十四年（1834 年）三月，监生熊锦春与族亲熊锦枚、陈彩飏、简慎菴、吴杰、徐芳稠、王翰选、李成章等再三酌议，将所置田房家产，一概瓜分，"以田分与长房媳姬氏同孙梅芳旭芳管耕，铺房分给次三两子坤元、加元受分，其四房媳黄氏乏嗣，亦未抱子承祧，族亲酌议给银六百两，至于生侧室袁氏无出，给银五百两"③。

武朝惠上控武生马国鼎等一案，武朝惠因气忿，捏词上控武生马国鼎等，审讯间武朝惠具悔状前来，蒙审讯断令：马国辅们摘留阴地系在武朝惠的母坟前有界址，仍令找原界，马国辅等不得在武朝惠母坟后左右边葬。"武朝惠遵照不应重律杖八十□□减责发落，马国鼎讯无串差勒索等情，应请免议，差役李芳无勒索情，但是官人役不应□武朝惠开销饮食钱文，应请照不应重律杖八十各折责四十板，免其革役，饮食钱交如数缴还。"④在武朝惠的这个案件中，武生马国鼎在契内注明、界址清晰的情况下，串其堂兄马国辅滋讼，有恃衿捏讼之嫌。武朝惠不应在州县官已经给出明确讯断的情况下，捏词上控，虽呈具悔状，依旧杖八十□□减责发落。有意思的是，与之类似的捏词上控的孔元卿案，监生孔元卿从宽免议。由此可见，官员在处理民捏词上控生员与生员捏词上控民案时，惩罚是有区别的。

---

① 《巴县档案》6-11-8326，道光十三年七月。

② 《巴县档案》6-11-8326，道光十三年七月。

③ 《巴县档案》6-11-8326，道光十三年七月。

④ 《巴县档案》6-4-2063，嘉庆二十一年六月。

文生况皋上控朱正伦一案，文生况皋因日久赃贼无获又恐差役林陞等舞弊，架词上控，后正贼捕获后，文生况皋的儿子况镁主动赴辕结案。"查况皋被窃现在□□严缉，况皋因日久赃贼无获，辙架词上渎实属不合，姑念到案□□□究，始终诬执者有间，应请从宽面议，刘天爵并无窝贼等情，朱正伦亦无行窃情事，徐长寿系属另案正贼，并无行窃况皋家，被窃□□差役林陞、朱奇、黄元并无纵贼弊塌情事均毋□议。"①

在这五个案件中，有四个案件是生员捏词上控，一个是被上控，对捏词上控行为和上控中牵涉的人和涉及的事，均在律例指导下，做出了合乎情理的判决。需要注意的是对生员捏控，在审讯前或者审讯中呈悔状的或者主动结案的，基本是形式化的惩罚——从宽免议或请免置议。

（3）长时间无从传映，官府销案

"武生陈照东（即陈正泰）告吴光銮（即吴德余）等一案"，武生陈照东（即陈正泰）上控后，被告职官吴光銮、王怀珍并家丁陈贵、胡成等前于到案讯明后，俱已奉文解饷赴黔，未经回川，店主张天成未票之先，业已搬移，不知去向，一直未审，原告在上控之后，直到同治十二年（1873年）并未来县呈催，为省拖累，请予详销。这个案子为生员上控职官的案件，从整个案件来看，因被告无法提审质讯，拖延至三年后不了了之。与之相类似的是"监生邓树勋告墙东山等"串娟捆剥"一案"②，都是发生在生员和职官之间。在监生邓树勋一案中，参将墙东山上控监生邓树勋，府辕严饬督察，不逾时日，案情水落石出。由此可见，在已出仕的官员和未出仕的生员间发生诉讼时，官员处于优势地位。

（4）因文书缺失，无从知晓结案情况

因各种原因，有些案卷的文书不齐全，无从知晓上控案件的结案情况。武生段安邦案，经查验僧道轩的双眼确系左目成瞽右目仅渺，但武生段安邦翻异前供，坚不承认，又以藉案诬搕呈控："……僧道轩实系旧日左目失明并非生治成残，并认为巴主审讯只将道轩眼目验明，并不就明，王辉堂等隐匿

---

①《巴县档案》6-14-14769，道光二十年四月。
②《巴县档案》6-26-6481，同治十二年七月。

江北，所呈遵断缴银，禀批今又改供更结，将生缴词并胡主批示匿隐不现，沐发巴主审讯并不关及，段辉廷等从中唆讼搕诈根由，致伊等得以遥逍遥事外，伊等得势助虐日炽，必致构讼不休。"[①]案卷内容到此戛然而止，无从知晓最后讯断结果。但从所见的这个案子的内容来看，不管僧道轩的眼睛是否武生段安邦治残，其私自捆缚他人、用火钳雕开牙齿、令人用木瓢舀粪灌吞、用井水抹擦两目的行为极其恶劣，有辱士林风范。生员本是社会中享有特殊地位之人，朝廷希图用他们来教化百姓，维持良好的社会秩序，而此案中武生段安邦的行为有违此目的，也从一个侧面反映出士林风气日益下降。与之类似的还有廪生梁安惠上控余元恺一案、忠州监生但树芬上控陶景靖一案、监生李恒丰上控余道才一案、监生郑绍元上控赌手李树堂一案等。因为文书缺失，无从知晓审讯结果。

对于有些州县没有审讯即上控至重庆府或者川东道的案件，由重庆府或者川东道直接委托巴县衙门审理。比如：武生邓辅清上控一案，武生邓辅清之子邓三阳、孙邓光涵非监生陈国勋（即陈二耗子）、周祥、陈绍尧等所杀，系因邓三阳们同朱爵三起意从贼被团众格杀。因张逆扰境，房屋被拆毁之事不好分说。武生邓辅清属捏词上控，念其在外避祸，对其子邓三阳、孙邓光涵从匪之事不知，痛子心切，又考虑其年老，对其捏词上控从宽免究。但武生邓辅清不断缠控，最后和息结案。

综上，从查阅的50余个与生员相关的上控案件来看，生员更多的是因为与自身利益相关而上控，其次是代亲戚朋友等讼，参与地方公共事务管理的生员也会因为地方公共利益而上控。在这50余个案件中，经济纠纷23件，命盗重件15件，坟山纠纷3件，婚姻家庭纠纷3件，搕索凶殴案件3件，其它3件。即因经济纠纷而引起的上控占46%,因命盗重件而引起的上控占30%,也就是说经济纠纷和命盗重件是相对更容易牵涉到上控案件中。这些上控纠纷发生在生员与民、生员、职官、职员之间，其中生员与生员之间6件，民告生员10件，生员告民30件，生员与官之间2件，生员与职员之间2件。即生员与民之间占到80%,生员与生员之间占到12%。在上控活动中，生员

①《巴县档案》6-30-14475,同治二年六月。

们会为了达到上控的目的采用多种诉讼策略，官员面对生员们的上控，以调节双方分歧，达到息讼的目的，对于棘手案件采用拖的办法，留给下一任；对生员们的唆讼和诬告，多是从宽免究，也有对违判上控的生员的抱告加以处罚的；对案件中提到的关于差役搪索问题，也会进行一定程度的调查，如果情况属实，差役将会受到革职或者杖责等处罚。

上控制度一方面可以起平冤、纠错、督官、预防的功能，但另外一方面上控制度也会让判定的效力遭到削弱，产生官官相护的现象，滋生缠讼和诬告等行为，增加司法成本的负功能。在所查阅到的与生员相关的案件里，缠讼和诬告现象较多，在完整录入的 26 个案例中，明显的缠讼和诬告的案例达到 17 件之多，占比 65.3%。像武生邓辅清案、监生王必楚案持续多年，多次覆讯，给涉案双方都带来巨大的经济负担，另外上控案件不能如期审结，也增加了司法成本。从这些上控案件中，我们可以看到生员的多种面相：有的生员恃衿而骄，恃符生事，武断乡曲，为祸乡里；有的生员也因欠银无法偿还而身陷囹圄；有的生员被无端牵涉到案件中，苦不堪言，百口莫辩。生员们从事的职业多样：有的入公局管理地方事务，有的经商（开药材铺、做棉花生意、经营客栈），有的教书，有的开矿（挖煤），有的办厂（瓦厂），有的行医，等等。

以上是对生员参与的上控案件进行的分析，里面介绍了与生员自己相关的上控的命盗案。但是并非所有的命盗案件都发展到上控这一步，更多的是在州县范围内就结案了。下面将以重庆生员参与的命盗案件为考察中心，分析命案私和问题及原因，命盗案中的藉尸图诈、诬陷他人为盗和直接指控捕役舞弊失职的现象。命盗案件何以上控？上控的命盗案件和州县自理词讼范围具结的案件的审判有何不同？州县官在处理命盗案件时，多大程度上按律例执行？

二、命盗案件中的生员

巴县地处三江汇流之处，与云南、贵州、湖北、陕西相连，交通便利、航运发达，又是京铅、京铜运输的必经之地，人员复杂，流动人口多，有些人居无定所，无固定职业，衣不遮体，食不果腹，为了身存，进行偷盗；同时重庆商业发达，各省商人齐集于此，为偷盗提供了机会。据学术界的研究显示，重庆的盗案更容易发生在农闲季节和有大型军事活动时期，随着重庆商业的发展，商人位居被盗人群的第一位，盗窃者多是手工业者、工匠或非人身隶属关系的劳动者、帮工、学徒等。命盗案在《巴县档案》中数量巨大，嘉庆朝命案 769 卷、盗案 1 208 卷；道光朝命案 1 401 卷、盗窃 3 544 卷；咸丰朝命案 470 卷、盗案 1 565 卷；同治朝命案 736 卷、盗案 3 292 卷；光绪朝命案 1 431 卷、盗案 5 802 卷。命盗案件系属重件，与户婚田债类民间细故不同，清政府对这类案件的处理较为严格，命盗案发生后，必须上报。《大清律例·刑律·贼盗下之二》规定："若地界内有死人，里长、地邻不申报官司检验，而辄移他处及埋藏者，杖八十。以致失尸者，（首）杖一百。残毁及弃尸水中者，（首）杖六十、徒一年。（残弃之人，仍坐流罪。）弃而不失、及髡发、若伤者，各减一等（杖一百。若邻里自行残毁，仍坐流罪。）"①即地界内有命案，要上报官司检验，不得私自移动、埋葬、残毁及弃尸，否则要受到杖刑、徒刑或者流放等处罚。上报检验的义务承担主体不仅有里长、乡约，而且有地邻。而报官后，"州县官当及时查勘检验，并将案卷尽快报告上司衙门（督、抚、臬、道、府），谓之通禀或通详，通常，通禀在先，通详在后"②。《六部处分则例》亦规定命盗案件通禀期限及迟延处分："地方人命案件，州县官于亲诣相验之后，限五日通禀。如迟至十日始行通禀者，记大过一次；十五日，记大过三次；二十日通禀，即照应申不申律，罚俸六个月。倘有心讳匿不报，别经发觉，仍照讳命例议处。"③地方官如不报，则为讳命，其处分更重，《六部处分则例》规定："地方有杀死人命，州县官知情隐匿不行申报者，革职。"④从《大清律例》和《六部处分则例》的规定来看：凡有命案必须禀官，官员接到报案后，必须及时相验、初审、定拟、上报，任一环节，动辄不善，皆有处分，环环相扣。

113

---

① 胡星桥等：《读例存疑点注》，北京：中国公安大学出版社，1994 年，第 520 页。
② 那思陆：《清代州县衙门审判制度》，北京：中国政法大学出版社，2006 年，第 81-82 页。
③《六部处分则例》：卷四十三，卷四十一，北京：文海出版社，1969 年。
④ 同上。

在《大清律例》中，"盗窃律文本身以犯人为中心，将盗窃已行作为前提，包含赃物、共盗、累犯等三种要素，并依照其犯罪所得给予不同程度的刑罚，其刑度由杖刑至绞监候。"①以兵丁、捕役、船户、客店等身份作为规范对象，做了不同的规定。"凡店家、船户、脚夫、车夫有行窃商民，及纠合匪类窃赃朋分者，除分别首从计赃，照常人科断外，仍照捕役行窃例，各加枷号两个月。"②"凡捕役兵丁地保等项，在官人役，有稽查缉捕之责者，除为匪及窝匪本罪应拟斩、绞、外遣，各照本律本例定拟外，如自行犯窃罪，应军流徒杖，无论首从，各加枷号两个与，兵丁仍插箭游营。若勾通、豢养窃贼，及抢劫各匪坐地分赃，或受贿包庇窝家者，俱实发云、贵、两广极边烟瘴充军。倘地方员弁平时不行稽查，或知风查拿，有意开脱，不加严究，止以借端责革，照不实力奉行稽查盗贼例，交部议处。至别项在官人役，尚无缉捕稽查之责者，如串通窝顿窃匪，贻害地方，亦各于应得本罪上，加一等治罪。"③根据受害者与事发场所的不同，量刑不同。"凡现人官员奉差出使、赴任赴省、及接送眷属、乘坐船只、住宿公馆，被窃财物除赃逾满贯，仍依例定拟外，其余各计赃，照寻常窃盗例加一等，分别首从治罪。若寓居里巷民房，及租赁寺观店铺，与齐民杂处，贼匪无从辨识，乘间偷窃者，仍依寻常窃盗例办理。"④目前学术界对巴县命盗案研究的成果较多⑤，但关注生员涉及的命盗案的研究成果较少。生员是以什么身份涉及命盗案，在与生员相关的命盗案中，生员又有哪些活动？他们的诉求是什么？他们的特殊身份对案件的审结有无影响？本节将围绕这些问题而展开。

---

① 吴景傑：《法律、犯罪、社会：清代后期重庆盗窃案件的官员思考模式》，博士学位论文，台北：台湾大学，2019。

② 胡星桥等：《读例存疑点注》，北京：中国公安大学出版社，1994年，第469页。

③ 同上，第471页。

④ 同上。

⑤ 目前学术界对四川、重庆盗案的研究成果有：王大纲：《从盗案来看清代四川重庆的社会变迁（1757—1795）》，硕士学位论文，暨南国际大学，2012；崔彦超：《咸丰年间巴县盗窃案中刑事司法运作研究》，硕士学位论文，河南大学，2019年；吴景傑：《法律、犯罪、社会：清代后期重庆盗窃案件的官员思考模式》，博士学位论文，台湾大学，2019。这些研究从法律规范和政府治盗的问题和法律规范、县官逻辑、社会现实三者之间关系等方面考察。

（一）生员以什么身份参与命盗案

在收集到的命盗案中，生员或者因自家被盗或者出现命案而报禀，或者因地界内和邻里出现命盗案而上报，或者因系地方监正、乡约、局士等，有处理地方命盗案之责而参与到命盗案件中，或者被窃名牵连。以干己和不干己作为划分标准，以具体案件为例考察巴县生员参与命盗案的实态。

1. 干己

在干己的命盗案中，生员或者是受害者，或者是加害者，或者是借题发挥以满足自己的一己之私。下面我们分别以案例来说明。

（1）命案

命案有的因钱债关系，有的因田土关系，有的因家庭矛盾，有的因邻里纠纷等。"孝里六甲监生郑宗儒告牟新发持刀戳毙其子郑永清一案"是因为钱债矛盾而引发的服制命案，监生郑宗儒是受害者。监生郑宗儒系牟新发的母舅，廪生郑永清系监生郑宗儒的长子，牟新发的表弟。牟新发家贫常向监生郑宗儒借钱借米，儿子郑永清屡次阻滞。道光十九年（1836年）六月初，牟新发说有急用，又向监生郑宗儒借钱二千文，本已经允许，因过后郑永清拦阻，就没有借。六月初十日，牟新发到郑永清学堂将其哄出，再次向廪生郑永清借钱，不允，因长期怀忿在心，拿出准备好的尖刀，将郑永清戳伤致死。查律尊长谋杀外姻卑幼，已杀者，依故杀法。幼律载外姻尊长殴缌麻卑幼至死者，故杀亦绞，此案牟新发因挟郑永清屡次阻止郑宗儒借钱之嫌，起意将其戳伤，实属独谋诸心，郑永清系牟新发缌麻表弟，自应按律拟监候，故杀亦绞律，拟绞监候，秋后处决。在案件中监生郑宗儒先后以"禀恳作主事"、为"谋毙恸岌泣恳作主事"、为"谋杀狠毒泣禀拟解事"、为"谋杀残忍泣恳严办事"，四次呈状，供称牟新发系因挟估借不遂之仇，故意伤害郑永清，望能按律严惩牟新发，为其长子伸冤。牟新发在招解到府提审时翻供，供称："道光十九年六月初间，小的听得郑永清说小的妻子彭氏与涂光裕通奸的话，小的去向涂光裕清问，涂光裕写帖冤白说他并没通奸的事，六月初十日，小的身带劈篾尖刀赴山砍竹，走在冷家磁地方撞遇郑永清走来，小的斥他不该污蔑小的妻子与人有奸，郑永清不依开口混骂，小的回骂，郑永清就向小的殴打，小的顺拔身带尖刀把他戳伤身死，并不是因借钱起衅，也不是有心致死他。"①牟新发的这段供词希图证明自己并非有心致死其表弟廪生郑永清，两者之间发生冲突的原因在于廪生郑永清污蔑，而非钱债关系。因牟新发前后供词大相径庭，重庆府驳回另审。经过重审，牟新发承认实系挟忿谋死。被害者是监生，且为有心致死，性质恶劣，最后牟新发被拟绞监候，秋后处决。

而下面这个案例同样是因为钱债问题，生员是加害者，被害者系捐纳知府，属以下犯上。"革生黄文礼向杨钟颖逼索欠银致使杨钟颖自服洋药中毒身死一案"②：监生黄文礼系开药材行生理，杨钟颖给本与萧子辉开正顺公药铺，与监生黄文礼行内交易，该欠药材银一百五十余两，屡索无偿。同治七年（1868年）五月初五，监生黄文礼又去催讨，萧子辉说他将买的鹿茸寄放铺主杨钟颖公馆，叫前去看茸议价作抵欠项，不料杨钟颖不允折算，并叫家丁将监生黄文礼推送，双方发生冲突，并上控，次日挨晚杨钟颖自服洋药，毒发身死。案发后先将监生黄文礼斥革，经咨查明确杨钟颖实系捐纳知府，黄文礼逼死职官自尽，自应照律拟办。《大清律例·人命·威逼人致死》条云："凡因事户婚、田土、钱债之类，威逼人致自尽死者，审犯人必有可畏之威，杖一百。若官吏公使人等，非因公务而威逼平民致死者，罪同。以上二项，并追埋葬银十一两。给付死者之家。若卑幼威逼期亲尊长致死者，绞。监侯。大功以下，递减一等。若因行奸为盗而威逼人致死者，斩。监侯。奸不论已成未成，盗不论得财与不得财。"③案件中革生黄文礼逼索欠银致使捐纳知府杨钟颖自尽，拟监禁候，并赔偿银两。这两件命案最后均是按律严办，而在实践过程中，并非所有命案都如此，存在大量的私和命案的现象，关于命案私和问题将在下文中阐述。

与监生黄文礼案相似的还有"宣化坊监生邱信太因长子在剪刀铺帮工被威逼自服洋烟身死之事控告张恒山等一案"：光绪元年（1875年），邱崇魁在职员监正牛玉麟剪刀铺帮工，因遭张恒山等威逼，自服洋烟毙命。职员监正牛玉麟、监生邱信太先后以"串搕逼毙事"、为"朋逼捏抵恳跟究事"、为"匿

①《巴县档案》6-7-1922，道光十九年六月。
②《巴县档案》6-23-1770，同治七年七月。
③《清会典事例·刑律人命》，北京：中华书局，1991年，卷805，第802页。

凶塌案非添难讯事"报禀，希图张恒山能被按照"威逼致人死律"处罚，但最后经审讯，"邱崇魁实系自服洋药，毒发身死，并非别故，业已把尸领埋。刘奶妈不应生事，把他掌责，邱崇魁年少，不知谨慎，出言不合，已死可悯，张恒山、余泉廷不应以口角闲言向邱崇魁寻衅毙命，本应责惩，从宽施恩，押令三日各罚银五两共银十两给邱崇魁之母具领结备案。"①

两个案件都是威逼致人自服洋药而死，但两个案件最后的处理结果却不相同，监生邱信太一案并没有被认定为威逼致人死的真命案，对张恒山等的责惩较轻。这种差别可能是多方面原因造成的，其中原被两造的身份和地位可能是原因之一。

（2）盗案

干己的盗案主要是指生员被窃或者生员被告。在王大纲统计的 188 件乾隆时期被窃的案件中，有功名身份者（监生、生员、武生等）有 45 件，约占比 23.94%。仅次于商和农，居第三位。②相对于农民和商人来说，生员具有特殊的社会地位，他们被窃后更容易报案追赃。盗案发生的地点可以分为住宅、客栈、船上，下面我们分别举例说明。

"文生况皋告朱正伦在其家行窃一案"：从道光十八年（1838 年）到道光二十年（1840 年）三年，连年被窃共六次，日久赃贼未获。道光十九年（1839年）五月，差役缉获贼盗刘天爵、徐长寿、欧朝周到案，经过审讯，均未招认偷窃况皋之赃。道光二十年二月，文生况皋以"纵贼叠窃"上控捕役林陞等并株连朱正伦在案，三月内查讯，与朱正伦无涉，将生员况皋斥责。道光二十年四月，文生况皋又以"被贼吞赃案悬恳恩质讯"禀林陞、朱正伦和徐长寿在案。道光二十年五月，以"招贼伙窃觅法吞赃事"禀朱正伦在案。经质讯，朱正伦并无窝贼接赃，捕役林陞们也没卧票不理情事，谕令林陞们把正贼缉获追赃给领。到道光二十年（1840 年）九月缉获正贼况寿（系文生况皋分家二十余载之侄），将况寿杖责押候，文生况皋之子况镁当堂将白绸三件、当票一张领讫具结完案。在这个案件中，文生况皋因家屡次被窃而禀案。生

---

① 《巴县档案》6-34-6899，光绪元年四月。
② 王大纲：《从盗案来看清代四川重庆的社会变迁（1757—1795）》，硕士学位论文，暨南国际大学，2012。

员朱㭭禀孙占彪盗窃柳玉堂等家衣物一案①：咸丰十年（1860 年）五月，监正柳玉堂家被窃，同月二十七日，捕役陈容、宋贵在坊巡查，见孙占彪形迹可疑，当即盘问，孙占彪自认行窃柳玉堂家，并供认窃生员朱㭭家赃物在校场调换。生员朱㭭帮他人禀案，却得到意外收获，缉获行窃自家的盗贼。

　　盗窃案件除了易发生在住宅以外，客栈是鱼龙混杂之地，客商行人来自各方，也是容易发生盗窃案件的场所。乾隆五十八年（1793 年），南川县生员吴元亮等赴巴县应试②，投宿刘悦盛店遭窃。八月廿八日，吴元亮等出去买货，说将钥匙交给店主刘悦盛，但之后发生被窃事件。案发后事主询问之下，火房祝胖子说房门未锁，是祝胖子代为将门锁上，祝胖子又称另有配新钥匙等语。但生员不甘被窃，于八月廿九日禀明巴县。巴县批示"候唤讯查缉"，之后虽然有开立缉票，但案情未有进展。直到九月廿四日，杨柳坊坐坊捕役白顺、邱贵禀明，事主吴元亮等因考毕回南川，虽奉牌查缉无法面问。案件至此便无下文。璧山县登里五甲武生魏联陞告店主杨太和匿吞其寄放财物一案③：璧山武生魏联陞来渝考试，路过凉风垭，住在杨太和店里。嘉庆十年（1805 年）七月，武生魏联陞以"接物匿吞"控店主杨太和在案，八月传唤武生魏联陞时，魏联陞已私行逃回璧邑。因文书不完整，未知最后结果。这两个案件中，报案者皆为来巴县应试的考生，后因他们试后回籍，案件不了了之。

　　正里八甲武生刘人鹏禀其在陈人和店内被窃一案④：道光十四年（1834 年），武生刘人鹏赴省乡试归来，在陈人和栈住宿，第二日外出回来发现衣箱上铜锁被扭断，窃去衣物无数，值价银十余两，武生刘人鹏以"被窃难甘"禀案，经集讯断令：武生的衣物钱文并未点交店主陈人和们属实，不必追究。而店主不是每次都能以失主未将银两点交店主而脱责，湖南候补通判高培澍于同治六年（1867 年）五月奉湖南军需局之命，解送黔捐饷银，行经巴县，住宿太平坊元泰店时遭到已开销的家人毕升窃去饷银，因此控告店主监生杜元泰。杜元泰称："伊解饷银，未交生柜，未知伊解若干，亦未知有无搭解银

　　①《巴县档案》6-6-8298，咸丰十年四月。
　　②《巴县档案》6-2-2832，乾隆五十八年八月。
　　③《巴县档案》6-5-5890，嘉庆十年七月。
　　④《巴县档案》6-13-13893，道光十四年十月。

两。"①同样开设客店的冯春发、宁洪陞、周福泰、艾悦来等人也呈禀状称："凡有往来客商投寓，银钱货物概交柜上。倘有失遗，惟店主是问。又客人在外买货送货，未交柜上，不与店主相涉。"②希图为杜元泰撇清责任。但最后县批："该店被窃饷银，非寻常客货可比，店家岂能卸责？毕升系高委员开销之人，该店主何以私自容留，致令失事？银虽未交柜，亦应为店主是问。"③最后断令杜元泰先垫赔饷银给高培澍，等到捕获毕升之后，再由毕升偿还杜元泰所垫赔的银两。两个案子有相似之处，但最后县官的讯断却不一样，一个是维护了店主，令被窃者不予追究，一个是令店主先赔付。出现断令不相同的原因大概是因为被窃东西的价值、性质不同，同时，被窃者的身份地位不同。第二个案件中被盗的是饷银，被盗者系职官，被盗的银两数目巨大。在州县官自理词讼范围内，州县官的断案平衡了国法、事理和人情三要素，尽量让双方都能接受最后的结果而结案。嘉庆八年（1803年），长寿县生员胡敏中等告文童周际芳窃其衣物钱文一案中，经查讯"文童周际芳所获衣服为捡到当票赎取，不是偷盗所得。因店主周光述不能照守客物品以致白昼被窃，贼窃数日，坊差并不查禀，均属不合。断令店主周光述与坊差各垫缴钱一半，共钱五千八百八十文，俟获贼追还"④。

重庆为三江汇流之地，水运发达，船是主要的交通运输工具之一，乘船者、水手、船户都来源复杂，滋生了船上盗案。"合州监生黄衡兴报其在船户刘文秀船内被贼窃去银钱一案"⑤：嘉庆十九年（1814年）三月，监生黄衡兴叫船户刘文秀带二百五十两银子送渝还账，沿途并未停靠，到千厮门码头停泊后胡满带银登岸，次早刘文秀在船突言监生黄衡兴二百五十两银子被窃，报明巴县董主，饬捕稽查半月，毫无行影，监生黄衡兴坚持是船户刘文秀匿银妄报。经多次审讯，案件重要人物胡满病故，王容盛出外贸未回，最后断令船户刘应海、刘文秀叔侄赔缴押。后黄衡兴又呈控在案，王容盛回乡后亦

①《巴县档案》6-29-12007，同治六年五月。
②《巴县档案》6-29-12053，同治六年五月。
③《巴县档案》6-29-12053，同治六年五月。
④《巴县档案》6-5-5805，嘉庆八年七月。
⑤《巴县档案》6-6-7658，嘉庆十九年五月。

上禀控刘文秀牵涉无辜。《大清律例》在关于店家、船户等行窃商民方面有规定："凡店家、船户、脚夫、车夫有行窃商民，及纠合匪类窃赃朋分者，除分别首从计赃，照常人科断外，仍照捕役行窃例，各加枷号两个月。"①在本案中，州县官并没有去追究是否船户行窃，只是在追捕无结果的情况下，令船户赔偿。因船户把船卖了也只能赔付三十余两，无法弥补失主损失，监生黄衡兴收银后继续上禀。

《大清律例》中有专门的"盗马牛畜产"条："凡盗民间马、牛、驴、骡、猪、羊、鸡、犬、鹅、鸭者，并计（所值之）赃以窃盗论。"②"凡盗牛一只，枷号一个月、杖八十。二只，枷号三十五日、杖九十……五只以上者，枷号四十日、杖一百、徒三年。十只以上，杖一百、流三千里。二十只以上，不计赃数多寡，拟绞监候。其虽再二十只以下，除计赃轻者，分别枷杖徒流外，如计赃至一百二十两以上者，仍照律拟绞监候。盗杀者，枷号一个月，发附近充军，俱照盗窃例刺字。其窝家知情分赃者，与盗同罪；知情不分赃者，杖一百。"③由此可见，对盗窃马牛畜产处罚甚重，《巴县档案》中关于牛被窃的案件数量不少。

监生卢遵周报王珍盗窃耕牛一案：乾隆三十三年（1768年）二月，监生卢遵周因家耕牛被盗报案，报案后两月未见行缉，监生卢遵周以"索钱恳票恳饬差缉事"禀案，正贼无获，七月十八日夜里又被窃去黄牯牛一只，到八月二十日，缉得贼犯王珍供出行窃牛只事主。但从缉得贼犯王珍到追赃具领却也是一个曲折的过程，从乾隆三十三年（1768年）八月二十一日第一次审讯到乾隆三十五年（1770年）二月监生卢遵周领回全部赃物和赔偿，监生卢遵周共上禀八次，不断催促，州县官多次回应"毋渎候究追"，事主有凭据而立场稳固，缠讼二年，最终领回原赃。慈里三甲武生黄用和等具报屡遭窃牛一案④：道光九年（1829年），武生黄用和被贼窃去肥猪二只、黄牯牛一只、水牯牛一双，后缉获盗贼王八。王八供认他与陈老四们偷窃牛只卖与张老五，

---

① 胡星桥等：《读例存疑点注》，北京：中国公安大学出版社，1994年版，第469页。
② 同上，第477页。
③ 同上，第478页。
④《巴县档案》6-13-13347，道光七年十二月。

得钱四千五百文。"张老五不应接买贼赃，断张老五缴赔钱四千文给黄超伦具领，把王八责惩押候另缉正贼追赃。"①

在盗案中生员为被告的较少，从收集到的几个例子来看，生员为被告也并非盗窃，而只是原告以窃案之名义，提出诉讼，争取自身权利，或者是生员吞赃的原因。在这几起案件中，最接近于有盗窃行为的案件就是"本城罗凤鳌报武生王廷珍盗窃财物一案"：乾隆四十九年（1784年），武生王廷珍在渝城应试的住在罗凤鳌站坊，寄住时遭窃。但站坊主人罗凤鳌，也反诉王廷珍使用坊内物品未归还。案件最后不了了之。"本城监生陈立端告监生陈捷三窝藏盗匪一案"：乾隆三十一年（1766年），监生陈立端以"被窃查实人赃两匪"上控理民府，告监生陈捷三窝藏贼匪刘邦彦等。经讯明原被两方实际是因田地买卖纠纷愤而牵马。"刘邦彦、刘肇修胆敢无故生非，擅拉陈立端马匹，殊属不法，各重责惩十板，以□仍将刘邦彦押候，差押刘肇修牵缴原马给陈立端具领，监生陈捷三支使滋事，例应法究，既据供称情愿罚银四十两充公，避免责惩，率即取具限，准如数呈缴，免其责惩。"②仁里七甲文生颜泽九告姜正顺等诬控其意图行窃一案：道光十九年（1839），文生颜泽九在学宫后边教书，听闻附近居易店内有正顺隆、凝顺敬、西天顺们在唱戏敬神。文生颜泽九恐怕学生们在内看戏，就进他们店内寻找，走到他三重门内柜房前，因文生没带衣帽，穿的是寻常衣服，正顺隆们号伙不能认识文生，就向文生阻滞口角，双方互控在案。经审讯"文生实系没有穿常衣帽走进他的柜房，致相滋闹，均从宽免究，谕令文生谨守卧碑，训教子弟，毋再涉讼"③。这个案件中文生因进入姜正顺们店内柜房，被姜正顺们诬控其意图行窃。而"智里二甲邱黄氏以被贼窃谷掣获得赃被监正要去吞赃延搕之情控张声之"一案中，监生张声之是因为"吞赃纵搕"被控：光绪八年（1882年）孀妇邱黄氏家被窃租谷，后缉获盗贼刘三、杨刀疤，搜获赃谷十石零，监正张声之、团首张合亭等将贼赃要去，吞赃后欲放盗贼，孀妇邱黄氏以"纵贼吞赃事"禀控在案。正龙团团职员李玉山、保正黄松亭等亦以"池鱼受害事"禀控监正张声

① 《巴县档案》6-2-2465，乾隆三十三年二月。

② 《巴县档案》6-2-2429，乾隆三十一年六月。

③ 《巴县档案》6-17-20657，道光十九年九月。

之等，禀呈中称："声之等养贼害良，暗地分肥，实属大干法纪……刘三偷窃邱黄氏食谷，声之等胆敢吞赃纵搕。"①

2. 不干己

按照清政府对生监的约束，不干己事，不得上控。无故多事出身作证或作伪证都要受到相应的处罚。《钦定学政全书》中规定："至于生、监为人作证，如系他人妄行牵连，许本生自行辩明，免其开注。若系无故多事，出身作证，即属不守学规。地方官详明学臣，分别戒饬、褫革，照例办理。"②因为"况生、监等既为凡民之秀，果其读书自爱，自当优以礼貌。若乃干犯教令，甘蹈罪网，则其情视蚩蚩者为更重，又岂得专委之司教，而不力为振刷耶"③。生监是出类拔萃之人，应读书自爱，为万民之表率，不可干犯教令，武断乡曲。但从《巴县档案》中可以看到，生员因免累、帮他人上报，被窃名，或者获利等涉及与己无干的命盗案中。

（1）应责上报

生员因有地主之责、地方之责、雇佣之责上报命盗案。"节里九甲汤明远具报伊父被张应明推至水中淹毙一案"④：嘉庆十二年（1807年）三月初五日，汤明远父亲汤昌衡实系淹毙，但张应明等不应与之生非，将张应明应将等责惩押候，张应统措办银八两，监生熊光宗帮给银四两，共银十二两，作为汤昌衡安葬之费。在这个案件中，监生熊光宗因地界内出现人命，有地主之责上报命案，因怜念死者穷苦，出银给安葬。"正里三甲何杨氏禀其夫不知被何人戳伤身死一案"⑤：光绪十一年（1885年）六月，何杨氏报其夫何兴奎不知被何人打毙，监生邓国恩、监正胡洪三、郑祥云等上报，经验明何兴奎周身无伤，系遇邪吊毙。正全兴等悯念杨氏贫穷无力安葬，挽劝监生邓国恩帮助棺衾，杨氏同抱何兴发出约领理。在这个案子中，因尸身在监生邓国恩业界

① 《巴县档案》6-40-19338，光绪十年五月。
② （清）素尔讷等纂修，霍有明、郭海文校注：《钦定学政全书校注》，武汉：武汉大学出版社，2009年，第90页。
③ 同上。
④ 《巴县档案》6-3-0817，嘉庆十二年二月。
⑤ 《巴县档案》6-34-7465，光绪十一年六月。

内，监生投监保胡洪三等看明并上报，并出银安葬。"忠里七甲吴正伦监生何增庸为借贷款互控各情一案"：道光二十年（1840年）十一月，吴正伦妻携子吴新年到葛均廷家讨要钱文，葛均廷不还，又不给饭食。在回家路上，其子吴新年病饿死于葛陞品宅后阳沟路边，陞品看见私行移尸至监生何增庸界内，监生何增庸看见尸孩投鸣约邻，看明无故，掩埋。后吴正伦回家方知，投鸣约邻袁万先、刘世兴、监生何增庸，将葛均廷、葛陞品等禀控案下。经审讯谕令，"葛均廷缴还吴正伦一千文，与监生何增庸出立讨约，仍将骇尸掩埋在监生何增庸业内，葛陞品听信葛应荣、葛应富们移尸属实，将其掌责"①。在这个案件中，监生何增庸是被牵涉案件中，因人将尸体移入其业内而诉。

"文生龚春年具报李茂修服毒身死一案"②：咸丰九年（1859年）十二月，文生龚春年报其药铺掌柜外出不知是何遇邪自服洋烟毒发身死。文生龚春年有雇佣之责，上报命案。"节里六甲文生雷玠等告潘武玉自缢毙命一案"③：同治三年（1864年）十月，潘武玉之妻陈氏投团报潘武玉于九月二十九夜在家自缢毙命。文生雷玠等随同去察看，因有地方之责，不散解索擅埋，遂上报。"文生吕调元等告李兴龙拦夺凶殴毒毙一案"④：文生吕调元等为"禀明免累协恳事"禀兴隆场李兴龙开栈窝痞害良，私和命案。

王朝德告陈登亮等人盗窃谷物一案⑤：贡生余圣元因邻里被窃而上禀，在禀状中控告差役蒋顺、谢荣、谭荣等来乡搕索事主钱财，且遇贼不拿。直里七甲监生程万清告吴志龙串多人护庇私纵窃贼一案：道光二十年（1840年）腊月，熊在朝被窃去耕牯牛一只，第二天在白玉寺拿获牛只并窃贼吴正芳，二十五日，经凭乡约梁绍馨、梁绍堂邀集吴正芳之父吴志龙来团理说，志龙情亏，自愿协同乡约梁绍堂将吴正芳送案，但乡约梁绍堂和吴志龙私行纵放，监生程万清恐吴正芳以后再酿祸端，受其隐匿之咎，以"护庇私纵"禀案。从此处看监生程万清是因有地方之责，为免累而上禀。而接下来吴志龙和熊

①《巴县档案》6-9-5313，道光二十年十一月。
②《巴县档案》6-18-1588，咸丰九年十二月。
③《巴县档案》6-23-1503，同治三年十月。
④《巴县档案》6-23-1607，同治五年六月。
⑤《巴县档案》6-02-2820，乾隆五十八年四月。

在朝的禀状反映出了不同的内容，吴志龙以"窃名捏累事"控邱正发、余国珍、余国志、程万清、程万顺、冯泽河、全大兴在案，禀称："前月二十邱正发、余国珍、余国志串通程万清、程万顺、冯泽河、全大兴等架以'护庇私纵'禀蚁在案，遵唤诉明应不烦渎，但查邱正发素非善类，私宰为生，去年腊月二十五，藉守牛只为由，搕蚁外孙熊在朝钱三千五百文，今正复索不遂，以致捏控。票差来乡，蚁约约邻向程万清、万顺、冯泽河等讲理，伊等吐称事无干涉，并未出名呈控，实系正发窃名捏累，希图赫诈。"①熊在朝也以"藉索"旁控邱正发在案，禀称："吴正龙牵其水牛系为账项，谊属舅甥，非窃盗可比，正芳交蚁外祖吴志龙，自行送究，正发等称请人用费，索钱三千五百文，凭梁绍堂等过交，始行还牛。今年正月，正发复向熊在朝吐称帮获牛只，不敷用费，尚要补伊钱二千，熊在朝不给，正发逞刁健讼，串程万清等出名，随以'护庇私纵'具禀志龙等在案"。②一个说监生程万清是被邱正发窃名，一个说监生程万清是邱正发串讼。三个人对同一件事，讲述了三个不同版本的故事，因文书不全，无监生程万清的呈词，无从知晓事情的真相。

（2）帮他人上禀

生员在社会上具有特殊地位，这种身份是可以在案件中被利用的，因此，生员因系族亲，帮他人上报命盗案。"慈里二甲监生程铭鼎具报李会陞自缢身死一案"：嘉庆十三年（1808年），因租佃银问题，李会陞来监生程铭鼎侄儿程之珣家讨要，程之珣求缓，并无口角，李会陞自缢于程之珣槽门挑枋上，监生程铭鼎上报。"李会陞弟李魁元不忍尸身暴露情愿拦验，以欠项无偿无钱使用轻生自缢身死并别无故具结。"③此案中，监生程铭鼎是因为侄儿事上报命案。

"何国相等与监生周文榜因周廷贤家被窃互控一案"④：道光九年（1829年）二月，监生周文榜的侄儿周廷贤家被窃，在何国相等家里起获原赃，并将唐朝书之子唐长及何盛相送州。何国进等以"诬良统抄事"控府，复以"纠窃诬陷事"越控桌宪，监生周文榜亦呈状控何国相等在案。"千厮坊监生王进

①《巴县档案》6-17-20778，道光二十一年正月。
②《巴县档案》6-17-20778，道光二十一年正月。
③《巴县档案》6-3-0861，嘉庆十三年十月。
④《巴县档案》6-13-13345，道光九年八月。

忠告李辉亭裴润年貌纵赃悬一案"：同治六年（1867年）二月，监生王进忠的叔叔王福兴叫雇工张大顺带银一百零五两至渝买花，在龙隐镇赶船，上船后将银子交板主李辉亭，同船夫裴润年收放舱内，等船到渝城，张大顺问裴润年取要银，发现银两被盗，王福兴当即禀报巴县霍主，霍令准理差缉并传集人证查讯。最后霍主断令"李辉亭暂赔王福兴银二十两完案，另缉正贼，获日追赃给领"①。因监生王进忠对审断结果不满，以窃银等事赴府宪上控。霍令复差传人证盗案，查讯各供与前情无异，因李辉亭久抗不缴银，监生王进忠再次上控，霍主复将李辉亭勒限押追，李辉亭于同治七年（1868年）七月十二日遵断措银二十两呈缴，屡传王福兴等抗不承领，监生王进忠不断赴案禀催，要求缉赃贼，直到同治八年（1869年）十一月，仍无获，王福兴于同治八年十一月三十日承领李辉亭缴赔的二十两银子。在禀状中呈称："李辉亭等奸狡貌断，贿差私释，逍遥事外，拖抗不赔；李辉亭、裴润年追赃贿差，王太、吴彪等弊请委主审讯辉亭窃银，以实为虚；沐批虽严，奈捕等受贿并不拘讯，案塌至今。"②这两个案例均是生员帮自己的族亲诉讼的案件，是希望在诉讼中利用生员这种特殊的身份达到缉贼追赃的目的。

（3）希图借机获利

有的生员希图藉命案获利。"节里一甲监生王玉树具报其堂兄王金榜为何身死一案"③：嘉庆十三年（1808年）十月，监生王玉树上报，其堂兄王金榜在陆和生地界否何毙命，陆和生等并未报案，私自掩埋。陆和生以"冒认搕索"诉明在卷："……有王炮久年在蚁境内乞丐，并无亲族，不□王炮于本月十九在蚁业内水下旁边病饿毙命，时有牟仲才视见，□□□蚁子美福当投鸣约邻罗光显、牟伯瑚、牟仲才、张光教、吴金榜、周廷扬、并坐水卡差役朱姓集看，认识系王炮尸身，实系病饿毙命并无别故，蚁当报案，约客地邻等俱云王炮久年在境乞丐并无亲族，经众看明实系病饿身故，与人无尤，不必报案，系吴金榜、牟伯瑚捨板掩埋，殊遭惯搕乡愚监生王玉树闻风冒认尸亲，向蚁子美福勒要银一百两，蚁知不允，架以报明事，将王炮更为王金榜，称

①《巴县档案》6-29-12113，同治七年九月。
②《巴县档案》6-29-12113，同治七年九月。
③《巴县档案》6-3-0864，嘉庆十三年十月。

系伊堂兄否何在蚁地界毙命，诬蚁私埋等谎在案，差唤合诉，切王炮在境乞丐多年并无亲族，地方共知，病饿身故，经众看明掩埋，若果系王树堂兄，伊乃堂堂监生，存日因何并不提携，任听沿门乞食之理，"①经约邻调节，双方自愿备结息案；"玉树亦念陆和生父子一时出于无知，既费于前，不累于后，不劳宪讯，日后不得藉案滋非，至和生诉称玉树诈搕之言，毫无说口实迹，悉属伪妄。"②按照《大清律例》，地界内有死人，要上报官司检验，在本案中，陆和生投鸣邻约和卡差集看，因认定王炮系病饿毙命并无别故，又王炮久年在境乞丐并无亲族，就没上报。监生王玉树知晓此事，称王炮系伊堂兄，报明此事。一方面，监生上报亦为依律行事，有助于监督地方命案避免私和。另一方面，王炮病饿毙命非监生王玉树甘己之事，监生王玉树非地方甲长、地邻、乡约或者监正，不承担上报之责，其上报，属轻涉讼案，有希图从中获利和冒认尸亲之嫌，按规定"文、武生员，倘事非切己，或代亲族具控作证，或冒认失主、尸亲者，饬令地方官即行申详学臣，褫革之后，始审其是非曲直"③。本案最后经调节息讼，并未追究是否冒认尸亲。"节里五甲监生梁明菴告李华堂等忿咬移害吴顺怀身死一案"：同治十年（1871年）十月，吴顺怀赶双洞场回家，走至打渡口河边跌扑落水淹毙，吴甘氏和子吴景怀拢看明情形，实系遇邪淹毙与人无尤，并无伤痕，领尸回家安葬。至十二月，差役吴陞更名吴正发听信乡约监生梁明菴唆使，以"逼毙冤埋"具报吴顺还身死一案，株甘仁信、甘仁惠在案，搕钱二十七钏。经审讯，"吴正发不应假报，将吴正发笞责枷示，将乡约监生梁明菴示革"④。监生梁明菴以"忿咬移害"禀李华堂挟忿乘其未案诬陷其串控。后州同戴祥齐、武生戴口堂、监生周国陞、王雪杨同恳，允举明菴仍充乡约。县批示："梁明菴业经本县示革应即遵照毋庸复渎。"

①《巴县档案》6-3-0864，嘉庆十三年十月。
②《巴县档案》6-3-0864，嘉庆十三年十月。
③（清）素尔讷等纂修，霍有明、郭海文校注：《钦定学政全书校注》，武汉：武汉大学出版社，2009年，第94页。
④《巴县档案》6-23-1913，同治十一年二月。

126

（4）被窃名牵连其中

有的生员被窃名牵连到命盗案中。"太平坊刘双合租张金山房居住外出贩桔控告张金山与弟欺调妻子捏诬玷妻服毒自杀一案"①：光绪九年（1883年）刘双合以"欺逼捏诬事"告张金山等欺调其妻子刘晏氏，并流言污玷，致使刘晏氏含羞服毒毙命。列证人总监正张崑山、散监正周显明。当时，总监正张崑山和散监正周显明在辖投烟户清册未归，所以，在此案中总监正监生张坤三、散监正周显明是被窃名为证而牵涉案件中的。后来两人因有公务在身，此案又有约邻等质讯，禀恳免赴。在文童杨春亭一案中，监生李春圃被窃名株连在案。监生李春圃系南川县人，世居南邑，与邱泽农居远无往来，与杨春亭父子素不相识，却被拖在案。三月被人窃名存案，后又被杨春亭株连在案，张祝封等又窃名公禀。"孝里二甲职员牟锦华等告僧自然等窝移盗吞一案"②：职员牟锦华窃文生胡炳埠、场约江恒盛告僧自然窝留痞徒梅七，屡盗客货，同治十一年（1872年），将其寄放草纸一百六十捆，值钱八十余盗卖。文生胡炳埠知晓后立即上禀免累。

（二）在命盗案件中的活动

在与生员相关的命盗案件中，生员会参与上报并协助勘察，在诉讼过程中，他们会通过直接指控捕役舞弊失职、缠讼、诬告等诉讼策略来加快案件地进度。在上控案件部分，我们对几种策略都有介绍，这节对直接指控捕役舞弊失职进行更为详细地解释。

1. 上报并协助勘察

命盗案件系重件，要上报。其程序一般是先报团邻、约保，再同团邻、约保一起勘察被盗情形或者案发现场，然后再上报。在与生员有关的命盗案件中，生员会在约邻和地保协同下进行勘察并上报。如：节里九甲监生张文星具报无名男子在其业内自缢身死，巴县监生陈列五具报伊管业山沟内有一名不知被何人砍死凶犯外逃，廪生刘仕际具报无名女孩被溺毙身死，本城武

①《巴县档案》6-34-7403，光绪十年二月。
②《巴县档案》6-29-13189，同治十二年三月。

生胡其煊具报胡朱氏自缢毙命，等等。不管是业界内的还是家里出现命案，生员们先报约邻和地保，然后在约邻和地保陪同下勘察，再上报。

在实践中，生员在被盗后，会联合约保、团邻，自行进行调查。例如"节里十甲监正监生王西屏等屡遭贼窃一案"：同治二年（1863年）五月，团内肖元太被贼窃，肖元太知觉后，凭监正团约田碧玉们看明情形，邀同捕差到岩洞，把赵喜、陈元们捉获。"武生黄用和等具报屡遭窃牛一案"中，武生黄用和被窃后，看明窃形，四查不获。"忠里一甲廪生李席珍告贼窃去其谷种一案"中，廪生李席珍归投鸣约邻彭洪文、石月明等看明窃形，四夺□□，无获踪迹，是以开明失单，禀恳仁天赏准存案。"生员张朝聘告江天禹行窃一案"中，生员张朝聘投鸣地邻张朝斗、刘正富、张仕伦等看明窃形，四查不获，为此开明失单，禀恳仁恩赏差缉究。"孝里八甲文生邱登仕等具报被窃赃悬无着一案"中，文生邱登仕投鸣团邻廖炳掌们看明窃形，四查不获，具禀在案。"监生陈参良告刘文远盗窃财物一案"中，监生陈参良发现被窃后，同地邻生员张凌云、邹□翠追赶到山黄岗，无获，第二天开单与客长唐显儒等前来报案。

从命盗案的程序来看，地方保甲、团练等基层组织负责人在命盗案中扮演着重要的证人角色。现场的查勘都需要约保、团邻在场，尸亲、田地主人、失主需要得到基层组织负责人的认定和许可，才能到县衙门报案。

2. 直接指控捕役舞弊失职

生员拥有特殊地位，本来呈状报官便能获得州县官的回应，他们再在状中直接指控捕役失职，其意就在于通过知县向捕役施压，以便尽早获得解决。因此，直接指控捕役舞弊失职成为生员的一种诉讼策略。而知县接到这种要求，大概也都从善如流，但捕役大多并未因此受到知县下令锁押或枷示的惩罚，而是口头或书面谕令捕役加强缉捕的工作。

在笔者搜集的盗案中，直接指控捕役失职的案件众多。例如，慈里六甲贡生任耀先告邓俸等行窃腐差貌批不缉一案：道光九年（1829年）四月二十八日夜，贡生任耀先儿子家里被窃，五月初一禀控在案，沐赏饬捕李华、许彪、余贵查缉，不料捕役等卧票不理，延至七月，"赃无一露贼无一获"，贡生任耀先以"卧票不缉"禀控捕役余贵、李华、李彪，呈词中称："明系捕等庇贼情真，但捕乃贼之祖，贼乃捕之孙，贼捕交通，赃物从何着追。"①县批：候勒捕严缉。到八月，贼赃乌有，贡生任耀先又以"藐视批抗纠贼赃□□事"控捕差，县批：候比捕缉究。到九月，贡生任耀先又以"恳比缉究事"控捕差，县批：候比捕严缉毋渎。直到十一月，捕差拿获贼匪王六即王德美、刘二即刘泰洪、陈三即陈文祥、游配化等。在这个案子中，贡生任耀先先后三次控捕役在案，通过直接控告捕役"卧票不理""视批如具文"来施压，希图早日捕获贼匪。对贡生的上控，州县官批文表示要"比捕严缉"，但并没有对捕役有实质性的惩罚。直里八甲武生郭大鹏等告捕差张升等意图与盗窃其家衣物银饰之贼人分赃一案：道光十九年（1839 年）正月，武生郭大鹏具禀雷猪、麻二、唐七等行窃伊家，经审讯雷猪并无偷窃事，谕令"武生郭大鹏静候，另行饬差查缉"。六月武生郭大鹏以"遵谕恳缉事"禀张昇、陈国伟等查缉，无果。七月，武生郭大鹏家再次被窃。八月，武生郭大鹏等以"卧票抗缉恳提比究事"禀控捕役张昇等。九月，再次被窃，又以"玩抗复窃"控案。武生郭大鹏在呈词中指责捕头张昇、陈国伟等"与贼交通，藐玩法纪，包庇分赃，卧票不理，抗不查缉，私放惯贼"。与上一个案子一样，生员为了尽快捕获贼匪，追回赃物，都采用不断上控捕役的策略。

桂花坊贡生马国桢告捕役何升等窝窃分肥一案②：贡生马国桢家同治九年（1870 年）被窃，投捕役邓顺，邓置之不理，经团约验明贼情不虚。后获贼却被贿赂私放，贡生马国桢以"窝窃分肥"禀控总役何升在案，指责总役何升窝盗分肥且胆贿纵窃贼。东川书院廪生李显栋、文生吴塘等告总捕皮成、范升纵贼行窃一案：同治六年（1867 年）十月，监生李显栋等被窃，监生李显栋等呈控捕役皮成、范升："捕役皮成、范升支吾，抗不□□，捕不纵贼，肆窃莫由，况属在治城，窃在书院，显系捕等纵贼分赃。"③节二甲监生王嘉言告彭明等"捕玩贼渺"一案中监生王嘉言呈称："获贼杨吵吵被捕贿纵，幸南邑盘获李金山等□□供出雷八纠裹等情，后即一贼无着……拖今年，余贼赃两渺，生叠禀催沐，提陈德卡押□□□彭明、屈恺至散役等尤其众讵，伊等

---

① 《巴县档案》6-13-13371，道光九年八月。

② 《巴县档案》6-29-12571，同治九年三月。

③ 《巴县档案》6-29-12097，同治六年十月。

即藉陈德抵塞。"①文生汪士涪家被窃，禀捕役何太不究追贼一案：文生汪士涪呈文称"……无论城乡内外，而报窃者，层见叠出，大都以事小畏累，隐忍未发，捕役遂以为得计，或事主有力，甘认赔还原物，必先言明，不究贼踪，乃始赔还，不过十之二三了事，藉非与贼相同，何以还赃不现，盗是捕役以贼为鹰犬，贼即恃捕役为虎隅，赃入则认役分肥，事败则散役顶罪，种种弊端，难以枚举。"②监生黄衡兴报其在船户刘文秀船内被贼窃去银钱一案，监生黄衡兴在禀状中称："况窃贼贿捕，分赃交逃……捕头皮昇貌玩赃悬把持重案，故悬日久，法地被窃，赃满数贯，毫无着落。"③直里一甲文生孙芳勋告捕役冉顺等纵贼窃害一案中，文生孙芳勋家被窃，控捕役冉顺、冯顺等"卧票不缉""纵贼窃害"。他推定熊耀三、王老么为贼，王廷松窝贼，恳提熊耀三、王老么并拘王廷松与捕役冉顺、冯顺为质讯追缴。④"监生陈参良告刘文远盗窃财物一案"中，监生陈参良以"玩捕悬赃恳严比缉事"禀称："捕等在乡卧票逍遥，并不四路严缉。"还有江津县武生夏定三告捕役王和尚等挟忿串窃一案⑤和仁里十甲监生杨树屏告张显猷等藉搕逼毙一案⑥。这一系列案子都是生员直接告捕役玩忽职守，贼赃两悬；卧票不理，纵贼分肥。

面对生员的控告，州县官多批："静候勒缉，毋庸琐渎""候比捕缉究"等，对捕役多次责令其严缉，真的对捕役进行惩罚的案例不多。直接控告差役成为生员施压的一种方式、一种诉讼的策略。虽然生员们的指责不一定全部为实，但也反映出社会中差盗之间的关系问题，有的差役确实存在与盗勾结、诬良为盗、搕索钱财等不法行为。例如，直里一甲生员泰芷孙具报寅夜被窃一案⑦：道光十九年（1939 年），生员泰芷孙家被窃报案，到十二月，捕差王顺、王贵抓获犯过案的蒋麻子，蒋麻子妄供，陈德贵被李包包殴毙事，最后查明陈德贵系患病身死，并无别故，是捕差王顺教蒋麻子妄供，希图拖

---

①《巴县档案》6-29-13105，同治十一年九月。
②《巴县档案》6-29-12237，同治七年四月。
③《巴县档案》6-6-7658，嘉庆十九年五月。
④《巴县档案》6-29-12958，同治十年十二月。
⑤《巴县档案》6-29-12251，同治七年五月。
⑥《巴县档案》6-26-6762，同治八年十二月。
⑦《巴县档案》6-13-13368，道光九年十一月。

累搕索，把蒋麻子责惩逐出，将捕差王顺责革。后差役王贵捕获蓝云贤，系行窃泰芷孙家正贼，将其责惩逐出，日后不得复行妄为。在这个案件中捕差在缉捕犯人过程中，教唆人诬告，以图搕索。

3. 藉尸图赖

清代民间社会常常有"刁民"为了既定利益，而故意制造纠纷，藉尸图赖就是其中的一种现象。段文艳将图赖的方式分为以下几种："以老病之人图赖，妇女撒泼图赖，借路遇之尸图赖，自杀图赖，杀亲图赖。"[1]在一般民众的意识当中，人命关天，一旦有自杀情事，死者家人即可理直气壮地对相关人等兴师问罪。《大清律例·人命·杀子孙及奴婢图赖》对图赖有明确的惩罚规定："凡祖父母、父母故杀子孙，及家长固杀奴婢，图赖人者，杖七十、徒一年半。若子孙将已死祖父母、父母，奴婢、雇工人将家长尸身未葬图赖人者，杖一百、徒三年；将期亲尊长，杖八十、徒二年；将大功、小功、缌麻，各递减一等。若尊长将已死卑幼及他人身尸图赖人者，杖八十。"[2]清代法律受伦理关系影响，若尊长以卑幼已死之尸图赖仅处以"不应为"重律，而对卑幼以尊长之尸图赖人的处罚要重于尊长故杀卑幼图赖人者。虽有律例明文禁止图赖行为，但笔者在巴县档案中发现很多藉尸图搕的案件。光绪三十年（1904 年）四川总督锡良在《严禁藉尸图诈示》中感叹："蜀民具称畏法，而棍徒视民懦可欺，每以唆讼搕索为事，遇有假人命案件则尤奇货可居。以服毒、悬梁、轻生自尽之案指为谋故殴毙。择富厚良善之家及素有嫌怨之人指为正犯、帮凶，任意罗织，名为开花。百般吓诈，必满欲壑而后已。其妇女或口角轻生，或因病毙命者，女家即究众向男家种种虐索。并有其人轻生尚可急救，而户族外戚百十成群，业已蜂拥向前滋扰喧闹，遂致自尽者百不救一。盖户族、外戚人等利其死而充原报之尸亲；约保人等利其死而殓报验支销之费；书差人等利其死而索纸笔、饭食、草鞋之资；刁恶棍徒更利其死而逞刀笔之能，施诬陷之术、遂搕诈之计；甚至路毙无名之尸亦竟捏造姓名，

---

① 段文艳：《死尸的威逼：清代自杀图赖现象中的法与"刁民"》，《学术研究》2011 年第 5 期。

②《清会典事例·刑律人命》，北京：中华书局，1991 年，卷 806，第 805 页。

妄行控害。"①藉尸图赖不仅仅是普通民众的诉讼策略，也成为生员们的一种诉讼策略。案件最后多以给钱了结，并没有真的检验尸体查究案件真相，追究谁对谁错，并按诬告律、威逼致死律、殴伤致死律、图赖律等处理。

"监生潘裕然具告廖代万等将廖潘氏凶伤毙命一案"：光绪三年（1877年），监生潘裕然等以"报叩验究"报廖代万、廖张氏等将女儿潘氏殴毙等情在案，多次上控县、重庆府、川东道、按察司。职员廖虚舟亦以"搦埋翻掘诉恳验质"禀控潘裕然等藉尸图搒。经多次审讯，谕令职员廖虚舟缴银一百两交案，正周廷泰转给潘裕然承领，与潘氏包坟超度完案。"千厮坊举人刘连熙禀报朱甘氏身死一案"②：光绪十五年（1889年）五月举人刘连熙禀报朱甘氏被逼服洋烟毙命。双发各执一词，最后审讯得刘运熙具报朱甘氏身死一案据尸母甘崔氏吐称"已死朱甘氏系伊二女，与朱庆二为妾，因自服洋烟身死，往视欲图厚葬不允，口角以致伊戚不服报验，监生朱庆三续控统搂，价值无多"。经过邹惠之等理明书立合约，甘崔氏要求免验，姑念两造戚谊，既经理明，免于深究，饬令两造具结备案，嗣后不得借端生非。这两个案例中，一个生员是上控者，另一个生员是被控者，不管是监生潘裕然还是甘崔氏都希图藉女儿毙命这件事情，达到厚葬和搒索的目的。

"文童杨春亭、文生杨杰臣与监生邱泽农因杨保臣之死互控一案"：光绪十七年（1891年），杨保臣原议定在监生邱泽农就馆主讲，三月杨保臣突然暴毙，经乡约秦东川、熊国祥挽劝邱泽农出钱，杨杰臣领葬。四月杨保臣父亲文童杨春亭赶回，认为其子身死不明，以"否毙难甘"控案，孀妇杨宋氏亦以"声恳究雪事"禀控邱泽农等毒毙杨保臣。监生邱泽农也以"串藉搒害"和"乘捏图搒"禀控杨春亭、杨杰臣等。经提讯断："杨春亭不能指出其子被邱泽农毒死实据，自认诬听人言，怀疑妄告，断令邱泽农既有好意在先，仍将所帮钱五十千照给，两造各具切结究案。"③这个案件中，文童杨春亭回来后不断上控，笔者认为有部分目的就是要回监生邱泽农本要给而未给的那部分钱，并且希图通过诉讼将其拖累。

①《四川官报》第10册《公牍》，第9页。
②《巴县档案》6-34-7666，光绪十五年六月。
③《巴县档案》6-34-7646，光绪十七年三月。

132

类似的案件还有"慈里六甲武生刘金声告刘汝霭等逆逼伤毙一案"：武生刘金声儿子婚配二十九载无嗣，想抱二房汝綖之子洪禄作孙，胞侄刘汝霭来家里肆闹，将武生刘金声原配陈氏掌推，武生刘金声先后以"遂谋凶"霸和"逆逼上毙"呈控在案。在县批中提到"昨据该生首侄刘汝霭，虽声明该生□□□被推跌地并无伤痕，又未请验，是以□□□讯在案，何今该生忽报陈氏伤发身故，又不肯验，率称停尸未葬，其为藉尸妄报，大□可见，着即指明伤痕，递具切结以凭，□□并讯跟究，毋得含糊饰词，徒取咎戾特□□□"①。因文书不齐全，无从知晓实际案情，此案是关于过继承祧的家庭问题，但从县官批词来看，县官认为武生刘金声呈控存在不实之处，有藉尸图掐之嫌。"仁里十甲监生钱国文具报钱傅氏在家病故一案"也是同类的案件：监生钱国文欠钱国璋钱不还，钱国璋母亲钱傅氏到其家里去讨要，病死于其家，双方互控在案。钱国璋后领回埋葬，钱国文还其钱文。在这两个案件中，武生刘金声想借其妻子伤发身故的事情惩罚其侄儿刘汝霭，达到过继的目的。钱国璋想借其母在监生钱国文家病故来达到讨债并掐索的目的。

从上面所列举的这些案例中可以看到，有的生员是掐索的一方，有的生员是被掐索的一方，生员与老百姓一样会为了利益，藉尸图掐，并且生员们更熟悉律例，更懂得运用诉讼策略来达到自身的目的。这些案子最后都基本在州县范围内结案。

4. 诬陷他人为盗

在盗案中，失主具有查勘权，生员为了能尽快贼赃俱获，不但直接指控捕役，施加压力，还会出现诬陷他人为盗的现象。"慈里七甲生员秦朝选告蔡登甲盗窃银钱衣饰一案"②：乾隆三十年（1765年），生员秦朝选银钱衣饰等物被窃，生员投鸣约邻刘圣荣、郑廷栋进行勘察追踪，勘察至田子寺坎下蔡登甲门首绝迹，便认定是蔡登甲行窃，统多人至蔡登甲家搜寻，并在禀状中诬陷蔡登甲为惯贼。后差役肖文拿获贼犯邹时祥、陈万禄，起获原赃什物。

又如"文生况皋告朱正伦在其家行窃一案"：文生况皋诬陷朱正伦窝贼接

---

① 《巴县档案》6-26-6963，同治八年四月。
② 《巴县档案》6-02-2375，乾隆三十年二月。

赃，文生况皋在禀状中称："窝贼刘天爵吐称徐长寿与惯贼朱正伦行窃生家，伊等既属戚谊，屡次犯案，善于调停，沐恩堂讯只供欧朝周不供朱正伦，希图抵案，今刘天爵之子刘三系伊佃户，徐长寿家亦伊当保佃住，养贼伙窃蠹害一方，且原差朱奇系朱正伦之子，子捕贼而父亲招贼，是以前赃不获，后赃复悬，兼之捕等均属林陞徒弟，嘱令现贼不能捕拿，纵有犯案获贼，亦狡供支吾，隐匿贿纵情弊□，以百禀□终不获，累害无辜。"①县批：据称朱正伦系捕役朱齐之父，朱正伦招贼行窃，并无实据，不能据该生一面之词，即文□其罪，姑候提案质讯，该生即听审可也。最后缉获正贼系况皋侄儿况寿。

"监生陈参良告刘文远盗窃财物一案"：乾隆五十四年（1789 年）闰五月二十五日，监生陈参良家被窃六封色钱共重三百五十七两一钱，还有许多衣服首饰，地邻生员张凌云、邹□翠追赶到山黄岗无获，开单与客长唐显儒等前来报案。六月十六日，监生陈参辰以"获贼情实悬严究追事"禀案，呈称："捕役四路查缉，本月十二查至地名海棠溪盘获刘姓等五贼送赴恩案，贼等弊大独讳生案未招，但生雇工费二在生家帮工年余，器具认识，生被窃后此日，费二由伊家至生家已在半途地名竹林湾撞遇五人俱背大包袱，内有一人手提响锡茶壶一把，费二当即认实，是时费二不知生家被窃，兼之年幼不敢拿赃，今捕等率同费二等拿获刘姓，费二认实，照前所言无异，无如贼捕否何局弊狡供匿赃希图暗吞。"②经查陈参辰所开失单与刘文远所带之物不相符。刘文远供实其包内衣物银两系伊等在家起身时所带，并非行窃，陈参辰家被窃之案实不知情。后县官怕刘文远涉及长寿的盗案，将之移解长寿，陈参辰因被窃情急又见刘文远等解回长寿，随借因上控，诬控刘文远为正贼。

上述三个案子中，生员为了尽快缉获盗贼，领回赃物，诬陷自己认为可能是盗贼的人，并且在呈词中捏造情节，以图坐实罪名。对于生员的这种架词上控，诬陷行为，州县官多从宽免。也正是州县官的这种处理态度，才造成许多生员肆无忌惮的诬陷，形成一种恶性循环。其实不仅被盗者生员，有的官员为了考绩，差役为了完成差事免受责罚，都有讳盗诬良的行为。晚清

①《巴县档案》6-14-14769，道光二十年四月。
②《巴县档案》6-02-2764，乾隆五十四年五月。

河南王树汶案就是一个典型案例，徐忠明在《晚清河南王树汶案的黑幕与平反》一文中揭示了酿成冤案的背后的深层次原因。[1]

（三）地方官对命盗案的处理

1. 对命案的处理

在实践过程中，地方官对命案或者按律处理，或者调节双方，大事化小，小事化了。尤其是在对待因病死亡或者自缢的案件中，最后多以出银厚葬、包坟来解决，并没追究谁是谁非，谁真谁假。

（1）命案私和

尽管清律明确要求，命案必须上报，州县官要亲自查看检验、初审、定拟并限期通禀或通详，并且对命案私和有明确的律文规定："祖父母、父母、及夫，若家长为人所杀，而子孙、妻妾、奴婢、雇工人私和者，杖一百、徒三年。期亲尊长被杀，而卑幼私和者，杖八十、徒二年。大功以下，各递减一等。其卑幼被杀，而尊长私和者，各（依服制）减卑幼一等。若妻、妾、子、孙，及子孙之妇、奴、婢、雇工人被杀，而祖父母、父母、夫、家长私和者，杖八十。受财者，计赃准窃盗论，从重科断。"[2]但命案私和的现象仍然普遍存在。广东省罗定州："命案以钱财贿嘱苦主私行和息，乡曲无知细民，受劣绅、讼棍所哄吓，得以从中渔利，事所常有。"[3]雍正朝山西巡抚诺敏在奏折中写道："州县官员为息事宁人，每有命案发生，只收取被害人亲属免讼之书，以期减刑发落，堂外了结。被害人亲属冀图得些财物，情愿呈文。此习形成既久，愚人以为舍几两银子即可杀一人命，故命案由此增多。"[4]在巴县档案中也存在许多命案私和的案件，在有的私和案件中，还有双方立定的契约。比如监生潘裕然一案中：

> 立请息寝事人廖虚舟，情次子廖方圆幼娶潘绍先之女为室，适门无异，

① 徐忠明：《晚清河南王树汶案的黑幕与平反》，《法制与社会发展（双月刊）》2014年第2期。
② 胡星桥等：《读例存疑点注》，北京：中国公安大学出版社，1994年版，第616页。
③ 转引自赵娓妮：《国法与习惯的"交错"：晚清广东州县地方对命案的处理——源于清末〈广东省调查诉讼事习惯第一次报告书〉（刑事诉讼习惯部分）的研究》，《中外法学》2004年第4期。
④ 同上。

突于本年六月二十四遇邪自行服毒洋烟毙命，当即经知潘姓老□人□拢彼并请凭地方邹敬堂、邹礼东、张熙然、李生□、□池舟等理合看明尸身，实系烟毙身视此惨毙难忍，甘愿□子媳潘氏从厚安葬，请僧超度七日，□□道场，包砌坟墓，以金三转为准，虚丹父子原凭地方呈明剖白了事，全其亲谊两造和解，日后永无翻悔，□□老幼人等□无异言别称，此系两造均系心恒悦服□□，并无逼勒等语□□□再批超度及已砌坟墓原言限至秋收八月……①

再如监生梁明菴一案

吴甘氏为领吴顺怀尸身掩埋的文约：吴甘氏同男吴华，情氏夫吴顺怀因本月二十三日赶双洞场挑卖桐子未归，次日着子□□寻找，至二十五日，至双洞场查知，因氏大带□归家，走至打渡场河边自行跌扑落水淹毙，地方人等请人打捞尸身至岸□，母子拢前看明情形，实系遇邪淹毙与人无尤，并无伤痕别故，地方□□□事等协同报验，氏母子等念夫已死，不忍尸身暴露自□□□领尸回家安葬，不与地方人等相涉，中间不虚领□□□自愿傍无屈从，今欲有凭，特立邻约一纸。

——同治十年（1871 年）十月二十五日。②

在笔者所见到的案例中，很多命案发生后，不仅仅有原被双方的参与，还有各方亲族的涉入，中人的介入，乡保、胥吏的插足，甚至在有的案件中直接就是县官的默许与授意。在监生郑余亭的案子中，监生郑余亭的胞侄郑清海妻子郑但氏病毙，郑但氏之父但厚莽邀同但春元、但青山、但敬亭、但桂亭、但登一等家族多人来郑家肆闹。监生郑余亭的胞兄、堂弟、族亲也都介入，最后演变成了两个家族之间的纠纷。在监生潘裕然的案件中，监生潘裕然在上控时，也是族亲潘裕成、潘裕书等一起，凭团证张熙然、邓泽生、邹小旬、张善亭、乡约罗德阴调节，此案七次审讯，审讯后的判词分别为："今蒙审讯，当堂饬令监生邹辉山出外协同邹小旬们，与他们两造把事说好，如违覆讯天断结案就是。""今蒙覆讯当堂谕限邹辉山、张善亭、罗德阴、张熙

---

① 《巴县档案》6-34-7075，光绪三年七月。
② 《巴县档案》6-23-1913，同治十一年二月。

然们出外，三日内把监生与廖虚丹说好□□，将女儿廖潘氏从厚超度，包砌坟墓息事以免饬令，廖虚丹把杨五交保，如违再行覆讯就是。""今蒙审讯监生们与潘裕然们彼此各供一词，碍难讯结断，令监生廖虚舟出银一百三十两，给潘裕然以作儿媳廖潘氏包坟超度结案，谕令杨五取具廖潘氏私服洋药毒毙切结，如潘裕然们不依再行覆讯起验就是。""今蒙审讯谕饬邹小旬限五日与监生两造了息，如违，监生指名伤痕部位出具切结，以凭详检验。""今蒙审讯邹小旬既不得闲不管此案，沐饬监生与廖虚舟各请公正族戚在庙理明了息再行结案就是。""今蒙覆讯吩谕女儿潘氏身死日久，业已掩埋，恐今腐化，不忍蒸骨受苦，从厚超度，免伤姻戚，断令廖虚舟缴银一百两给周廷泰，承领转给监生与女儿潘氏包坟超度，监生们遵断就是。"①从判词来看，都是尽力让团证、乡约、族戚等调节双方的矛盾，将大事化小，并没有真的进行开棺验尸。所以，此案虽然上控至四川省按察司，但在族亲的参与，团证、乡约的介入，官员默许和授意下，私和了命案。

（2）私和的原因分析

命案私和的现象的大量存在，有以下原因：第一，清政府的制度设计。皇权不下县即政府官员的任命到县级，县以下的乡约、里正、保甲均不是政府正式任命的官员，而他们又是与民众打交道的人。县级衙门中的差役是县官命令的执行者，也是与民众打交道之人，他们都是官与民之间联系的纽带。这种制度设计造成了一种少数官管理多数人繁重事的局面，要在有限的制度供给与"更广大"的司法需求之间寻求出路，权力只能是外溢并有人来承担的。在少数之官与众多之民之间，处于中间层的胥役、乡保、亲族、乡绅等就是这权力的事实共享者。命案发生后，这些人都会参与到案件中来，各自有各自的利益，各自维护各自的利益。第二，法律与习惯、情理之间矛盾。法律是针对全国的一个普遍原则，而各个地方又有自己的习惯风俗，因此，在实践过程中，地方习惯风俗更为地方百姓所接受。"法律一定者也，而习惯无定者也。习惯之例，原因复杂，非一朝一夕之故。是以，国家法律之力，

---

① 《巴县档案》6-34-7075，光绪三年七月。

恒不及社会习惯之力，所谓积重难返也。"①汪辉祖曾说："幕之为学，读律尚已，其运用之妙，尤在善体人情。盖各处风俗，往往不同，必须虚心体问，就其俗尚所宜，随时调剂，然后傅以律令，则上下相协。"②在办案中，除了考虑律例以外，还得兼具人情，使之上下相协。第三，很多案子是"假命案"（从死因出发分为三类：以自尽命案但除开威逼致死案件，以意外死亡的命案，以患病而死亡的命案）。乾隆五十六年（1791年）刊刻而成的《则例便览》指出，"川省除真正命案，及自尽案内有情节可疑者，经历等官代验后仍由印官查验填报外，其余讯无别故之自尽、倒毙等案不必待印官查验即准取结掩埋，仍由印官通详立案。倘有别项情弊，将原验之佐杂照检验不实例议处"③。正因为如此，即使出现以自尽、病死等藉尸图赖也都在州县官范围内私和结案。

这里谈到命案私和问题，并不是所有的命案都能私和，要视原被两造、州县官、案件情节、案件社会影响等多方面的因素综合而定，像前文提到的"孝里六甲监生郑宗儒告牟新发持刀戳毙其子郑永清一案"和"革生黄文礼向杨钟颖逼索欠银致使杨钟颖自服洋药中毒身死一案"最后都是依律处理。

2. 对盗案的处理

地方县官似乎介于地方人民与上级长官之间一道微妙的审判天秤之中，对于县官面对辖区发生窃盗而言，这类窃盗总自然地在市井生活中不断上演，它不是极为重大的人命刑案，也不是民众生活纠纷引起的户婚田土类诉讼。窃盗本是一件轻微的刑案，"乘人所不知而暗取之"的行为不等同于盗，在犯罪行为中刑责又轻于抢夺，而实际中两者又非泾渭分明，州县官在自理词讼的范围内，多采取息事宁人的态度和以地方和平安宁为主的判决方式，通常以押卡房或赔缴原赃居多，而直接依照律令规定执行刑责者少。但如果出现上控，多以国家明令依法办理。

（1）上控盗案的处理

王佐具控窝贼魏美章等一案：乾隆四十七年（1782年）六月初四夜，王

① 转引自茆巍：《清代命案私和中的法律与权力》，《社会科学研究》2016年第4期。
② 汪辉祖：《佐治药言》，清乾隆五十四年双节堂刻本（1789）：18a—b。
③（清）沈书城撰：《则例便览》卷41《人命》，清乾隆五十六年刻本。

佐（新宁县人）家中遭窃，伊子生员王士坊开单报明赵主，差捕役胡登汉、石应魁查明缉究。后来查获原赃，但正贼郭子玉、陈维才已逃，捕役回禀赵主后，赵主开文至达州麻柳场司移关。巡主（巡检衙门）胡延璠加派差役万异、吴仲协助巡查，因正贼不获，先将郭子玉兄弟郭子英带回，审讯后确认郭子英并不知情而释回。后来恰巧川东道按临，事主王佐怀疑差役万异、吴仲收贿纵贼，具报道主。此事件再次被发文严查考审，巴县重新查阅卷宗案情，并且给予万异、吴仲无分疆界文票。这才顺利让捕役分别在东乡县拿获陈维才，太平县挐获郭子玉禀送巴县解赴川东道，将贼犯押于外监。乾隆四十九年（1784 年）六月廿七日，郭子玉患病身死，严讯陈维才将原赃缴出，交付事主王佐具领。"另外也因此案为时已久，据巴县申报案犯郭子玉身死，所有一干人犯未便久羁，合饬转发。共犯陈维才等移关新宁县押卡候示，待将窝户唤讯。"①

同治十年（1869 年）八月，监生王嘉言被恶匪雷八纠綦南各匪明火执仗入室捆绑，掠银钱衣物三千□□，幸南川县盘获李金山等五人，供出雷八。后虽盗贼有名可指，但却一贼无着，监生王嘉言上禀府道督宪。后督宪批将李金山等就地正法并严缉雷松林。"捕役彭明、屈恺、陈德因承办王嘉言窃案不力，未把雷松林们拿获，各掌责谕令八月如违严比，将陈德收押，案内廖老五、陈吉在监病故，因雷松林潜逃至贵州，捕役刘彪等请牌文通关通缉。"②到同治十一年（1870 年）九月，仍未缉获恶匪雷八，监生王嘉言以"捕玩贼渺恳催饬缉"事禀案，到同治十三年（1872 年），恶匪雷八仍未缉获。两个案件均为上控案件，对盗贼的惩罚相对比较严厉，基本按律执行，对捕役的稽查不力行为也进行了惩罚。

乾隆五十四年（1789 年）五月的监生陈参良告刘文远盗窃财物一案，监生陈参良上控至重庆府，重庆府责令严缉正贼务获究报。监生陈参良乾隆五

① 《巴县档案》06-01-2689，乾隆四十七年六月。
② 关于监生王嘉言家被盗一案共有 28 条。《巴县档案》6-23-00320、6-24-02392、6-27-8998、6-28-11254、6-28-11741、6-29-12708、6-29-12794、6-29-12865、6-29-12884、6-29-12893、6-29-12947、6-29-12956、6-29-13021、6-29-13022、6-29-13034、6-29-13035、6-29-13105、6-29-13110、6-29-13113、6-29-13117、6-29-13171、6-29-13454、6-29-13495、6-29-13641、6-30-14735、6-30-15511、6-30-15649、6-30-16600，同治十年至同治十三年。

十四年以"玩捕悬赃恳严比缉事"禀控捕役卧票不理，乾隆五十四年十一月以"贼窃案悬录恳饬缉事"禀控在案，乾隆五十四年十二月以"已沐批严恳究玩延事"禀，乾隆五十五年六月为"捕玩赃悬哀恳"饬缉，乾隆五十六年八月以"被窃赃悬录恳查究事"上禀，多次上禀，重庆府加强了缉捕的力度，对玩忽职守的差役也进行了惩罚，可到两年多已久，最终赃贼无获。

（2）州县官自理词讼范围的盗案

因为有约保、团正等地方组织的存在，许多盗案件有"凭团理剖"的阶段，直到万不得已，才告官。"孝里十甲陈香亭告刘天群等窃马瑞堂茴麦一案"：同治五年（1866年）五月初八夜，均发团团众马瑞堂遭窃，第二天，在刘兴发家中捕获窃贼刘天群、陶兴顺。凭团令小甲义四喜锁押送究，但刘天群与陶兴顺自愿讨路十丈而免送，并立服约。结果刘天群勾结同族的衿棍刘平臣等人，拒绝承认窃盗行为，声称自己是被陈香亭等人诬陷，最后陈香亭等人才赴县告官。前文提到的"直里七甲监生程万清告吴志龙串多人护庇私纵窃贼一案"中拿获窃贼吴正芳，也首先是经凭乡约梁绍馨、梁绍堂邀集吴正芳之父吴志龙来团理说，志龙情亏自愿协同乡约梁绍堂将吴正芳送案，但乡约梁绍堂和吴志龙私行纵放，监生程万清才赴县控告。"忠里二甲文生汤嘉椿等告喻大海等行窃一案"：咸丰六年（1856年），喻大海私窃凭团拿获，出服约哀情免送。

> 立出罚帖人杨孟盛、喻大海、石兴顺等[①]：情因本年三月十三夜，斯窃固城寨被贼房料有汤世清、汤世华、靳裕昆、郝洪信、彭玉□另房屋树间房料窃去树十节，凭团理剖，三人自知情亏，凭赔柏树十七根，心愿罚火药二斤团内应用，以免送官究。凭中间不虚罚帖是实，此约付与团首朱世焕执掌。
>
> 咸丰六年正月二十日。
>
> 凭团约人：汤克新、喻显扬、何□明、卢廷珍、喻昆山、朱洪彰笔。

咸丰八年（1858年）二月，喻大海夫妇复窃寨房仓板，被黄昌凤拿获，经团文生汤嘉椿、监生汤钧才、喻大海理讲剖论，喻大海赔还仓板一堂，喻

---

① 《巴县档案》6-21-7894，咸丰六年正月。

大海无力赔还，他妻子反行持刀向黄昌凤凶闹，文生汤嘉椿和靳焕堂们才具禀在案。与之类似的还有"正里八甲武生刘钊告林四盗窃被获一案"，林四于道光二十八年（1848年）盗窃被获，凭团理剖，出有服约二纸，咸丰元年（1851年）复行窃被获送案。但不是所有的盗案都有凭团理剖这个阶段，凭团理剖多发生在凭自己力量或者约邻、团保的力量抓获盗贼，且盗贼为团邻的情况下。其它的盗案，在约保、团保的作证下向官府报案存案。

对州县官自理词讼范围内的盗案，州县官多以维持地方安定为前提，采取息事宁人的态度。下面将搜集与生员相关的盗案中有明确处理结果的部分案件情况整理如表4.1。

表4.1 《巴县档案》中涉生员盗案有明确处理结果的案件情况（部分）

序号	案卷号	案卷名	盗窃者	职业	处理结果
1	6-13-13368	生员泰芷孙具报寅夜被窃一案	蒋麻子	求乞为生	笞责押候
			蓝云竖	不详	责惩逐出
2	6-13-13347	武生黄用和等具报屡遭窃牛一案	王八	不详	责惩押候
			接买赃物的张老五		赔黄超伦牛只钱四千文
3	6-14-15507	廉里三甲文生周兴裕等禀被贼屡窃其家财物恳请缉贼一案	罗四（有父母兄弟，但未娶妻）	求食度日	笞责押候
			宋五（父母俱故并没弟兄妻室）	求食度日	笞责押候
			接赃王氏石匠（父母俱故并梅弟兄娶妻曾氏没生子女）	石匠手艺	掌责押候
			张二		掌责押候
			王聋子	求食活生	押候
			窝户罗麻四	平日佣工度日	掌责押候

序号	案卷号	案卷名	盗窃者	职业	处理结果
4	6-2-2739	监生罗建初告吴国栋等人偷窃耕牛一案	吴五	（挖煤生理）	押卡令其赔缴
5	6-21-7342	文生刘廷伟等告何长寿等获贼赃逃一案	何长寿	平时不务正业，在外游荡	笞责逐出
6	6-21-7527	文生邱登仕等具报被窃赃悬无着一案	曾四、曾牛	下力为生	责惩收押，后丐头李春芳承保出外
7	6-21-7818	仁里十甲文生雷亦韩具报被窃一案	王六即王兴六涪州人	寻找生意不着，因为贫苦难度没钱起意行窃	
8	6-21-7894	忠里二甲文生汤嘉椿等告喻大海等行窃一案	喻大海	不详	械责，赔还汤嘉椿松板一堂
9	6-21-7103	正里八甲武生刘钊告林四盗贼被获一案	林四	不详	将林四责惩暂押，饬差押令他哥子搬离出境，再行来案把林四领回，原赃给原主领回
10	6-21-7839	节里二甲武生张倬廷等告刘狗班乘外搂窃一案	刘狗班	不详	笞责枷示，谕令小衣存房，赔还如真赃钱三千文给如真承领，再行把他省释

142

序号	案卷号	案卷名	盗窃者	职业	处理结果
11	6-21-7899	正里十甲武生陈鹏扬等告朱五等获窃私逃一案	孙元	下力活生	杖责枷示并逐搬境外
			陈春	下力活生	小的械责谕令小的回乡逐搬境外
12	6-21-7408	孝里二甲监生舒嘉惠具报屡被贼窃一案	李桶匠		笞责收押保店，吩示备文递解回江津县交保管束
13	6-21-7483	孝里一甲监生何瀹清具报被贼窃害一案	李二	何瀹清家里帮工	收押俟病愈再行覆讯
14	6-21-7519	监生陈万全告尹锡昌等行窃被获一案	尹锡昌	下力活生	将之笞责卡押，现获白术半包断令监生当堂领回
15	6-21-7604	直里五甲监生王大用告陈四戚等贼纵赃悬一案	李三、郭年四	不详	把李三们笞责保释
16	6-21-7976	智里二甲监生陈鹤年等告吴家娃等赃贼两获一案	陈七	下力	械责逐出
			吴家娃	求食为生	
17	6-27-9373	廉里四甲监生申朗轩告朱二等被贼窃祸一案	朱二	下力活生	鞭责收押，因患病省释
18	6-28-10517	节里十甲监正监生王西屏等履遭贼窃一案	赵喜	求食度日	责惩收押

序号	案卷号	案卷名	盗窃者	职业	处理结果
19	6-29-12237	直里文生汪士涪告捕役何太被窃一案	刘志成	小贸活生	责惩收押
			戚二麻子	推船来渝	取保省释
20	6-29-13265	太平坊监生刘冕臣告刘双等惯窃难容一案	刘双、童来保	下力活生	笞责收卡
			范观	不详	收押患病身死

从表 4.1 中我们可以看到，盗窃者多下力活生者、求食度日者、帮工、尤业游民等，他们是社会的下层，获取生活资料的方式不稳定或者无法满足他们的需求，为生计所迫，进行盗窃。对于这些盗案的处理，从整体来看，州县官并未完全按照既定律例，而是在律令的大原则下，结合了盗窃者的身份、盗窃财物的数量、盗窃情节、失主的需求等进行综合考量，以解决纠纷和维持社会稳定为原则。生员们向官府禀报被盗，其目的也多是追回赃物或者得到赔偿，因此对于赃物，有原赃的责令其缴还，无原赃的令其赔还，对于实在无力赔还者将其收卡。对于盗窃者，因多系为生活所迫、缺衣少食者，州县官多将他们责惩并收卡、取保省释、逐出境外、递解回原籍管束，也有少部分在监患病身死。

在命盗重案中，生员因干己或不干己牵涉其中，在案件中，生员们协助约邻、团保勘察并上报命盗案，或者有的生员本身就是约邻或者团保，承担着保甲的命盗案的勘察上报之责。从盗案来看，生员被盗的案例较多，生员被告的案例较少，并且有些只是因为纠纷引起的用盗的名义来告官的，真正的生员有盗行的少之又少。为了能施压并能尽快解决命盗案件，他们会采用直接指控捕役舞弊失职、诬陷他人、缠讼等策略。同时，生员懂得律例，在命案中，他们更会用藉尸图赖的方式来获取自身的利益。州县官对生员指控捕役的行为，多以敷衍的态度，对捕役真正进行处罚的案例不多。他们对命

144

盗案件的处理多尽量控制在州县自理词讼范围内，省去审转的麻烦，降低误判带来的风险，因此存在大量命案私和的现象，命盗案的处理以维持社会秩序为前提。

三、巴县涉案生员的复杂面相

本章主要围绕巴县档案，讨论重庆生员参与上控案件、命盗案件的情况。他们或者是因干己之事而涉案，或者是帮他人控案，或者是挑唆他人诉讼，或者是有管理地方之责为地方集体的利益而涉案，或者被他人窃名而牵连，等等。整体而言，虽然政府明令生员除切己之事不准涉讼，但在实际的社会生活中，生员越来越多地参加到诉讼中。

他们在诉讼过程中，利用自身的优势采取缠讼、捏造案情、牵连多人、直接控告差役失职舞弊等多种诉讼策略以达到自身的目的。随着社会的发展，生员人数的增多，生员内部也出现分化，生员谋生的方式也多样化。我们能从案件中看的，有的生员耕读传家，有的生员教读为生，有的生员从事经商活动，有的生员从医治病救人，有的生员被推举为地方的监正、团正、乡约管理地方事务，有的生员专门帮人词讼成为讼师等。从事活动的多样化也造成他们被牵涉案件中的原因的多样化，不管是户婚田债等民间细故还是命盗重件中，都能看到他们的身影。

在这些案件中，有的生员恃符生事，为害乡里，教唆词讼，搕索百姓，诬良为盗，庇佑痞盗，凶殴他人，擅权揽公，是非不分，善恶不明；有的生员能恪守本分，维护社会秩序；有的生员为生活所累，处境艰难。州县官在处理生员参与的案件时，会相对更为谨慎，对生员的缠讼行为、诬告行为、藉尸图搕行为一般从宽免究；对生员控告差役舞弊失职的情况，也一般会在批示中对差役的行为进行指责，责令其尽职尽责办差，在必要时会对差役进行责罚。从案件审理结果来看，州县官一般都是以维持地方社会秩序为原则，平衡法、理、情三者之间的关系，给出一个两造均能接受的判决。

从搜集到的关于生员涉讼的案件，发生在生员与生员之间、生员与民众之间、生员与职官之间、生员与差役之间，涉讼者身份不同，州县官的处理态度也会有一定程度的不一样。生员们有着特殊的社会地位，在讼案中相对来说会有身份优势，有的案件中，我们可以看到生员可以用罚银来免责罚。但这种身份优势并不是时时都能发生作用，在有的案件中，最后的判决也并非偏向生员一方，教唆词讼的生员也会有被褫夺衣顶的风险。生员与州县官之间，生员会是州县官的助手，州县官也讨厌生员唆讼和缠讼，对生员们唆讼、挺身作证、联名扛帮、唆使上控等行为"查访确实，破除情面，严拿到案，认真重办"①。州县官有的时候会一定程度上满足生员的要求，有的时候也只是应付了事。

对生员涉讼应该如何看待和评价呢？生员涉讼不全都是唆讼和扰乱社会秩序，有的案件也是正常的维护权利的需要，有的也是为民请命，维护地方公共利益。吴欣在《清代民事诉讼与社会秩序》一书中提到，士绅参与诉讼对秩序的积极作用表现在两个方面："一是诉讼在一定程度上缓解了士绅无法入仕的欲望与压力，从而使其对秩序的破坏仅维持在诉讼的层面；二是通过诉讼所形成的仅对小秩序的维护同样可以在一定程度上起到稳定地方社会的作用。"②同理可证，虽然一些生员的唆讼、缠讼、诬告等行为给社会风气带来了不良的影响，但是在另外一个方面，一些事件通过诉讼，"冤屈"得伸、矛盾化解，也有助于维护社会的秩序。从追求"无讼"社会的目标来说，多词讼是与之相悖的，但通过诉讼也在一定程度上舒缓了民怨、民愤，维持了社会的稳定，是社会的一个安全阀门。

---

① 廖斌、蒋铁初：《清代四川地区刑事司法制度研究——以巴县司法档案为例》，北京：中国政法大学出版社，2011 年，第 64 页。

② 吴欣：《清代民事诉讼与社会秩序》，北京：中华书局，2002 年，第 84-85 页。

第五章

生员身份的转变及在讼案中的运用

——以清末学务案件为例

生员涉讼，无论作为原告、被告、证人直接参与讼案之中，还是作为讼师或者被他人窃名而被间接地卷入诉讼风波，往往都会对其功名有所损益。如科场失意的生监群体若担任讼师为百姓书写词状糊口，则会因为有"助讼"的嫌疑而成为官府防范抨击的对象。[①]此外，李典蓉也指出，在京控呈词中，朝廷和民间对生员的形象出现了二元对立的评判，即"有的经常出入公门，被百姓视作与衙门书吏一体勾结，有的协助百姓撰写文章，挑战官府权威，被官方视作健讼之徒。而他们的身份，经常因为涉讼而遭到官府斥革。被官方史料的污名化，也影响了研究者对这一群体的归类与判断"[②]。

当然，生员本身作为善于笔耕且熟读官府话语权的群体，在诉讼案中，自然能有更多方式反映社会不公。如张世民在研究清代班房时，就以道光十四年（1834年），因故涉讼被充军到安徽省太湖县的四川省丰都县监生陈乐山，于自配所潜逃赴京叩阍为例，并用其上疏内容佐证了巴县班房中"每年要牢死二百余人"的确切现实。[③]但我们应该要注意的是，这些群体在争讼维权过程中依旧存在以下情况：一是通过扭曲或夸大案件事实，使得诉讼向有利于自身或其背后所代表的利益群体发展；二是当生员涉讼案件关涉地方社会安全与稳定，或是违背官方政令意旨时，他们所要面对的便是与官府相抗衡。尤其在清末新政之中，政府为了完成官制制度向基层社会的扩张及政府职能的扩张，与地方士绅一道建立各类局所推行新政，在这一过程中，支持"图新"与恪守传统的生员间，因为各自利益及权利的争斗而不断兴讼的现象在地方档案中十分常见。本章将从学务、治安以及公费收支等方面，来探寻生员在新政过程中所牵涉的诉讼案件。

在清末改废科举、兴办学堂的教育改革进程中，朝廷在各地推行"官绅通力合作"的办学模式，并倡率绅民自办乡村公立小学堂。然而在讨论清末的教育改革时，人们较多是从教育近代化与社会变迁的角度去考察，更多关注当时中央政府的办学思路和取向，以及不断增加的学堂学生群体及其引发

---

① （日）夫马进：《明清时代的讼师与诉讼制》，《明清时期的民事审判与民间契约》，北京：法律出版社，1998年，第413页。

② 李典蓉：《清朝京控制度研究》，上海：上海古籍出版社，2011年，第186-195页。

③ 张世民：《清代班房考释》，《清史研究》2006年第8期。

的社会变革和变迁等问题，而相对忽视州县及基层社会的办学运作，以及与之相关的生员群体。①在晚清县级司法机构处理民事诉讼纠纷案中，学务诉讼纠纷件占很大比例，四川学务司曾就学事诉讼与民事诉讼之间的关系分析说："此中界别辨析甚难，同一事也，在彼则以为学务之应有之要求，在此则以为钱债事项，当属于民事诉讼。"而这些有关学务的"民事诉讼"中，"就现在情形而论，各处学事诉讼由于财政之纠葛者十居八九"②。

南部县在清末州县改制过程中最早建立的机构是劝学所。1905年清政府颁布《学部札各省提学使分定学区文》，指出："照得教育之兴，贵于普及；而兴办之责，系于地方。东西各国兴学成规，莫不分区，俾地方自筹经费，自行举办。事以分而易举，故能逐渐普及教育盛兴。"③朝廷提倡在全国各州县推广建立劝学所之后，南部县仿照清政府规定在"所辖境内划分学区，以本治城关附近为中区，以次推广至所属村坊市镇，约三四千家以上即为一区，少则二三村，多则十余村，均无不可"④的做法，于光绪三十三年（1907年），149在《南部县劝学所章程》中将县属设有小学之处分为九区，其中：

> 本城及附郭为中区；谢家河、永定场、碑院寺、中兴场、清平场、楠木寺、柴家井、福德场、双河场、鲜家店场、新镇坝、平头坝、王家场、富利场、石河场为正东区；枣儿岭、龙王堂、黄金垭、寒坡岭、流马场、金源场、碾垭场、建兴场、大河坝、永兴场、万年场、义和场为正南区；老观音场、石墙垭、大桥场、杨柳边驿、金峰寺、富村驿、双合场、元山场、镇江场为正西区；皂角垭、枣碧庙、思依场、木兰庙、保城庙、神坝场、猪槽垭、店子垭、分水岭、垭垭场为正北区；水观音、盘龙驿、李渡场、梅家场、大佛寺、河坝场、马鞍塘、大堰坝、盘龙场、东坝场、大平桥、石龙场为东南区；定水寺、泰华场、三官堂、郑家垭为西南区；狮子场、万年垭、升钟寺、观

---

① 有关学务诉讼研究参见徐跃：《清末地方学务诉讼及其解决方式——以清末四川地方捐施诉讼为个案的探讨》，《近代史研究》2011年第5期。

② 《郫县视学贲溶禀请设立学事裁判所一案》，《四川教育官报》1908年第2期，"公牍"，第8页。

③ 朱有瓛：《教育行政机构及教育团体》，《中国近代教育史资料汇编》，上海：上海教育出版社，1993年，第63页。

④ 《学部奏定各劝学所章程》，《四川官报》1906年第7期。

音场、赛金场为西北区；满福坝、老垭岩、文家坝为东北区。①

这种行分学区管理学务的办法，不仅改变了科举时代由地方行政官员直接管理地方学务的状况，而且更加便于基层学务信息能够迅速上传到相关教育机构，从而提高了决策的时效性。然而当地方的生员等有声望之人被任用为学董或校长开办新学之时，其地位及身份的变化，及"劝学兴学"和"筹集经费"等吃力不讨好的事务的推行，均在一定程度上影响了劝学绅董与官民间的关系，相关诉讼纠纷亦随之产生。

一、劝学员与百姓间的学务诉讼

各地劝学所在成立之初，"目下学堂所不能遍立，学生所以不能加多之故，其原因在于乡愚无知"②。其中所谓"乡愚"不仅包括目不识丁的寻常百姓，亦有基层乡保以及固守孔孟之道的地方生员，当他们的经济利益受到办理学务者的影响时，很容易与之产生纠纷。

（一）捐施纠纷

任职于基层劝学所的生员在筹集经费之时很容易卷入与百姓的纠纷之中，这些纠纷多是出于百姓以利益受侵害为由直接将自己原本与他人存在田界、土地买卖、典当找贴价银、产权认定等经济纠纷的款项或债权捐入学堂，百姓这样做的同时也将自己与他人的纠纷关系转让给了学堂。而这样的捐施者多为纠纷中的弱势的一方，其中尤以女性群体居多。这是由于，在传统社会妇女观的影响下，女性在社会中的地位较低，但其所承担的孝养公婆、扶持丈夫、养育子女以及处理家庭内外琐事的责任，使其成为维持家庭正常运转的最关键的一员。然而，当男性长期外出或是突然离世，失去依靠的留守妇女或寡妇常受到欺凌，在与人发生经济纷争时，往往处于一种弱势地位，因而在很多时候，她们不得不以口头的方式向基层学绅表达捐施的意向，以达到"惩恶扬善"的结果。

①《南部县档案》18-539-2，光绪三十三年。《清代四川南部县衙门档案》第237册，第101页。
②《又札昭平县令整顿学堂速设劝学所筹助女学经费文》，载《政治官报》第132号，光绪三十四年二月初十日，第13页。

光绪三十一年（1935年）八月三十日，坵垭场五十二岁的孀妇杜张氏因"夫亡子少"，欠钱之族人仗恃年富力强，欺其势孤人寡，分毫无给，请凭中正理讨亦无结果，而将其丈夫生前在光绪十四年（1888年）借给同族之人杜益芳"银九两八钱四分，每月三分行息，又借钱十一串，每月二分行息，共十有七年，合该本利一百五十余串"以及族姪杜瑞祥所借"钱二十一千五百文，于光绪二十一年算至本年二分行息，合该本利五十余串"一并充与小学堂内作为士子诵习费用。①同年十二月十一日，东路楠木寺学董马玉铉等在"为禀马宗孝等欺孤霸耕"的禀文中也曾提及，因该场马宗孝将马邓氏丈夫马宗禄承当的水田一坵，当价三十二串霸耕，马邓氏"身寡子幼"，难以与之抗衡，无奈之下，才"甘愿"将此处田业"充施当价以作本场蒙养公用"。②

　　同时，这样的"捐施"动机并非单纯的行善举动，而更多包含有对个人利益的考量。③如光绪三十四年（1908年），东路楠木寺家长张登芳、民曹国礼甘愿将光绪七年、十八年、二十二年等先后当给曹国富等人的坡地旱田"各一约共四纸，价钱共十三串五百文"悉数充入劝学所"脱祸"，以免曹国富等人"借当加价"欺凌叠搒。④

151

　　但百姓这种依靠捐施将自己与他人的"滥账""坏账"转移到基层学务中的做法，表面上看是支持地方学务，实际上是以捐施的方法把矛盾转嫁到地方劝学员身上，这样不仅会加大劝学员们被卷入民间经济纠纷的风险，也导致他们在筹集学款的过程中遭遇更多不顺，长久而言，并不会给地方学务带来多大好处，反而增加各类新式学堂在基层的办理难度，并加大民间百姓对新学堂的抵触情绪。其中最明显的表现就是，当劝学员们计划从他人手里接手已经充公的业产时，往往会遭到民间百姓的"抗玩"。光绪三十四年（1908年），东三区楠木寺劝学员兼学董文生陈炳勋禀称，该场铺民张开祐将光绪二十年（1904年）借给冯人浩的"本银一锭，每月利钱六百，十二年共该利八

　　①《南部档案》17-339-6，光绪三十一年八月三十日。

　　②《南部档案》17-379-1，光绪三十一年十二月十一日。

　　③ 徐跃：《清末地方学务诉讼及其解决方式——以清末四川地方捐施诉讼为个案的探讨》，《近代史研究》2011年第5期。

　　④《南部档案》18-1249-1，光绪三十四年。

十六串四百"，以及被郭有仪于光绪十三年（1897年）当佃的（有仪病故后被其胞弟郭有才霸耕二十年）熟地二坪所该的佃钱三十二串，因难佃钱、利息均以收回，而悉数捐入楠木寺学堂以作公用，并"亲书充公文约"。然而，当学董们前去理问讨要时，冯人浩之子冯福儿与郭有才等人均"叠催叠推，至今横抗不耳"。①

遇到此种情况，基层的学董及劝学员们只得求助于州县官或者视学的力量来给百姓施加压力。光绪三十二年（1906年）南路临江乡梅家场校长武生吴上达、监生孙光钱以"霸公废学，恳签追，以全蒙养事"具禀汪现杰案内，吴上达在办理学务提抽此处神会余资以作学费的过程中，附近玉炉山早齐文昌会以九十串当价，将其业产水田一坵承当在汪现杰祖父汪洪恩名下，如今汪现杰以每年五串的价钱"倒佃回耕"，虽书有佃约，却连年抗价不交。如今文昌会首士杨宗文等见欠账难讨，自愿将此当价的一半作为办理蒙养学堂的经费，一半作为焚献经费。然而，当武生吴上达们屡次向汪现杰催收佃款时，"伊反恶言，两相口角赌控"，杨宗文不甘，于去年冬月具禀在案，虽经学师讯断，要求汪现杰"退价"，将原业交还另佃他处，然而汪现杰"故意奸狡""藐断抗交，价亦不退"，甚至支使"泼妻杜氏率领幼女多人詈骂不堪"。为此多次向州县官具禀，希望得以通过官府力量的协助将基层的公、私产业转化为学堂的物资经费。②

（二）阻学纠纷——以北路老鸦岩梁凤鸣控学董左名高借学吞公一案为例

基层劝学员与百姓之间除了捐施纠纷外，百姓在阻学情绪下与学董产生纠纷的情形亦十分常见。光绪三十四年（1908年）七月初四日，老鸦岩牌头梁凤鸣等人以"借公串吞事"将本地校长监生左鸣高等告上了县衙，并在其禀状中称：

冤被豪监左鸣高，光绪三十一年（1905年）争充校长，假借办学名目将

①《南部档案》18-1191-1，光绪三十四年二月初六日。
②《南部档案》17-787-18，光绪三十二年二月初四日。

钱八十串尽数妄指学费，伊概入私，并不更换局内册名，致使学局尤向民等讨要，民等始终向局内查伊前岁仅报回千文，甚至去岁只报二千，复串滥监李显荣同巨富李崇和等将民等奎星会所买水田半坵，产谷十二挑，压佃钱三十六串，每年□佃米六升，系民凤伸佃耕，伊乘民凤伸外贸未家，伊捏控在案，骇议价银八十两，少书买价，减税两起，霸吞银八十两，钱八十余串，概被伊等瓜分，民等到局查实，局佃未请，学项分文无报，名高清虚畏咎，去始辞退校长，特此恳唤究追，以重公件而杜患吞，公私两感。伏乞。①

梁凤鸣在此禀文中，将监生左鸣高塑造成与地痞串通侵吞公款的"劣绅"形象，这很快引起了州县官的关注，立即将此案交由劝学所，要求其核明左鸣高在其所管学堂内的各账目。为了进一步加快案件进程，二十日，梁凤鸣再次以牌头的身份禀称，左鸣高先发制人，假称学员来场，将其诓至伊家关进黑屋劝其和息，被伊母放走后，于次日纠集恶棍李含顺等人手执木棍等器在老鸦岩搜寻，与其拼命。②

然而，监生左鸣高的"劣绅"形象在前保正刘复元的禀文中被打破。据刘复元称，在其充当保正期间曾协同学董左鸣高、李雨均办理老鸦岩小学一堂，"提款艰难，易招怨尤"。昔日，因左李二姓置买梁姓田地以作"家塾严师之资"，凡贫难者不缴学费，名为义学奎星会，与梁俸生过耕，每年交租米六斗给馆内老师冯左峰作为束脩，不料左峰在冒领梁俸生押佃钱三十串后病故。当左鸣高等议及将此佃资添助学费之时，才知晓该情形，光绪三十三年（1907年）五月，左李二姓筹措钱十串与梁俸生等商议退佃，并与左鸣高等书约为凭。左鸣高为了便于提款办学将退回奎星会的田业出售，另行当业招佃，此举才最终致使梁凤鸣对左鸣高有怨恨，串同梁俸生窃刘复元之名妄禀在案。③

据左鸣高所言，"该处人情浇漓，祇知利己，不知公益，每提一款，众怨丛生"。其自创办老鸦岩学堂以来，"迭受恶党欺凌"，先是在议李甫廷捐款争讼一案中，"伊纠众拦途，暗藏凶器，非李显荣拖救，险遭毒手，有案可核"，

①《南部档案》18-1247-7，光绪三十四年七月初四日。

②《南部档案》18-1247-8，光绪三十四年七月二十日。

③《南部档案》18-127-9，光绪三十四年七月。

后因"各保帮款，亦构讼数次"，去年提及开荒坪又"迭遭李林华捏禀"，为避免争讼，左鸣高所提会款多为其父亲所捐之资。惟望水垭炭行被梁姓霸收多年，在其主持学务之后，因办学乏款，而将此部分业产提归学堂经费，梁姓由此"挟忿"，加之其后的退佃风波，致使梁凤鸣多次以"假公报私"之由将其捏诬在案。[①]

七月底，视学亲自到老鸦岩场调查，此地炭圈共有两家。该场学堂自光绪三十一年（1905）开办以来，圈户谢吉五共售炭四百八十三石三斗一升，照旧规每石抽炭半升，合该抽炭二石四斗二升，照市价四两八折半，合银缴入学堂，计抽三年，共该入银五两八钱。一查圈户杨子连开圈一年，共该抽炭一石，合银二两四钱，统计三年，共该入银八两一钱。视学查明后，每年应缴劝学所钱四千二百文均有案可核，左鸣高并无霸吞钱文之事。[②]

八月，劝学员又查明，左鸣高出售给李崇和的田产，所得价银四十两，除退压头还佃款共去三十串外，"余银二十两另置当业佃钱四千，每年抽钱二千缴入学堂，业已具认，所有此田卖买，当佃各契据，左名高禀内均已粘附"，且梁凤鸣禀内所言"霸吞银八十两"实非虚言。加之此人既非圈户，又不在左、李二姓所办的奎星会之中，况且自身又不是办理学务相关的人，因而在劝学员看来，其"藉学妄禀"的行为，致使"办学者人人灰心，实与阻挠学务无异"。[③]八月二十九日，经州县官传集人证审讯后，梁凤鸣当堂投具诬告结状，承认其"窃联梁凤森等多人妄指奎星会为由诬告左鸣高之案，实属虚诬。[④]

又如，光绪三十四年（1908 年）西路富村驿甲长卢荣才、监生雷大林等以"私抽病民"事，将此处办理学堂事务的学董廪生秦瑞锦、文生秦全孝、监生刘鸿达等告上了县衙。据卢荣才称，学董瑞锦等"在驿出入衙署，势大弥天，自光绪三十一年（1904 年）办理学务，抽提富驿义学，实与王公祠油行、文庙佃钱、文昌宫茶款官平，及丝网行各项钱文"每年应收三百余串，

---

① 《南部档案》18-1247-10，光绪三十四年八月。
② 《南部档案》18-1247-18，光绪三十四年。
③ 《南部档案》18-1247-11，光绪三十四年八月。
④ 《南部档案》18-1247-17，光绪三十四年八月廿九日。

加之"去岁外派九保花名无论贫富，共计二百三十八牌，每牌派钱六百文，共派钱一百四十二千八百文外，富驿衙署讯案罚钱六十余串，提入学堂作费，共计公款抽提钱文五百余串"，然而，去年腊月，从公立学堂报销榜示得知，秦瑞锦等办学实际只支出了二百七十九千三百三十六文。且在办学的实际过程中"尽邀私学共三十余人，驿中公学两堂共计学生五十余人"，"明办学务，暗实阻持，致使四乡良民观望不前，以私废公，大干例禁"①后经巡检查明，卢荣才等实系借文庙住持何大长向庙下柴市募化柴薪暂作文庙香灯口食之费借口，②挑起事端，纠众称廪生秦瑞锦等"不应办学提费"，因而联同各保"抗缴学费"。③最后，该案经讯明，经监生陈全忠曾经帖邀乡街绅粮核明"学堂账目毫无错误，无私抽情事"，④何大长等抽柴一事与秦瑞锦等办理学务亦毫不相干。⑤

由此可见，寻常百姓阻挠基层学务虽有智识未开的一面，但其背后依旧与经济利益相挂钩，尤其是百姓私有的债务欠债、田土产权等向不属于自己的"公产"的性质转变之时，更容易滋生出民众对办理学堂之事阻挠之心，从而产生一系列的阻学案件。

二、劝学员与传统生员间的纠纷

除了劝学员与百姓间的讼端外，正如四川总督赵尔丰所言，学务诉讼中"非官与绅龃龉，即绅与绅冰碳"⑥。南部县地方办理新学堂伊始，在没有足够的师范生的情况下，学董也会考虑起用没有接受过专业师范培训的传统生员充当蒙养学堂校长，而这类学堂的办学经费，多需要校长自主筹措。在自筹学款过程中，这些有校长头衔的生员不仅会因为学款难筹而与其他生员及各地方公产的管理者产生纠纷，亦会因教师经费短缺而与担任学堂教员的师范生之间产生经济纠葛。

---

① 《南部档案》18-1492-1，光绪三十四年三月二十七日。
② 《南部档案》18-1492-5，光绪三十四年四月初三日。
③ 《南部档案》18-1492-4，光绪三十四年三月初八日
④ 《南部档案》18-1492-9，光绪三十四年四月初三日。
⑤ 《南部档案》18-1492-7，光绪三十四年四月初三日。
⑥ 隗瀛涛、赵清主编：《四川辛亥革命史料》，成都：四川人民出版社，1981年，第109页。

（一）劝学员与生员间有关筹款的纠纷

生员群体因钱债纠纷而捐施学堂的行为多作为一种规避纠纷的权宜之计。光绪三十三年（1907 年），仪陇县贡生常树勋等以充产继费等情先后赴府禀控，后经札发南部县审理。知县接手此案后，派遣户书张文良前去同当地保正马万坤堪明常树勋等充入中学堂前买常永远等田地、房屋、丘亩界址，并详细绘图帖说（如图 5.1）。

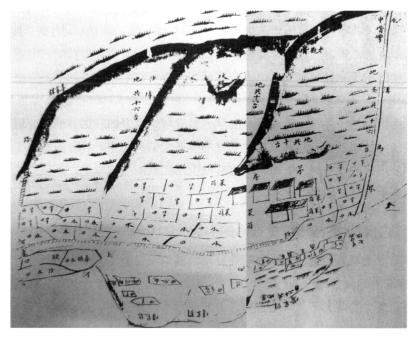

图 5.1　南部县衙为勘明常树勋等充入中学堂田地产业地图[1]

经张文良勘得"常树勋等充入公学水田大小十九坵、旱田大小三十四坵、水旱田共约产谷一百八十四挑。熟地大小九十一块，共约产杂粮四石六斗，草房六套，共十四间，均有界址。复查常树勋之父常思庚原取佃户罗国贵等压钱共一百三十四千文，每年应收各店租钞八十二千四百文，外收租谷一石，书有佃约等情"。[2]

①《南部档案》18-565-12，光绪三十三年四月初一日。
②《南部档案》18-565-11，光绪三十三年四月初一日。

156

这么好的产业，贡生常树勋为何会选择捐给学堂？原来"此业分佃多人，压佃岁租即有纠葛"。知县在张文良将绘制图册带回衙门后，即于四月十九日传各佃户及原禀业主常树勋到案。据佃户罗国贵等七人供称，他们于光绪三十年（1904年）分佃常思庚等父子之业，因思庚等平素狡诈，既有约内佃租本就加倍勒写，每年佃钞均有完纳。如今该产业既已捐入学堂，即属公款，然而府县相距窎远，"赴郡呈缴则有奔驰守候之劳，由县纳解，则有签催转运之苦，且租项有钞有谷，折价每寡，不敢教论，一经归公，实属烦费，均各畏累，不肯具认"。州县官初以为，该佃户等不愿意继续租佃此业的原因，无非是意图减租。然而，当传讯常思庚到案质讯时发现，佃户罗国贵佃钞尚欠三十余串，其后又转佃吕姓，"不特欠租应扣，即吕姓压钞三十串，并应扣除，即退无几，罗国贵则谓租钞票固按年完即吕姓压钞无应各请各款，不能辗转扣算，彼此各执一词，此中显有蟊蟊"，而佃户刘德润等六人以常树勋等借充图累，使其等农忙赴案，有误耕作忿恨无已的背后，也另有隐情。原来，常永远等卖给常思庚父子的田业，本为与常芝群等公共之业，上半年常思庚仅卖半股。常芝群等因负债无偿，又想要照前买一半之价托中求售，因常思庚之子常存成事后翻悔，两造因此兴讼。在此讼案之中，因常思庚父子为了拖累常芝群，听从其在仪陇的亲戚罗敬明唆使，才以常树勋之名潜赴宪辕呈告，"朦禀充施以为杜买之计"。①

157

（二）新旧生员间有关办学的纠纷——以南路黄金垭办学为例

除此以外，地方生员因利益纠葛而抗缴学款，甚至"自立"学堂的现象也十分常见。这种乡村自主办学催收经费艰难的处境，不仅导致地方生员充任校长的积极性不高甚至其还会出于对个人及家族利益的维护而陷入纠纷之中。对此，我们从光绪三十（1904年）至三十一年（1905年）间发生在南部县黄金垭有关廪生李晏春办学的一系列案件中可窥之一二。光绪三十年（1904年）八月，学董廪生李晏春在黄金垭文生姚熙载等人的禀请下接替张鸿儒经理花行桐子市筹集学款之事，②十月十九日，黄金垭高峰寨文生张曜斗、武生

---

①《南部档案》18-565-13，光绪三十三年四月十九日。

②《南部档案》17-337-3，光绪三十年八月初十日。

杨希震等人联同粮民杨正选、太平桥文生郭炳奎、京源场监生毕天瑞等人禀称，其各场六十余人捐集流资所成立的大成会所收佃资本为焚献及办会之资，然李晏春在筹集学堂经费之时向该会抽收钱文二十串"苦乐固属不均"，且高峰寨距离黄金垭十余里遥，适龄子弟到该场诵读距离遥远，因而请求由文童刘天泽在高峰寨就地设立学堂，以便附近子弟入学。知县出于就地办学的考虑，同意了高峰寨绅民就地办学的请求。①

　　然而，校长李晏春在筹集办学经费的过程中，所面临的阻力并非仅仅高峰寨绅民一处。十二月廿日，李晏春等人禀称，

　　该场人民习顽太多，保甲良莠不齐，不惟各处所抽神会，迭催莫缴。即棉市、桐行现系姚联佐程呈佃，理应今岁缴清，且抗延不给。学堂催办甚严，需钱恐急，现廪生谢鸿恩在堂学习，按月用费，时将散馆尚未付清。兼众保因连佐玩延，一切可抽之款，俱生观望。生等势力甚弱，情面难破，深恐风气阻挠来春开堂，馆谷无着，为此筹议公举该场武生贾培德。②

　　但武生贾培德并不愿意办理蒙养学堂，并于二十四日呈禀文"恳辞办理蒙学"，希望州县官另择他人充任。③由于办理新学堂正值需人之际，贾培德所求自然不会被知县所准允。

　　即便李晏春在办学过程中找到武生贾培德搭档共事，但筹集学款之事并非就此顺利。次年二月（1905 年），廪生李晏春、武生贾培德二人与高峰寨的武生杨希震等人在筹集学款以及办理学堂等纠纷上依旧未能得到调和。即便李晏春等人已经与担任大成会总管的武生刘国镇商议在该会内提钱七十八串，并于清醮会内集款二十串作为学堂教师经费，然而杨希震等人依旧不愿意归属李晏春所办学堂，甚至在高峰寨场镇成立蒙养学堂，由八十岁的老生张曜斗在此任教，"教读二三蒙童"。若高峰寨此风气一开，"离场六七里俱不能提钱""凡□□堂远者，均可把持，学务何以有成？"知县为加快办学速度，在批词中明确表明："该处各描绘甚多，提钞若干，着即集众议明开单……杨

----

①《南部档案》17-337-4，光绪三十年十月十九日。
②《南部档案》17-337-5，光绪三十年十二月二十日。
③《南部档案》17-337-6，光绪三十年十二月二十四日。

希震等如敢阻挠，据实禀究，至师范生应俟卒业，则有本县会同儒学教习分派，以符定章，不准私派。"①

李晏春办学压力甚重，此案之风稍歇，彼案又起。由于学款抽收不顺，学堂教员的工资难以得到保障，三月二十三日，东坝场师范生谢洪恩、周炜庠等人已经在禀文中声称，由于黄金垭校长李晏春、贾培德、陈洪畴，以及东坝场校长王立贤等人开办学校，集款不足，师范生到学堂充任教师后"彼此伙食俱多虚悬不给"，向其理问，均称"风气未开，阻力甚大，刁顽者流不思创办学，方今急务，扬言□仁恩观望，分文难抽，已经提出者，又抗延不缴。"为此禀明县官，希望能催促校长催办学款，学员速给学费，以兴学校。②

即便学堂教师及州县官多次要求地方劝学办员加快筹集学款的进度，然而地方风气未开，阻力难消，不仅师范生难有工资可领，甚至由于学龄入学蒙童人数甚少，学堂办成以后也难以为继。七月十九日，谢洪恩等六名师范生再次向县官递送禀状，称当他们分别于黄连垭、石龙场、金源场、河坝场、马鞍塘等地开堂讲学，起初拟定"每堂各抽行款八十串文，每月薪水钱八串文，按月呈支"。然而开堂以后，各学堂师范生伙食欠用的原因有"行款神会欠用不支者，校长保正私收不付者，更兼有借公徇私者，亦有抗玩不催收者，弊病多端"，加之"每堂学生七八人扬言畏读"对新学堂存在抵触情绪。因经费稀缺，学生数量稀少，因而各学堂师范生禀请催送学生入学的同时并催校长支学费在案。③甚至在禀文中称校长李晏春、贾培德在办学过程中"坐糜薪水，遇事模糊"，导致该场所属六保及一切神会应提之公款在去岁就"分文未给"，今年酌提之公费又不申详存案，致使师范生无钱可领。④

衙门为了确保地方办学经费得以顺利筹措，一面签催上述各堂校长选送学龄入学堂学习，⑤一面开始派遣差役协同校长一起催收办学钱款。八月十八日，当校长李晏春与贾培德再次禀明保正王焕章、李德富、李正国、李宗福、

159

① 《南部档案》17-337-7，光绪三十一年二月十四日。
② 《南部档案》17-337-9，光绪三十一年三月二十三日。
③ 《南部档案》17-337-11，光绪三十一年七月十九日。
④ 《南部档案》17-337-12，光绪三十一年八月十五日。
⑤ 《南部档案》17-337-18，光绪三十一年七月二十四日。

陈泽升等并未将其各自"正管辖神会各抽钱二十五串、外棉花行抽资三十串以补不足"的情况下，①南部县衙先后下发签票，派遣差役前去饬令校长李晏春及各保长"速将酌提学费"、各名下所抽神会钱文，以及甲长张万炳、总会张万清、张万善各名下所收玉皇会租谷佃钱照数呈缴，以作学堂经费。②

　　由于李晏春与贾培德在办学之初所面临的不仅有来自向各会各保催收学款无着的压力，亦有面临教员无伙食费用可领而向其催给工资的压力，更有州县官为保证办学质量及进度而向其施加的压力，因而极力想要摆脱当下因办学筹款所带来的困境。当李晏春于十一月二十四日启程前往高等学堂肄业以后，校长贾培德亦于十二月十二日以"生系武人、不谙文事、兼之不识文字，不明账目，何能办理学务"为由，禀请辞退校长一职，并由文生陈洪畴、武生刘国镇充仕校长，办理学务。③然而，州县官并未同意贾培德的请辞，而是札委文生陈洪畴接充校长，与其一道经理学务。④

160
　　百姓抗缴学款之事不仅在一定程度上阻碍了基层学务的推行过程，办学筹款的艰难程度也会影响到基层劝学团体的积极性。光绪三十一年（1905年），巴县北路神坝场校长文生何炳烈就与当地十六甲甲长因筹款办学一事产生纠纷。由于学堂的开班需要配备师范生，虽然前岁已有范君飀、冯锡玺、刘鸿璹三人先后考取了师范生，但由于百姓对于建立新学堂多持观望态度，因而学堂的建立并无成效。为了加快办学进度，拟定让刘鸿璹先于七月中旬开堂讲学后，再令其补学师范。但当何炳烈与百姓间商议筹集各甲一百二十串的"制器学礼耗费"时，⑤在知县的屡次催收下仍毫无效果。⑥甚至甲长谢应选等联合文生谢清流、谢树勋等人禀称，刘鸿璹自去冬回场后邀同各甲甲长及士绅商议准许于来年正月二十日开堂讲学，并由校长何炳烈定学费共六十串，到了五月还要求每甲再出钱十串，共计一百六十串。而他们抗缴并非出于怠

---

① 《南部档案》17-337-13，光绪三十一年八月十八日。
② 《南部档案》17-337-14，光绪三十一年八月廿三日；《南部档案》17-337-15，光绪三十一年八月二十三日；《南部档案》17-337-16，光绪三十一年九月二十一日。
③ 《南部档案》17-337-8，光绪三十一年十二月十二日。
④ 《南部档案》17-337-17，光绪三十一年十二月二十五日。
⑤ 《南部档案》6-333-1，光绪三十一年七月初二日。
⑥ 《南部档案》6-333-2，光绪三十一年七月初八日。

玩公事，而是由于"何炳烈声明甚劣，花民不从，所以正月间监学处有换伊校长禀帖一函"。何炳烈出于"报复之心"，才于七月底来场押缴每甲十千之数，从而招来众怨，以此绅民联合恳请州县官另举廪生赵璧全等为校长承办学务。①八月十二日，廪生赵璧全充任校长，②其后文生何炳烈亦以年迈为由辞去蒙学校长一职。③

由此可见，虽然拥有话语权的地方生员是否参加到基层学务（或其他局所）之中的决定，在一定程度上影响着这一群体在基层的权利分野，但在清末地方推行各项学务改革的过程中，除了部分获得权力与地位提升而成为学绅外，我们也应该注意到部分未能进入新学行列中的生员出于对自身利益的维护，而与参与学务的生员间发生纠纷，甚至与地方其他僧民一道，成为"煽动"地方民众闹学的主要参与者，阻碍学务的推行。

（三）闹学案中的生员——以广安州闹学事件为例

基层社会在推行及建立新学堂之初，由于地方经费严重不足，清政府鼓励各地利用庙产、庙地，以及地方的迎神赛会等民间积累的公产，为学堂筹措资金，这种方式通常称为"庙产兴学"运动。这类运动不仅动了地方守旧士绅的蛋糕，而且向民众征收教育捐和占用寺庙、祠堂等公地兴办学堂的做法引起了部分绅民以及民间势力的不满，由此，以地方生员或寺庙牵头的毁学闹学事件往往在当时的基层社会上演，轻者两造由此兴讼，而情节严重者，甚至发生严重的骚乱。

光绪三十至三十一年（1904—1905年）间，发生在四川广安州的闹学事件，无疑给四川省官员拉响了警钟。光绪二十四年（1898年），康有为、张之洞分别提出"庙产兴学"的主张。但两方所谓的"庙产"则各有侧重，康有为针对的是村落淫祠，而张之洞将地方公产和佛道寺观也纳入"兴学"的范围之内。④光绪皇帝采纳了康有为的建议，于五月二十二日发布兴学上谕，其

①《南部档案》6-333-3，光绪三十一年八月初七日。
②《南部档案》6-333-6，光绪三十一年八月十二日。
③《南部档案》6-333-7，光绪三十一年十二月初六日。
④ 徐跃：《清末庙产兴学政策的缘起和演变》，《社会科学研究》2007年第4期。

中明确提出，"至于民间祠庙，其有不在祀典者，即由地方官晓谕居民，一律改为学堂，以节靡费而隆教育"。①此谕令发出后，四川学政吴庆抵于七月拟定《通饬各府厅州县变通书院章程札》汇报了川省办学的情况。②己亥（1899）年，广安州紫金精舍便是在这一风潮下由"旧僧田充公用并提兴国寺田租入之"建成于玉皇观旧址，③并"奉胡葆森先生为主讲，仿胡瑗经义治事分斋意升堂授课，力矫旧时书院群堕之风"。然而"广安故有三书院，目之曰紫金派，并诬为康党，讦告兴狱，累年不息"④。尤其到光绪二十八年（1902年），四川总督岑春煊将渠江、甘棠、培文三书院并入紫金精舍，更名为广安州高等小学堂，令原紫金精舍讲学者胡骏、蒲殿俊等人遵令筹办的政令，更引起了紫金派的不满，借以诬称蒲殿俊等人为"康党"，上控至继任总督锡良处。蒲殿俊等人在种种压力之下，最终在光绪三十年（1904年）建成"广安州官立高等小学堂"。

162　　　然而，就在该学堂建成的当年，夏旱，原三书院部分守旧宿儒借助"甲辰大旱"造势，谓此为"移神兴学""触怒玉皇"所致，并以"复庙废学，甘霖立沛"为口号煽动民众闹学。⑤七月二十六日，《岭东日报》中一篇名为《论民智不进之可忧》的文章同时对"无锡毁学"和"广安州闹学"两事件发表了评论，在论及广安州闹学案时，作者写道：

　　盖近事知最离奇而可怪者，以吾所闻，今已现及两处：其一则江苏无锡之学堂，因调拨米捐而致焚毁；其一则四川广安州之学堂，因愚民迷信妖言而致拆毁是也……而广安州之事，则更有令人失惊者。以无用之寺庙改建学堂，本属计之得者。愚僧无知，控告不已，两劣绅且朋比与之为奸，其卑污已不堪设想。今复以天灾之变归咎学堂，簧鼓妖言，以乱民听，愚民附和，举国若狂，复有学堂拆毁等事。呜呼噫嘻，何物妖僧而敢此然！而此风浸染，

---

① 朱有瓛：《光绪朝东华录》第4册，北京：中华书局，1958年，110页。
② 于宝轩：《皇朝蓄艾文编》卷16，上海官书局铅印本，清光绪二十九年。
③ （清）周克坤撰：《广安州新志》卷二十《学堂》，四川省地方志编纂委员会辑：《中国地方志集成·四川历代方志集成第四辑18》，北京：国家图书馆出版社，2017年，第400页。
④ 肖湘：《广安蒲君伯英行状》，隗瀛涛、赵清：《四川辛亥革命史料》下册，成都：四川人民出版社，1982年，第611-612页。
⑤ 《广安县志》，第620页。

势将影响全国，将来学堂激变之情事，吾恐数见而不一见也。①

《大公报天津版·外省新闻》对此事亦评述：

> 广安州民智最下，而庙宇甚多，前由本地绅士胡保常诸人热心教育，因将庙宇数处改建学堂，庙僧愤产业之被夺，乃运动本地劣绅起而阻挠。今岁州北之地赤旱无雨，凡反对学堂者，即创玉皇不安其位之谣，一倡百和，其势汹汹，会党之思乱者，又乘之而起。遂将玉皇木偶，舁至学堂，校中之人不知所为，无力抵抗，一任愚民之斗闹，而愚民于拆坏学堂后，复将胡君住宅拆坏一空云。②

在上面的时评，揭露了广安州闹学事件的发生，是由于被夺庙产之僧侣联合本地劣绅借题发挥，将"天灾之变归咎学堂"，创"玉皇不安其位之谣"，让百姓误以为旱灾的发生是由于蒲殿俊等人在建学堂时破坏了玉皇楼而遭神灵降罪，以混淆民众视听，加剧民众仇视学堂的心理。然而，由于广安州官府在第一次处理闹学事件中并未穷加追查而另立新庙的做法，使得刁徒以为此计可行，酿成了来年此地更大的闹学事件。

在 1905 年 6 月间（六月初九），在紫金派及会党的煽惑下，"又以乏雨为词，妖言惑众，往摆新庙神像，再图打毁学堂"，被闻信带兵练赶来的顾思礼等阻拦，但官民间发生了冲突，"被徐篾匠等拒伤之兵练丁役十八人，其随同滋事，被徐篾匠等挤跌撞伤者四十九人，内有已毙者二十一人"。后经官府批饬，"将该犯徐篾匠、阴添洗、僧添六就地惩办，以昭炯戒。其当场拿获随同滋事之蒋得溃、刘乔保、贺茂亭、卢合尚四名，讯仅随众附和，情节较轻，酌予分别发落。其余在逃被诱乡愚，从宽免其查究"③。其中，为首四人，除一人在混乱中被毙外，其余三人"就地正法"。而在对当场拿获的随同滋事的四名犯人的处理上，有人坚持以"土匪例正法"，而在冯煦的坚持下"请按而

163

① 《论民智不进之可忧》，《东方杂志》1904 年第 9 期，录 7 月 26 日《岭东日报》，第 217-218 页。

② 《川破毁学堂之迭见》，《大公报天津版·外省新闻》，1904 年 9 月 7 日。

③ 中国科学院历史研究所第三所主编：《锡良遗稿·奏稿》，北京：中华书局，1959 年，第 529 页。

后诛，以去就争"，最终"酌予分别发落"，使得此案能够妥善解决。

　　但四川省后续的闹学事件并未就此遏止。光绪三十一年（1905年）六月二十八日，四川巴县曾家场回龙庙学董吴元吉以"乘隙毁学等情"为由，将回龙寺住持玉田告至县衙公署。具文生学董吴元吉禀称，去年各保集各僧协议设立学堂，回龙寺住持玉田亦当面答应注册，学董等人便将校地设于回龙寺乐楼之下，招生三十余人。但因戏楼年久失修，六月间戏楼学东边第二根领料忽然在上课之时折断掉在学堂前面，使得正在上课的师生受惊，并未有人受伤。经吴元吉堪明后，便与玉田商议"酌借僧房移设学地"，玉田不允，由此双方发生了诉讼纠纷。玉田仅劝吴吉元早点将戏楼维修好，等各学董商议后，学堂维修期间，决定给学生放假十日，竣工后仍行上学。经知县审理过后，玉田答应仍借回龙寺课居，并饬令僧人真实将南桥寺旧基修缮后，移教南桥寺。南桥寺僧众听闻后，将南桥寺房屋毁去大半，僧人真实等屡次兴讼阻止工程进度。而答应借房间的玉田不仅不给学校借僧房，反"焚毁公塾"，致使来年无处办学。十二月二日，学董文生吴鸿周等人再次禀请县官做主。知县知晓情况后，传谕"赶紧将南桥寺修复，以便移设校地方"。然而僧人与学董间的较量并未结束，光绪三十二年（1906年）二月十五日，南桥寺僧真实禀称，该寺实在没有余力办学，希望吴鸿周等人另谋他处办学。当然，知县并未同意他的请求。①

　　光绪三十二年（1906年）涪州李渡河文昌宫公立学堂也发生了相应的闹学事件。据《广益丛报》报道：

　　涪州李渡河对岸文昌宫有公立学堂一所，约计学生二十余人，忽有本境已革之廪生李秉腴，于文昌生日来堂赴会，怒将堂内钟点、号凳、图书，一切器用悉行凶毁，称团首借此肥私云云。团首同教习陈保民不得已赴城具控，州主陈牧当发差役十余人往拿，仅获同党二人，讯究各答责一千，再出票捕李某云。②

　　这起闹学事件，是由于革生李秉腴不满公立学堂之创办而在文昌生日这

---

①《巴县档案》6-34-6088，光绪三十一年六月廿八日至光绪三十二年二月十五日。
②《上编 政事门：纪闻：中国部：四川：毁学被谴》，《广益丛报》1906第100期，第10页。

天率众来堂闹事，最后先查获同党二人，"笞责一千"，后续再出票追捕为首者李秉腴。又如宣统元年（1909 年），綦江县屈姓保正大摆生日宴，挖毁学宫，将客席移入学宫之内的案例，县官亲自前往查勘，"乃仅与革去保正，意欲轻罚了事"。[①]

由上面几个案例可以看出，生员们之所以频繁地参与到地方闹学案件之中，更多的还是由于在开办新学堂之始官府未能处理好民间绅、僧、民之间的利益关系。州县官在处理这些闹学、毁学案时，除了案情着实重大外，对相关涉案人员的处理都采尽量宽免的态度，虽然可以在短时间内安抚民众，然实际上却纵容了反对学堂之人的活动，毁学之风不仅没有杜绝，反而在后面的几年里，在各地更加兴盛。因此，宣统二年（1910 年），在上虞毁学风潮后，为整顿地方官平日对待闹学漫不经心的处事态度，经颜方伯、袁文宗协商，拟订赢州县酿成闹学处分五条，详请抚院核察，并应用于各省：

一、各厅州县如发生打毁学堂情事，无论如何缘由，先将厅州县官摘去顶戴，听候查办；

二、厅州县官如平时尚知维持，惟临时畏葸，以致酿成毁学风潮，查明详情撤任；

三、州县官如平时漫不经心，临时又不加意保护，任令匪徒揪众煅至一所，以上查明，详请奏参革职；

四、关于第二条撤任之州县官，俟被毁之学堂一律修复，始得详请给还顶戴，但仍予以停委半年以上两年以下之处分；

五、厅州县官如实因变出意外，非本官之力所能保护，查明始得分别重轻惩处，惟须俟被毁之学堂一律修复后，始行详请，给还顶戴。[②]

综观四川"广安州闹学"事件的起因，实为反对书院合并改为新式学堂的传统士绅利用受灾百姓对鬼神的信仰及旱荒的恐慌的心理，借助"甲辰大旱"造势煽动民众闹学而发生的两次"迎神毁学"事件。这是一次传统与现

代思想在地方学务上的碰撞，反映了新政在传统势力根深蒂固的基层推行时所受到的巨大阻力。闹学事件在此地得以发生两次，地方势力、民众无知以及地方官处理事件的手段都起到了十分重要的作用。在这两次事件中，反对新学的士绅及暗中活动的会党显然起到了十分重要的组织作用，士绅和僧侣在民间所拥有的话语权，使得笃信神灵且为灾荒所苦的百姓很容易相信他们的说辞；而承受重捐杂税的百姓，不仅没有享受到新学堂带来的好处，反在学堂建立后，累次为旱灾所苦，由无知和灾难所带来的怒火一经煽动便很容易烧至由破庙改建的新学堂；实际上，地方官顾虑兴学之风刚起，若顽固人士阻挠，地方官稍加严惩，恐怕毁学风潮会随之而起。因此在广安州第一次闹学事件发生后，由于损失较小，地方官并未过多追究，然这种息事宁人的态度则间接促成了更大规模的毁学事件的发生。而后续对第二次事件的处理，亦未杜绝川省此类事件的发生。

自 1904 年广安州及无锡开闹学、毁学事件的先例以来，全国反对建立新式学堂的闹学、毁学事件层出不穷，虽然这些事件的起因各异，但治乱者却将目标不约而同地瞄准到刚建的新式学堂身上，其背后原因，不得不令人深省。

（四）"借公私抽"的乱象——以北路乂峰山孙燮阳"借学霸抽会钱肥己"案为例

由于作为劝学员的生员很多都是被动地接受官府任命，并迫于压力而完成衙门摊派的办学任务，而并非真正自主参与到学务之中，因而在基层办学过程中，劝学员利用职务或假冒学董等办学人员为自己牟利的现象亦有存在。加之，"劝学所自筹学款的收取和使用都缺乏明晰的规范"，总董、劝学员、村董都可插手学款，甚至存在"教员兼充承办各捐事"，称"办捐董事"，从而导致"各种彼此挪移、有名无实、中饱私囊、或筹款多而办学少的腐败之事屡起不绝"。①

光绪三十一年（1905 年）九月初九日，南部县北路乂峰山武生雍岂凡、甲长李阳初等以"藉学敛财"一事将革生孙燮阳告上了衙门。在该禀文中，该地绅民称孙燮阳：

---

① 刘伟：《清季州县改制与地方社会》，北京：北京师范大学出版社，2019 年，第 117 页。

时称学董，时冒校董，时作师范，以一人而兼三名，妄抽五庙钱数十串，又估捣花民积谷二石，假管于白登观，并无一人子弟送读，有名无实。……伊恶霸一方，遇事搜求，未经县主考取，札饬充当，兼未学习卒业，冒充师范，不由地方绅粮公举公议，胆敢霸抽白云庵会钱二十串、白登观会钱十二串、白鹤寺会钱十串、红庙子会钱六串，已足供伊学堂费用，伊贪得无厌，毫不知足，复敢科派何保正名下花名钱十七串、甲长李阳初名下花名钱六串、何青山名下花名钱五串。今二月先估捣积谷二石。然其所以骚扰一方，虎视鲸吞者，转有人为之护符耳。盖保正王泽厚系伊至亲，伊与之狼狈为奸，上下其手，借公款以为私囊，伙同将所抽神会积谷估放大利，盘剥乡愚……①

然而上述被禀者，即保正王泽厚、甲长杨顺之以及文生孙燮阳等人反以雍岂凡把持会钱为由具禀在案。②为查明事实真相，十月十六日，南部县学政开始审理此案，③案经讯明，雍岂凡虽有夸大孙燮阳罪行的一面，但孙燮阳与王泽厚亦有"将积谷擅行帐借自专"且并未将所抽之款备案的情况。有鉴于此，学政要求孙燮阳限三日将前所抽之款据实禀明，以凭立案的同时，对其冒充师范生的行为给出了警告，并要求王泽厚另举师范生来堂学习，雍岂凡及孙燮阳二人各安本分，不得挟嫌妄控。④

学绅在办理基层学务过程中存在的乱象，不仅清晰地表明了身处新旧交替时代的旧生员在"新"办理学务，尤其是筹集经费过程中所面临的困境，也折射出基层生员利用办学筹款的权力肥己私欲的另一面，更反映出小团体及个人利益在国家利益面前的冲突与矛盾。

（五）地方生员与视学的纠纷——以文生何名国联名具控视学李雨苍一案为例

从基层生员群体中分化而出的"视学"等官员，相对于传统的生员群体

①《南部档案》17-340-1，光绪三十一年九月初九日。
②《南部档案》17-340-4，光绪三十一年九月十七日；《南部档案》17-340-5，光绪三十一年九月十七日。
③《南部档案》17-340-6，光绪三十一年十月初六日。
④《南部档案》17-340-8，光绪三十一年。

来讲，在地方事务，尤其是筹备学务过程中拥有更大的权力。①这种生员群的分化结果，往往会造成群体间矛盾的加剧。如南部县视学廪生李雨苍虽然在光绪三十三年（1907年）十二月，因"兴办学务情形，照章汇造统表附录各项章程、表示图册赍呈核示一案，奉批查阅禀陈整理学务各节均属妥善"，而受到省提学使司衙门的嘉奖，②甚至在次年年底还报捐了"适用训导一职"。③但他的办学和报捐官职的"成就"并没有得到地方生员的认可，反而被劝学所内部分生员告上了府衙。

宣统元年（1909年）四月，南部县文生何名国联名文生何光韩、张登瀛、廪生高矩奎、曾绍忠、贡生李映奎等人以"肆吞学款，匿账图利"各节府控南部县视学李雨苍在案，称李雨苍在省调查所学习十余日便充当视学，回县办理学务后，不仅"一切财权尽揽在手，所有劝学所年进的款万余金，无一不被其侵噬"，其中包括本城斗息银、学堂粮米、劝学所之"一切集费酒肉"、学田租佃等项。而且"所派初等小学堂教员文字不通者居多""原其故，皆由拜门而来，拜门者即要钱之引线也，因要钱而示人拜门，因拜门而即派教员，故有初等小学堂教员非拜门不派之说"。由于其"位置私人，不顾公益，故县属初等小学堂愈办愈敝，惟由伊禀报一百二十余堂，大半有名无实，伊所捏造者十之六七"。甚至"不但为一己朦奖，并为其□□□，如劝学员李叔澧者，则其胞弟也，滥食洋烟，居然市侩，不识文义；④学董杨肃川者，滥食洋烟腐败不堪，今皆由伊一同蒙混请奖在案"。但保宁府正堂因不知所告之事是否属实，因而要求"南部县按照批词确查禀覆核夺"。⑤

———————————

① 据光绪三十三年（1907年）年南部县所订立的《劝学所权限章程》规定，"视学及劝学员专司调查学堂，纠正得失，与各乡学董均以推广学务为事，学务而外不准干预他事，定收支各员与应管款项，账目务当各尽厥职，亦毋庸干预教育管理之事，等语""视学权限亦不干预款项"。详见：《南部档案》20-859-7，宣统元年六月初二日。

②《南部档案》18-538-1，光绪三十三年十二月二十七日。

③《南部档案》20-2-2，光绪三十四年十二月二十六日。

④ 为了监管及惩治地方教员滥食洋烟的情况，宣统元年（1908年）五月十八日，四川提学史司衙门通饬川省各州县办理总务司案呈准总理经验王大臣咨送续拟禁烟办法十条第八条内开的有关"各学堂有吸食鸦片教员即行革职"一事。（详见：《南部档案》20-891-1，宣统元年五月十八日）六月初四日，在该案还在进行的过程中，南部县与六月初四日牌示，要求各学堂悉知"有吸食鸦片教员等即行革职"（《南部档案》20-891-2，宣统元年六月初四日）。

⑤《南部档案》20-859-1-c266p358，宣统元年四月二十九日。

五月二十九日，增生任秉璧、武生吴上达等人再次以"蠹学盗公十条"，即"违禁请奖""捏报邀功""借学欺钱""受贿滥派""假名擅用""任私吞公""营造渔利""公买私卖""屯佃侵公""携眷累公"为由，将视学李雨苍具控在案。①由于此案事关学务，知县尤为重视，马上"沐批查办"。事件发展到此，似乎这起联名告呈的案件进行得十分顺利，然此后，县衙陆续收到文生何名国、学董文生何光韩、文生张登瀛、廪生曾昭忠等人的禀状，均称自己"不知何人窃名妄禀李雨苍"，②到六月初五日，文生何名国再次禀称：

县视学李雨苍一案，事关学务，义愤出自本心，并非窃名，现因目疾大发，不能到县，风闻有人窃生之名，具有窃名禀帖，其中必有主使作为情弊，是以谴抱来城，禀恳注销窃名，生俟目疾稍愈，限十日内定即到县听候吩示。③

何名国在禀状中指出，联名告呈李雨苍一案，其前并无窃名情形，只因"目疾大发，不能到县"，风闻有人窃名"具有窃名禀帖"，因而"谴抱来城，禀恳注销窃名"。知县为确保该禀帖的真实性，指出"前其窃名之禀，现系他人窃名，如禀注销，着即依限亲自赴案，候查讯办，以诚信谳，毋以借病拖延，致滋讼累"。④初八日，由于增生任秉璧等人听说"近日与礼房私取学务报销案卷，在劝学所与官管账终日翻阅，又闻伊（李雨苍）与各处极力运动，不知是何情弊"，因而再次禀恳，要求及早审案。⑤

而在此期间李雨苍也亲自呈禀，称南部县自光绪三十三年（1907 年）开办劝学所以来，自己并未经手公款与账目，何以吞公匿账。自己之所以被人具控，实因南部县学务"现当有成就，而又蒙上宪之奖励，因招物嫉乃凭空捏造""无非视学之任怨过多，如不胜任之师范无事者怨其失职，有事者怨其

169

① 《南部档案》20-859-3-c266p362，宣统元年五月二十九日；《南部档案》20-859-4-c266p364，宣统元年五月二十九日。
② 《南部档案》20-859-12-c266p384，宣统元年五月二十九日；《南部档案》20-859-5-c266p366，宣统元年六月初一日；《南部档案》20-859-6-c266p367，宣统元年六月初四日；《南部档案》20-959-13-c266p385，宣统元年六月初五日。
③ 《南部档案》20-859-13-c266p385，宣统元年六月初五日。
④ 《南部档案》20-859-13-c266p385，宣统元年六月初五日；《南部档案》20-859-15，宣统元年六月。
⑤ 《南部档案》20-859-14-c266p386，宣统元年六月初八日。

认真或路远或俭薄，学董中有营私而受撤换、追赔申斥等处分者，更有向公款告帮未遂者。且劝学所自开办两年以来，新提之款不下七八千串，到处受其影响。其实系监督之权限，而怨归视学一人"。其原告增生任秉璧"嗜酒吸烟"因今岁未给派馆授课，而联合廪生高聚奎、曾昭忠、文生何名国等多人破坏师范学堂，散布流言，乘机捏诬。①为了查明事情真相，南部县派议员即长寿县教谕陈洪泽将劝学所账目逐一查算，并无不合之处。②

七月初三日，邑中举人汪鳞周、廪生孙纯烈、吴震梅、汪景量、张禀文等二十五名正绅，"在城隍庙将府控各节、县控各条，逐一对众验明。众正绅又取各种案卷账目反覆校对，均称不虚"。有不关案卷账目，"如李叔澧之烟癖，师范生之多不通，众所深知，并非诬妄"。仅有"侵吞培修浮冒，据去岁收支张文培等称，光绪三十四年财权概系李视学专揽，现在风闻李视学前已具禀，谓财政有收支专管，与伊无涉。"由于李雨苍与张文培相互推诿，此案对于光绪三十四年（1908年）学务收支款项的察核暂无定论。③

然而，此插曲并未妨碍李雨苍晋升训导之路。当年七月初一日李雨苍被四川布政使司札委泸州江安县训导。并于九月初六日置备酒席，邀请由众绅公举的接任训导汪麟洲等人到劝学所交接事项，后以"藉省亲告假归家"为由赴接任。④

视学李雨苍除了与文生何名国等产生纠纷外，在其离任交接期间又与米贩陈国晏等人因本城学街斗市账目兴讼。八月十八日，贡生李春涛、监生孔庆云禀称"今沐恩委办"学街斗市之厘，"局内人难免不生猜嫌之见"，因而恳请知县立案作主。⑤但视学兼劝学所总董李雨苍等人却禀称李春涛等人屡次所禀，实系由米贩陈国晏"窃名作伪"所为，因而李雨苍恳情县官将陈国晏等痛惩外，顺势将米市斗息征收这一"烫手山芋"交由李春涛等人接手，在余下来的半年内，贡生李春涛屡次因学款难催而与当地绅民发生纠纷。⑥

---

① 《南部档案》20-859-7，宣统元年六月二十二日。
② 《南部档案》20-859-9，宣统元年六月二十三日。
③ 《南部档案》20-859-2-c266p361，宣统元年。
④ 《南部档案》20-902-1，宣统元年九月三十日；《南部档案》20-903-1，宣统元年十月初二日。
⑤ 《南部档案》20-1051-1，宣统元年八月十八日。
⑥ 《南部档案》20-1051-2，宣统元年八月十八日。

由此可见，劝学员、士绅等群体之所以会与办理学务的"官员"发生纠纷，多出于生员群体中，部分成员因办学而获得声望及权力上的提升，而引来了同一群体内部未能搭上新政马车的生员的不满。这种不满不仅会造成生员群体内部的分裂，也会对地方办学进度起到一定的阻碍作用。但这类"新旧"生员间的博弈在整个基层社会各项改革进程中是不可避免的，因而往往需要州县官加以调解及干预。

三、地方衙门对学务案件的审断——新旧间的博弈

　　从以上一系列有关学务的案件可见，无论是民间的捐施、阻学纠纷，还是传统生员与劝学生员甚至官员的争讼，多围绕着"学款"的征收与争夺办学权发生。其原因在于，一方面劝学员所征收的地方各种类型的"学款"，本身为百姓、家族、行会及寺庙等组织所"私有"①，但在"化私为公"的过程中，由于财产所有权的转变，导致这些业产的所有者及管理者难免会因利益被触犯而与劝学的实际执行者——劝学员、学董等人，发生纠纷。而另一方面，参与到基层学务中担任劝学所学董兼视学、收支员、文牍员、劝学员、各学堂校长职员及教员②所司之职不同，相应的权力范围及声望大小各异，同事之间难免会因办学事务及奖惩优劣而相互攻讦，但归根结底，背后都涉及各群体间权力及利益分配的问题。面对这类闹上衙门的纠纷案件，地方官的审断往往以保障办学为第一要务，疏通纠葛或是惩治"借公肥私"之办学人员。

（一）州县官多致力于疏通纠葛

　　就学务案件的审理而言，若"理曲"一方能在案件审理过程中作出让步，知县往往会采取劝导的方式平息纠纷。如光绪三十三年（1907年），知县在听审东路石河场学董何光韩具禀李方宗等争费阻学一案的过程中，虽认为李方宗等"争款阻学，造谣生事，殊属胆大"，③本应提案严惩，但念在其主动"投

---

① 此处的"私"是相对而言的概念。对于百姓而言，他们共同参与捐赠或筹集的各行会、寺庙、宗族的产业系属其团体成员所共有的；但对于官府而言，这些产业又是各基层组织及行会所私有的、官府不能干涉的产业。
②《南部档案》20-891-5，宣统元年八月二十七日。
③《南部档案》18-476-5，光绪三十三年五月十六日。

鸣绅保，拢台核账，均无亏短，并与学董俯礼认错"，且已照章措给学费，"鸣锣警众教员入堂，勤训学生归堂习业"便宽免其原有阻学之行为，只给予了"如再寻衅滋事，定予重惩"的警告，[1]并传李方宗来案投具"永不滋事切结"结案。[2]经知县从中调解后，一般这类案件就会在州县层面结束。

同时，为了确保各地办学顺利进行，在涉及办学的实际事务之时，州县官则会派遣地方生员或临近学董先行调查，并非衙门的书吏或者差役。在事情调查清楚后，再行定案。光绪三十三年（1907年）二月初六日，由于盘龙驿附近观音岩初等小学堂学董文生贾寅亮并非卒业师范又不解科学，随意填表搪塞，且表内所列的科学所筹之费，"适供自用"，而被知县斥退。同时知县派盘龙驿学董廪生胡升庸逐一清查贾寅亮前办学堂学款。[3]后经胡升庸执札到校地看明，此外"校具只有桌凳几件，并无黑板"，后问及该处船帮会首李世昌等人，该学堂经费只有"盐帮定案每年出钱六十串"以及炭船拢岸卖出后每船抽钱五十到一百文不等。文生贾寅亮必须亲自到场收钱方可维持学堂内教员的口食，其表内虽报经费八十五串，实际上多未收足。所谓"随意填表搪塞"实为不得已而为之。知县知晓此实情后，便不再追究贾寅亮填表搪塞之过，而是斥革了不配合学务的保正李德林，并重新札委了能力更为出众且"素为乡望推崇"的武生尹遇汤接充学董"勤办筹款"。[4]知县派选当地士绅调查涉案视学的工作状况，与其说是清查学务，不如说是以地方生员为"眼"来物色在地方真正有声望且能堪办学重任的士绅，以期达到推广新学、分担新政压力的目的。

此外，在处理办学过程中存在的"借公肥私"及相互争权的现象时，州县官亦是秉持着以学务案件为重的处理态度进行调解。光绪三十一年（1905年），南部县南路马鞍塘的保正张宗良禀请自己与六月札委文生王立言充当初等小学堂校长，"不知礼书舞何情弊，延今两月稽札未发"，并将当地师范生

---

① 《南部档案》18-476-6，光绪三十三年六月初四日。
② 《南部档案》18-476-7，光绪三十三年六月初四日。
③ 《南部档案》18-441-1，光绪三十三年二月初六日。
④ 《南部档案》18-441-3，光绪三十三年二月。

对其不满的原因归结于"学费无着"。①知县通过旧案发现，两月前张宗良与宋仲星所公举之人实名为廪生王道履。当八月下旬王道履赴任该处学堂校长后，发现此处民贫地瘠，筹款维艰，集众清查，统计各行各会抽款约六十八千六百文，前保正谢宗科等"册覆"四十九千，所报不实。②十月初十日师范生张洪均、增生文立言等亦禀称保正谢洪宗借催缴学款之机"索性贪鄙，遇利辄吞，侵蚀账捐无算。兹复借端私派"要求该场九十余牌，每牌出钱一百文，三次供派钱三十余串任意私饱，张洪均等屡催伙食费不给，谢洪宗反以"滥吸洋烟，嫖赌胡为"为由将其禀明在案，经王学师传唤"面勘"得以真相大白，并以"诗书少读"为由辞去了谢洪宗的办学之职，另举廪生王道履办理学务。然谢洪宗听闻王道履即将赴省后，乘机贿串房书将札文藏匿，意图冒充校长，伙同侵吞公款，甚至煽惑乡民阻挠学务。但知县仅在禀后批示"充当师范，务须勤恳善诱，多方训导，庶不愧师范之任，仰即遵照！"，并未论及谢宗科侵吞学款之事。③因而，两日后校长王道履、王立言等再次联名具禀谢洪宗在所派振捐名单中并无张映煦等七人每人捐钱一千的捐款信息，"范杨氏缴钱三千，榜上仅注一千，李开陞缴银十四两，榜上仅注九两六钱七分，仅此三甲便已吞钱十千银四两三钱三分外，有十三甲侵吞尚多"。该案一出，立即引起州县官的关注，但在处理程序上也仅仅是"邀众取和"。④

但总体而言，州县官之所以会秉持"调解"纠纷这一观念，主要原因在于案件本身在可以接受调解的范围之内，且在州县一级可以解决，从而保证地方学务不至于因诉讼而中断。但若事情发展到更为严重的地步，或者告诉者直接越过州县而上控，那么过错一方⑤若有功名，则会面临被斥革的境遇，而这些被斥革地方士绅，往往就是百姓口中所提及的"劣绅"形象。

（二）官府以传统"功名"牵制办学者

生员作为办理学务的实际执行者，当官府对其贪赃行为进行制裁时，他

---

① 《南部档案》17-348-1，光绪三十一年八月十七日。
② 《南部档案》17-348-2，光绪三十一年九月二十二日。
③ 《南部档案》17-348-4，光绪三十一年十月初十日。
④ 《南部档案》17-348-4，光绪三十一年十月十二日。
⑤ 阻挠办学或借公肥私者。

们也会选择匿不露面的方式希图"反抗"，但州县官则往往通过向上级汇报斥革相关生员之功名的方式惩治办学不力或恶意阻学误差之人。光绪三十年（1904年）十月内，南部县文生何焕新文童何清泉等在赴保宁府参加岁试的过程中，因其衣物被窃而"擅报多赃，希图赖骗，仗考试人众，连日入衙滋闹索赔"，并在办案的过程中，因差役企图需索差费，而与何清泉一道"将巡役周吉拉去捆绑殴打"。该事件发生后，境保府学宪批示，将何焕新暂革衣顶，并将何清泉等提案讯究。①

光绪三十一年（1905年），长宁县廪生宋旭辉等禀控增生卢新绪侵蚀学堂修费一案中，知县传集工匠亲身督同核实卢新绪在账目浮冒滥用学堂工费钱款颇多，当饬赔缴钱六百串，仍归学用。当接续兴工已延至两月之久，该生一味推缓抗不遵缴，尤敢支控造谣，阻挠学务。知县查得"其情未便姑容，随即将其禀请斥革监禁严追，一面勒传该生盗案饬发礼房暂行看管"，卢新绪到案后，向礼房书差谎称回家措钱呈缴，于夜间乘机逃脱。对于卢新绪的刁顽行径，知县上报上级，称"若不亟拿到案严追究办，无以示儆戒"。上级衙门遂向各州县下发札文，要求各县遵照协同缉拿革生卢新绪移解到案。②

除了要重视基层劝学生员的贪赃行为外，州县官还要监督同县视学办理处学务的状况。若视学出现懈怠学务或以权谋私行为，州县官在查明情况后，便会向督抚或提学使司禀报，请求"斥革"视学原有的衣顶，并另派视学接任。光绪三十四年（1908年）发生在川省丹棱县的知县陈其训具禀斥革廪生谢鸿恩一案中，新任知县在其禀文中论及：

咨有卑县廪生谢鸿恩等素性习诈，因上年厚势，与前县蒋革令景旭挥门，并廿八党文生刘光昆等均列蒋令门墙。于是出入衙门，攒充缺跳等局等士舞弊，营私把持，事难枚举，又贿蒋革令朦禀提学司充当卑县史学员，随举党羽刘光昆等充劝学所收支等事，握住学费一切事件，由是得意愈鸣，张党愈固，任意施行，毫无讳忌，名为办学，而学务不堪、前些□有县伸控，先刘光昆等□□学田、□费等局，每年提吞作弊，集众算账，经该生谢鸿恩不知

①《南部档案》20-863-1，宣统元年六月初七日。
②《南部档案》6-336-1，光绪三十一年七月二十九日。

于中如何弊弄，致蒋革令率今盟誓，敷衍了息之事，尤可欢异□也。①

陈其训到任之后，与其余五名视学商议后才决定将谢鸿恩具禀在提学司案下，请求"收谢鸿恩视学，饬退另选骆应选接充"，并选黄中孚等五人接充劝学所收支书记，一面认真整顿学务，一面牌示饬令谢鸿恩等交割账项款目。然而，谢鸿恩等不但延抗不交，而且造谣吓新任之人，直至提学使委任骆应选接充视学，谢鸿恩等依旧违抗不交，数日"匿不睟面"，甚至"潜匿出境""赴省捏控"。然而，学费重件关系阖县，开学日期已经迫在眉睫，禀生谢鸿恩抗不交款且潜逃在外，为了惩刁顽以儆效尤，而被四川总督批准斥革衣顶，并要求各州县一体协助丹棱县知县陈其训缉拿盗案并追缴款项。②

又如，宣统元年（1909 年）三月二十五日奉总督部堂赵批，据本司详据下川南区史学程昌祺查覆仁寿县视学赖良辅被张子和等控告情形一案中，赖良辅是在调查员养成所学习功课之后才充当视学，后经知县屡次接见，与之交谈，见其于所陈各项办法均颇有经验。该案发生后，经省视学考察，赖良辅的办学能力与该县绅士等所见亦大致相同。而张子和等人挟嫌倾轧视学，阻挠地方办学，固属非是，前署县刘令不查明虚实，辄以意论断，"殊非所以彰公道而协兴情"。因而要求所属各州县"查照本督部堂光绪三十四年八月行司转饬各属严定视学限制考成各条，切实办理"。规定此后川省各州县凡遇此种案件，务必澈查明晰，"不得以意论断，颠倒苍黄"，同时出示晓谕严禁视学与各劝学生员相互攻讦倾轧之风。③

（三）被"上控"的学务案件的处理

对于学务案件的处理，作为四川总督的赵尔丰起初认为，"川省学界诉讼滋多，遇有龃龉竞争，亦可凯切劝导，随宜消弭，于裨佐教育行政一方面关系綦重"。④因而，若学务案件闹到州县以上衙门，他们在处理相关诉讼的过程中多会将这些案件先交给学务提学使司衙门，或发回各州县由州县视派员

①《南部档案》18-1202-2，光绪三十四年三月十六日。
②《南部档案》18-1202-1，光绪三十四年三月十六日。
③《南部档案》20-842-1，宣统元年四月十日。
④ 隗瀛涛、赵清主编：《四川辛亥革命史料》，成都：四川人民出版社，1981 年，第 110 页。

察核，待查知真相后再行作进一步打算。光绪三十四年（1908年），安徽宣城县境内，东乡四区学堂突被候选县丞周坤率同无赖多人聚众殴毁坏，意在阻挠学务，顷由邑绅姚廷烜等联名上控至巡抚衙门，沈护院以"所禀是否属实，仰提学司派员往查，借凭核办"。①而宣统元年（1909年）四月，保宁府正堂对于南部县文生何名国联名文生何光韩、张登瀛、廪生高矩奎、曾绍忠、贡生李映奎等人以"肆吞学款，匿账图利"各节府控南部县视学李雨苍一案，也是发回南部县，要求"南部县按照批词确查禀覆核夺"。②

随着各地办学的广泛开展，川省各州县视学及劝学员在办理学务的过程假公济私、相互倾轧的乱象日益严重。宣统元年（1909年），四川提学使奉四川总督赵尔丰"札发学务要纲饬司筹办一案"，规定嗣后办学：

> 除应筹各事俟由本署司另文详覆外，所有清厘学款　条内，开齐地方办学之款，指拨既定即应通禀立案，永远不准挪移，方期持久。惟近年来，新政凡兴，有加无减，往往有以本系办学之款，挪作他用。他项办公之用，而受拨处所，亦或藉词扣减，任意延误，以致学款支绌，时有无米为炊之叹。此外，又有学款甚多而消耗于办学之手者，又有团保兼充学董，但利己私而不知办学为何事者，种种弊习不胜偻指，亟应通饬各属细加清厘，无论何种款项，但系筹定办学，一概不准挪移。其尚未具禀到省者，即一律补报立案，其糜费把持者，查明更换，令学务基础巩固不摇，以为可大可久之计。又杜绝讼源一条内开学务词讼之多，概起于权利之竞争，欲绝其源，必使司教育之权者，确能自举其权；使教育之利者，毫不自牟其利，而后复为丁职员考成之法，学款会计之规，以晓示而公布之。然后人心折服，攻讦之风不禁自戢。至各地著名健讼，专以破坏公益，阻挠学务为目的者，并应各属地方官平日留心察访，密报该管上司，及该司分别记过。有控告一概不理，或择尤严惩一二，以资儆惕，庶乎诉讼息而学务兴也。③

在该札文中，赵尔丰不仅痛斥地方在办理新政期间挪用办学之款作为他

---

①《宣城通信·劣绅阻学》，《安徽白话报》1908年第2期，第7页。

②《南部档案》20-859-1-c266p358，宣统元年四月二十九日。

③《南部档案》20-851-1，宣统元年五月十三日。

用，致使多地办学缺乏资金，还揭露了地方学务以"团保兼充学董"或以"利己私而不知办学为何事者"的征收学款乱象，规定嗣后筹定的办学之款一律不准挪用，遇有"糜费把持者"经地方查明后及时立案并更换。且在赵尔丰看来，与办学有关的学务词讼之所以大量出现，则多起于地方各势力间的"权利之竞争"，若想从根源上杜绝这类讼端的出现，则需要制定约束办学人员的"考成"之法，及牵制学务会计的相关规定，并张贴告示"晓谕"邻里而息地方"攻讦"之风。并要求州县官平日留心查访"专以破坏公益，阻挠学务为目的"的讼棍，"密报该管上司，及该司分别记过"，遇有其挑事控告者，一概不理，"或择尤严惩一二"，希即达到息讼端而兴学务的目的。

总督赵尔丰札文中所述并非空穴来风，自川省办理学务伊始，地方上新旧势力间，便一直存在着上述乱象。光绪三十三年（1907 年）年十月二十七日，南部县绅士周学仁先发制人，以"吞公阻学"为由将学田局经管学款的邱辑瑞等告上了四川总督衙门，称其"势大，官亦大，只准清一年，四笔账，已侵吞八百余串，余概抗算"等情，并附有学局章程及每年领款数量。在本案中总督赵尔丰起初批道：

邱辑瑞等经管学款，如果甫算四笔即侵渔利八百余串之多，不特合邑绅民具有公论，该县令亦岂听其延搁，不为激究。而邱辑瑞犹敢凭空将该呈族学树银估揭入城讼，反得伸种种情词殊太支离，惟狗恐阔吞学款，暨差役押搕，列有过证，虚实均应激究，仰提学使司即饬南部县集讯查明断结，详覆核夺，词粘并严何缴。廿六。①

但对于所列各款项，府、道之间亦有批词：

府批：查阅抄粘，该呈等恐难保无藉公吞隐情弊，况经县饬书公堪明确，邱辑瑞一人何能欺朦？所呈显有未确。惟控关差役押搕，列有过证、虚实均应究明。仰南部县查照控词，迅即勒集人证分别激讯，搕赃如实，立予究办。该呈学款倘有吞蚀，亦即究追，两无宽纵，切切粘并发仍缴。

道批：该呈果系实心办学，所售树株专备学堂之用，地方官将维持之不

_____

①《南部档案》18-512-2，光绪三十三年十月二十七日。

暇，岂周学满等所能蒙纵控害，所呈显有不实，惟控关学款，兼涉差役轮搕得赃之事，仰保宁府迅即饬南部县按照控词核明，原差研讯虚实，分别究断结覆，勿稍偏，致滋缠讼，该呈等亦速遵札批县审，毋得踞渎干究，词粘并发，仍缴。[①]

接到上级批示后，南部县知县章仪庆于十一月初一日呈禀，请求府辕注销周学仁等的上控案件，并斥革周天朗的监生功名。其原因是该案实系周学仁与监生周天朗等"假借办学之名盗卖上乘寺禁伐古树，得价分吞，情虚逃飏，捏词上控"。[②]推原其故，县属南乡上乘寺后有古树百余株，乾隆年间已封禁，嘉庆二十四年（1819 年）后又立有"禁碑"，刊明："山寺所蓄树木，如为风雷伤折，必凭众报官验明，始准动用，盖以杜私伐而存古迹也。"而周学仁、周天朗等觊觎庙树，"混充施主，谓其热心教育，拟在上乘寺设初等小学，禀请伐卖庙树，培修校地"。经学务局绅董查明后，尚未批复。周学仁等便将古树盗卖给合州监生刘运暄，并串同寺僧祥庆及周姓多人"书立合约，吞匿树价"。此事因谯姓之族谯文学等"皆欲染指而未得，群起攻讦，联名禀控"。后经劝学所收支员邱辑瑞带同礼书堪明，周天朗所卖柏树实被用作棺料得钱二百零二两，然上乘寺廊壁等工程，"费钱不过三四十串，校地校具毫无布置"。周学仁等"畏罪远飏""复以灭学阻公等情潜赴道府宪朦控，均以事不近理批饬"。查周天朗于光绪三十一年（1905 年）在本省账捐案内报捐减成监生，应请先行斥革，与周学仁等通饬各属一体严拿。[③]

对此，四川布政使司许批称，"该监生周天朗伙同周学仁等托词候学，盗卖庙产禁数，将钞分吞潜逃，实属奸贪可恨。应准斥革，一并通缉获案究追，以儆效尤。敢来辕上控，定即押候……"[④]

由该案可见，涉及上控且被上级受理的案件，其参与审讯者虽有府道甚至总督、按察使等人，但归根而言，他们审案结果多是依靠本地州县官的调查与取证，且对于案件的审判结果，也更多地采纳州县官给出的裁断意见。

①《南部档案》18-512-1，光绪三十三年。

②《南部档案》18-512-6，光绪三十三年十一月初一日。

③《南部档案》18-512-8，光绪三十三年十一月初一日。

④《南部档案》18-512-13，光绪三十三年十一月初十日。

由此看来，州县以上的官府在审理学务案件时，与其说是为百姓伸张正义，不如说是州县办学及处理学务案件的监督者，只是，这些上级官员相对于州县官而言，在斥革生员及调动各州县协同缉拿畏罪潜逃的办学者的过程中拥有更大的权力。加之，地方上级衙门不能更为深入地参与到办理地方学务的实际事务中去，而州县官的任期相对于清代前中期又更为短暂（其中任期最长者为山东泗水仅是王廷赞于光绪二十九年（1903 年）十月初四日到任，光绪三十二年（1906 年）二月二十二日离任，任期 2 年 4 月[①]；最短为云南阳澄的拔贡周学夔，于宣统三年（1911 年）十一月上任[②]；六年间共计七任知县，平均任期不到一年。）从而导致许多案件在未能完结的情况下，又转到新任知县之手，从而给参与学务纠纷的生员们提供从中斡旋的机会。另外，地方官府对劝学生员的处理方式，也在一定程度上推动了地方生员们"劣绅"形象的塑造。

四、学务案中所谓的"劣绅"

"劣绅"一词，不同时期有不同的内涵，在清代前中期多仅指"助讼""滥讼"，或为他人代写词状的讼棍。[③]而晚清记载"劣绅"相关文献的大量出现，在学者看来，多是由于科举制的废除及新政后绅士的权力增多而又缺少监督制约导致权力滥用，从而造成了绅士阶层的"劣质化"[④]，甚至在 20 世纪 20 年代的大革命风潮中，这些"封建余孽"被冠以"无绅不劣""绅士为全民之公敌"的境遇。[⑤]在王先明看来，清末"劣绅"形成的原因"一是清末新政，二是废除科举"。其中，尤其是"新政"的推行，使地方官绅"借机谋利把持一切，安置僚属，局所林立"，从而将制度变迁推演为"以新政而害民生"的

---

① 《南部档案》17-519-2，光绪三十二年二月廿二日，"移交清册"。

② 《南部档案》22-23-6-D216，上海：宣统三年十一月初四日。

③ 李典蓉：《清朝京控制度研究》，上海：上海古籍出版社，2011 年，第 186-195 页。

④ 肖宗志：《清末民初的绅士"劣质化"》，《贵州师范大学学报（社会科学版）》2004 年第 6 期；蒋国宏：《民国时期绅士的嬗变与农业科技改良的困境》，《南通大学学报（社会科学版）》2007 年第 7 期；李严成：《法律近代化与济弱功能的弱化》，《湖北大学学报（哲学社会科学版）》2006 年第 6 期；苏全有、张鱼伟：《对近代中国绅士质化问题的质疑——以河南省汲县绅士群体为个案》，《鲁东大学学报（哲学社会科学版）》2013 年第 2 期。

⑤ 王先明：《历史记忆与社会重构——以清末民初"绅权"变异为中心的考察》，《历史研究》2010 年第 3 期。

大势。且"新政"使士绅合法地占有乡村社会的公共权力和公共资源，并使之在利益上与乡民直接对立，从而一定程度上改变了传统时代"官民"对立的基本格局"①。而在王日根看来，清末文献中所谓的"恶劣绅衿"，可根据情景及语境的不同，划分为实际性、防乱性与衬托性三种表达类型。实际性的"恶劣绅衿"确实存在，但晚清文献中大量出现的"恶劣绅衿"有时是国家的一种防乱性考量，在这种考量下，恶劣绅衿已成为地方动乱、吏治败坏、民风刁顽的重要原因。且在其统计中，清代的正史、政书、地方志等资料多用"恶""劣""刁""顽"和"不肖"来描述这些品行恶劣的绅衿。②

从清末南部档案中保存的有关生员办理基层学务的案件中来看，这些被官府任命为劝学绅董的"生员"，虽然借劝学所进入体制内并取得了一定的权力，但"并没有真正地被纳入官僚体制"，因而导致不同人群对其身份及看法不同，在官员眼中"与吏无二异"；而在普通百姓眼中又被视为"借学捐恃强押民一族"；但在该群体的自我认同中，依旧将自己看作"绅"。③且从南部县的具体案例来看，官府以基层生员为学绅活动于地方劝学及筹集欠款的行为，在某种程度上是将传统政府中吏役的职能转嫁到了以生员为代表的基层士绅的身上，而生员在学堂经费短缺的压力下，不得不想尽办法拓宽经费来源。加之，地方官在裁断此类学务案件之时，往往会站在维护地方学务立场上，采取派遣执票差役"催缴"债务欠债、田土款项的方式结案。这不仅导致了县官对生员在基层社会拥有更多话语权的默许，也导致了这类参与地方学务的生员与普通百姓间的隔阂越来越大，从而在某种层面上坐实了"劣绅"的名号。且在晚清办理新式教育期间，劣绅干扰学务的行为甚至受到了各级官府的重视。如端方在《大清光绪新法令》中指出，"开办之后，倘有劣绅地棍造谣污蔑，借端生事者，地方官有保护之责"④的担忧。甚至在地方闹学案件

---

① 王先明：《乡绅权势消退的历史轨迹——20世纪前期的制度变迁、革命话语与乡绅权力》，《南开学报（哲学社会科学版）》2009年第1期。

② 王日根：《晚清政权强化公权力进程中的清障努力——对文献中"恶劣绅衿"三种表达类型的考释》，《江西社会科学》2017年第3期。

③ 刘伟：《清季州县改制于地方社会》，北京：北京师范大学出版社，2019年，第121页。

④ （清）端方：《大清光绪新法令》，《奏详女子师范学堂及女子小学堂章程》，清宣统上海商务印书馆刊本，第1157页。

中，也多有所谓"劣绅"的参与。为了防止劣绅们对学场规纪的干扰，朝廷不得不加强对地方士绅的监管，规定"嗣后府州县有徇情滥纵，不肯点名，及地方豪绅劣衿有倡纵闹场之处，该学政访闻，即会同该督抚指名题参"①。

且从具体案例所反映的情况来看，民众、官府、生员等各群体眼中的"劣绅"虽有相似之处，却依旧存在着诸多细微的差别。其中，对于百姓而言，参与学务屡次向其抽收款项的生员，多为"势大"且贪之人。②宣统三年（1911年）三月初六日，学董汪镇川欲向汪济梁所当枣子树的私业抽提学款未成兴讼在案，③该案中，在汪济梁看来，学董汪镇川便是"借公肥私"乱收学款的劣绅。

站在生员的角度来看，由于办学及学款征收过程多涉及权力及利益再分配的问题，因而在学务案件中也存在办学生员之间互相攻讦，而互相称对方为"劣绅"。这些生员口中的"劣绅"，经官府调查审断后，往往发现其并非"刁劣"之徒者。但这种刻意攻讦及抹黑同僚的行为，也在一定程度上强化了百姓及官府对"劣绅"形象的印象。如在光绪三十二年（1906年），新镇坝监生陈焕斗等上控周时来蚁等伙吞减学一案中，监生陈焕斗、文生陈绍伯本系光绪三十年（1904年）由前县令王主札委充当新镇坝校长，创办该处小学堂。陈焕斗邀集六保筹议禀定每年抽提各庙神会公款钱四百串作为经费，并意将该场文昌宫王爷庙作为校地，延定师范，开学堂二所，当年年终经陈焕斗等将收支款项具禀报销。然因陈焕斗等"办事刻薄，不洽众情"而被辞退。另举廪生曾昭忠、文生周鸣歧接充校长。由于程焕斗延不将经手账目交出，而被曾昭忠以"霸吞恶挠等情"控案。经前县王令批准研讯后，二月，程焕斗又以"叠吞搕索等情"互相呈控，由于王令离任，程焕斗不仅"上赴宪辕呈控"，而且在案未经集讯，又"赴道宪呈控"。经研讯，程焕斗、曾绍忠等供词各执一词，两造账目均各纠混不明，当即谕令学务局士与公正绅耆澈算。经举人汪麟藻等澈算，两造账目"尚属相符""并无侵渔等弊"。仅因监生程焕斗在离任之后，并不将学款交出，曾昭忠等难以接办，而两造叠次兴讼。

①《大清会典则例》卷七十，清文渊阁四库全书本。
②《南部档案》22-636-7，宣统三年三月二十四日。
③《南部档案》22-636-1，宣统三年三月初六日。

在知县看来，原本办理学务的监生程焕斗在该案中的行为"实属逞刁健讼，本应重惩，姑念当堂俯首认错，自知痛改前非，从宽申斥。饬令投具切结，以后永远不再干预公事"。而文生曾绍忠因抗不交账，禀请饬交，事属因公"尚无不合"。因而双方当堂投具切结。①

从州县官的角度来讲，其所谓的"劣绅"，一方面多和"侵吞学款""斥革功名"之类的名词挂钩，是阻碍学务等地方新政实务推行的元凶。宣统元年（1909）川西区省视学程其昌禀报龙安府中学堂收支文生瞿显周、廪生朱文奎侵蚀学款一案中，龙安府将各项账册申送致四川提学史司详细查阅以后，发现"浮冒不实之处□多，现将瞿显周、朱文奎衣顶斥革，饬府激算押追在案"。"学堂经费□系甚重，□多方撙节，尚恐不敷，岂容侵蚀浮交，致误要政，各该处办理学务能清洁白欠，顾全公益者，固不乏人。如瞿显周等之浮冒侵渔，图饱私囊者，亦不必少。"因而提学使方在札饬办理此案的同时，转饬各县务必"核实开支，慎勿虚糜侵冒"②二则，官员对生员优劣的判断，往往会受到地方百姓或生员的影响。如宣统元年（1909年）九月初七日，南部县举人汪麟洲、教谕李雨苍等联名十三名生员，详知县"禀恳禁止地方劣绅等阶段设宴席抽捐勒索钱文事"的禀文中提及，他们所认为的"劣绅恶棍"主要是指：

> 借端私搕，派获请帖薄据，任意勒索，所罚之钱，尽饱私囊。不惟于公无益，于民有损，兼于肉厘、酒税、油捐各项，解款大有窒碍。③

为此，士绅等共同请示州县官严禁此种诈搕之风，并"明定章程，化私为公"，要求"以后城乡无论何种宴会，不准私罚私搕，席罢客散后，由应管保正调查收礼薄，按名清算，每席捐钱四十文，交区董收存，以作本地自治经费"④。知县得此实情，立即发出告示，采纳了汪麟洲等的建议，按席抽捐

① 《南部档案》17-834-12，光绪三十二年闰四月初一日。
② 《南部档案》20-805-1，宣统元年正月二十九日。
③ 《南部档案》20-893-1，宣统元年九月初七日。
④ 《南部档案》20-893-1，宣统元年九月初七日。

钱文，防止"劣绅恶棍借宴私搕，肥饱私囊"。①此处所谓的"劣绅恶棍"主要是指在新政及荒年中大摆宴席收取礼金及铺张浪费者。

此外，所谓的劣绅还有被他人举报的经地方官查实的"声名不正，劣迹多端"的办理新政各员。②这些人员在岁荒之年格外受到官府的重视。光绪三十一年（1905 年），"抽会办学，时值凶荒，筹措难窘，加以刁顽之隐匿，豪霸之把持，猾保劣甲之玩延中饱，弊端百出，艰难万状。"③当然，除了拥有传统功名的生员外，新式学堂所培养的学生中，也有在官府看来是"仗势扰乱学堂教规，毁坏教法废学"的学生存在，如宣统二年（1910 年），彭蓬州斥革学生杨春荣"客借保宁府中学堂，告假归家，谈接教员，诬刺同学，怀疑挟忿，两次造堂毁谤教法"逼得原有教员杜廷栋上府凭道试验、④新政镇文明高等小学堂众学生联名具禀。⑤但这类无功名的学生在当时鲜有被归为"劣绅"之列。有功名者，即便科举被废，只要其存在刁劣的行为，便依旧会被视为劣绅，并斥革其功名。

以上，虽然探讨的仅仅是南部县生员群体在学务纠纷案所表现出种种面相，但也在一定程度上反映出这一群体在科举废除、新政推行的大变革时代中在诉讼过程中身份、地位及权力的转变与分化。第七章中，将尝试跳出地方档案本身，从更为广阔的时空去探讨这一群体是如何在历史的长河中一步步走向衰亡。

---

① 《南部档案》20-893-2，宣统元年九月初九日。
② 《南部档案》20-951-1，宣统元年八月十九日。
③ 《南部档案》17-332-1，光绪三十一年七月二十三日。
④ 《南部档案》21-837-4，宣统二年十二月十七日。
⑤ 《南部档案》21-837-5，宣统二年。

第六章

官方对案件中生员的处理

一二一

生员关系取士大典，朝廷为提供条件让士子在校安心肄业，不仅免除其一切徭役，而且发给部分生员廪米。但却不准许生员有擅自进出衙门、包揽词讼等行为。自明朝开始，朝廷便用刊立卧碑、制定法律条规等方式来约束生员的行为。然清律本身是在前朝律例的基础之上渐次刊布修订而成，①许多规定亦是在通过审理实际案例的基础之上逐渐增订完善。但在实际案件的审理过程中，州县官又会遵循一套自己的理念，不免会在对生员的惩治方面出现表达和实践相背离的现象。有鉴于此，本节内容拟从朝廷律例的修订和县官实际运作两方面着手探讨在官方话语中对所谓"刁生劣监"的惩治和管理办法。

一、法因势而重：国法的制度性规定

（一）律例的创制与规定

为了规范生员的行为，明太祖洪武十五年（1382年）便颁"学校禁例十二条"，其中第一条便告诫生员"事非与己之人者，毋轻诉于官"，并将其"镌勒卧碑置于明伦堂之左"，以示警诫。②

清入关之初，统治者亦十分重视规范学校生员等问题。在对生员的管理方面，不仅沿袭前朝旧律，亦有许多创制。如，为防止生员涉讼公门、武断乡曲，顺治八年（1651年）提准：

> 生员有事不干己，辄便出入衙门，乞恩网利，议论官员贤否者，许即申呈提学官，以行止有亏革退；生员若纠众扛帮，聚至十人以上，骂詈官长，肆行无礼，为首者照例文谴。其余不分人数多少，尽行黜革。③

到了第二年，朝廷又颁布教条八条，要求各地学官刊立于卧碑之上，置

---

① "刊布于顺治三年，酌议于康熙十八年，重刻于雍正三年，固已法度修明，纪纲整饬矣。"
　参见：胡星桥等注：《读例存疑点注》，北京：中国人民公安大学出版社，1994年，第1页。
② （明）董伦等撰：《明实录》卷147，清钞本。
③ （清）素尔讷等纂修，霍有明、郭海文校注：《钦定学政全书校注》，武汉：武汉大学出版社，2009年，第89页。

于学宫明伦堂之左以晓示生员，主要是告诫生员不可轻入衙门。①此后，朝廷在各个时期逐渐颁布了一系列惩治办法以针对生员进出衙门、包揽词讼的行为，甚至对以罢考的手段威胁官长的生员进行惩治。

雍正二年（1724年）刑部遵旨定例："嗣后文、武生员，除谋杀、故杀及戏杀、误杀、过失杀伤人者，仍照律治罪。"②

随着生员罢考等一列危害统治的事件发生，朝廷开始加大力度整饬生员群体。其中最典型的案件为雍正二年（1724年）的河南"封丘罢考案"，封丘县生员王逊、武生范瑚等人因反对"士民一体当差"，"协众阻遏封丘一邑文武生童"参加考试，从而导致整个封丘县在该年"仅有生员二十三名应试，余皆罢考"。后经雍正帝严厉追查，处决了王逊等首犯及办事不利的官员。③之后的雍正七年（1729年）、八年（1730年），江西广东等地屡次发生生员罢考、闹考事件。因此，雍正帝为禁绝此事件的发生，便于十二年（1734年）颁布谕旨，称："嗣后，如果该地方官有不公不法，凌辱士子等情，生童等自应赴该地方上司衙门控告，秉公剖断，倘不行控告而邀约罢考者，即将罢考之人停其考试，若合邑、合学俱罢考，亦即全停考试。"④

而关于对生员平素非切己之事进入公门参与词讼等行为，雍正帝亦出台了较为严格的惩治办法：

雍正五年议准：文、武生员，倘事非切己，或代亲族具控作证，或冒失认失主、尸亲者，饬令地方官即行申详学臣，褫革之后，始审其是非曲直。又议准：嗣后被褫劣衿，敢有挟仇嗣横，以图报复者，照所应得之罪，加一等治罪。

雍正六年……议准：生员……倘有恃符健讼，重则斥革，轻则以劣行咨部。

雍正七年议准：生、监中，有串通窃盗，窝顿牛马；代写词状，阴为讼

---

① （清）素尔讷等纂修，霍有明、郭海文校注：《钦定学政全书校注》，武汉：武汉大学出版社，2009年，第8页。

② 同上，第94页。

③ 中国第一历史档案馆编：《雍正朝汉文朱批奏折汇编》第3册，南京：江苏古籍出版社，1989年。

④ （清）昆冈等撰：《光绪钦定大清会典事例》卷383，《礼部·学校·劝惩优劣》，清光绪内府钞本。

师；诱人卖妻，作媒图利者，将本身加常人一等治罪。^①

由于以上所定诸条实施起来难度较大，因而乾隆元年（1736年）直接删除了部分较为繁琐的条例，如：

一、生员无抗粮包讼等事，岁底五生互结应停；一、生员告切已呈词先令教官挂号用戳应停……一、生员牵讼先革后审应停……一、生员加等拟罪之处停止……一、被褫后不许出境应停。^②

并对一些没有涉及的部分进行了补充。如，关于"地方官不得擅责生员"一项，顺治十年（1653年）虽已经有"生员犯小事者，府州县行教官责惩。犯大事者中学黜革，然后定罪。如地方官擅责生员，该学政纠参"的规定。乾隆元年（1736年）对该条文进行了详细的补充：

生员所犯，有应戒饬者，地方官会同教官，将事由具详学臣，酌断批准，然后照例在于明伦堂扑责。如有不行申斥学臣，不会同教官而任意呵斥，擅自饬责者，听学臣查参以违例处分。学臣亦不得袒庇生员，违公批断。^③

乾隆五年（1740年）：

嗣后缘事斥革生员，除包揽词讼，武断乡曲及一切实系本身重犯律无可贷者，仍永行禁革外，其有因人被累，与本身事犯，情有可原，及罪在杖一百以内，革后能改过自新者，俱准以原名考试，童生监生亦许以原名复捐。^④

乾隆二十四年（1759年）奏准：

……至于生、监为人作证，如系他人妄行牵连，许本生自行辨明，免其开注。若系无故多事，出身作证，即属不守学规，地方官详明学臣，分别戒

①（清）素尔讷等纂修，霍有明、郭海文校注：《钦定学政全书校注》，武汉：武汉大学出版社，2009年，第88、94页。
②《清实录》（第九册）卷21，北京：中华书局，1985年，第501页。
③（清）素尔讷等纂修，霍有明、郭海文校注：《钦定学政全书校注》，武汉：武汉大学出版社，2009年，第88、89页。
④《清实录》（第十册）卷190，北京：中华书局，1985年，第450页。

饬、褫革，照例办理。再生、监之显然成讼者，安薄可稽其巧构讼端。①

以上均系朝廷制定的对生员、监生的诉讼等行为进行约束和惩治的条款，其主要传达的思想便是生员、监生即为"凡民之秀"，必当爱身忍性，"事非切己"便不得以任何形式擅入公门、议论官长、扛帮词讼。在条例上，生员、监生"纠众扛帮""骂詈官长""代亲族具控作证""冒失认失主、尸亲""恃符健讼""为人作证"等行为一般会受到戒饬或革除其功名的惩罚；当其有"串通窃盗""窝顿牛马""代写词状""诱人卖妻"等行为时，会加常人一等治罪；且被斥革的劣衿，如再横行报复的话，会在其原来所犯之罪的基础上罪加一等。

乾隆三十六年（1771 年），礼部议覆山东学政韦谦恒奏称：

士子身列胶庠，不应挑唆词讼。嗣后如有生员代人作证，审属子虚者，即行详革。仍照包揽词讼例加等治罪。即证据非诬，亦牒学戒饬。再犯者报劣。②

后经礼部复议，"均应如所请"，将其列为定例。③

到了清乾隆五十五年（1790 年）阿桂等在修纂《大清律例》时，对许多生员无辜涉讼、扛帮、不守学规等约束条文在前代的基础上又有所修订和删改。如：

一、凡军民、诸色人役审有力者，与举人、监生、生员、冠带官，不分笞、杖、徒、流、杂犯、死罪，应准纳赎者，俱照有力、稍有力图内数目折银纳赎。若举监生员人等，例该除名革役罪，不应赎者，与军民人等罪。应赎而审无力者，笞、杖、徒、流、杂犯、死罪，俱照律的决发落。（卷四 民例律上）

一、……其文武生员犯该徒流以上等罪，地方官一面详请斥革，一面即

---

① （清）素尔讷等纂修，霍有明、郭海文校注：《钦定学政全书校注》，武汉：武汉大学出版社，2009 年，第 89 页。

②《清实录》（第十九册）卷 889，北京：中华书局，1986 年，第 911 页。

③ （清）素尔讷等纂修，霍有明、郭海文校注：《钦定学政全书校注》，武汉：武汉大学出版社，2009 年，第 99 页。

以到官之日，扣限审讯，不必俟学政批回，始行究拟。其情节本轻，罪止戒饬者，审明移会该学教官照例发落，详报学政查核。贡、监生有犯同。（卷四·民例律上）

一、……惟生员不许一言建白，违者革黜，以违制论。（卷十七·礼律仪制）

一、凡监生、生员人等，殴杀、故杀、刃杀奴婢者，俱黜革。故杀、刃杀者，杖一百，不准折赎。（卷二十八·刑律 殴下）

一、凡生员越关赴京，在各衙门谎捏控告，或跪牌，并奏渎者，将所奏告事件不准。仍革去生员，杖一百。（卷三十·刑律诉讼）

一、监生、生员撒泼嗜酒，挟制师长，不守监规学规，及挟妓赌博，出入官府，起灭词讼，说事过钱，包揽物料等项者，问发为民，各治以应得之罪，得赃者，计赃从重论。（卷三十三·刑律杂犯）[①]

以上部分条例在继承《大明律》的基础之上进行了调整与增加。如，生员可"折银纳赎"一条，继承《大明律》中生员等人不分何罪均可"运炭、运灰、运砖、纳料、纳米等项赎罪"一项。[②]清律在此基础之上，对生员纳赎提出明确限制，称生员及其以上功名者，犯笞杖轻罪可纳赎，但若生员"好讼多事，虽犯笞杖，不准纳赎"。同时，清律在明律的基础上更加细化严格，它不仅从律例方面严格惩办越控、杀人、"起灭词讼"等犯罪生员，还明确界定州县官、地方教官、学官、地方学政等在惩罚不守学规的生员过程中所应遵守的各项程序规定。

同时也应该承认，《大清律例》中的规定并未达到十分完备的程度。如刑律本身规定较为笼统，当生员犯罪后，仅依以上各条定罪，不免会出现知县不知如何处置的情况。加之随着社会环境的日益复杂化及新的社会情况的出现，现行律例并不能满足审断日益增多的各类诉讼案件的需要，因而在《大清律例》修订以后，后期的统治者也增加和修订了一系列相关律例以应对生员出现的各类新情况。

---

① 马建石等注：《大清律例通考校注》，北京：中国政法大学出版社，1992年，第197、552、838、872、961页。

② （明）舒化辑：《大明律》卷1，《五刑》，明嘉靖刻本。

（二）律例的补充及完善

自《大清律例》修订以后，朝廷基本上是按乾隆"五年一小修，十年或数十年大修一次"的定例，①定期对律例进行修订与整改。其中所载生员相关条例因不能满足清后期一系列案件的审理和判决，因此在此后关于对生员诉讼方面的惩治与规定，也进行过一定的修订与完善，这些修订的律例大多"随事纂定"。嘉庆六年（1796年）将"嗣后文、武生员，除谋杀、故杀及戏杀、误杀、过失杀伤人者，仍照律治罪。"一例增订为：

> 文武生员乡绅，及一切土豪势恶无赖棍徒，除谋故杀人、及戏杀、误杀、过失杀、斗殴杀伤人者，仍照律治罪外。如有倚仗衣顶及势力，武断乡曲，或凭空诈赖，逞凶横行，欺压平民，其人不敢与争，旁人不敢劝阻，将人殴打至死者，拟斩监候。若受害人有杀伤者，以擅杀伤罪人律科断。②

嘉庆二十五年（1820年），在"内阁陈预奏审拟民人李其言控案一折"中的相关案件而有所变化。该案中因生员傅焞暗中向李其言之父李应昌及生员朱琴昌挑唆，称县书吏李振甲等连夜偷盗仓米向外搬运，使得李应昌与（生员）朱芹昌先后具呈赴控，李应昌在押病故后，其子李其言复控诉不休，致使此案长期未结，从而直接将此案闹到御前。嘉庆帝认为该府督抚将"傅焞、朱芹昌拟以杖责，仍请照例纳赎"的审断在一定程度上是"轻纵"生员的表现，从而审断结果直接改为"傅焞、朱芹昌俱着斥革，按律发落"，并将此案作为标准，称"嗣后生员不守学规，好讼多事者，均照此案办理"。③同时定例，明确指出："生员不守学规，好讼多事者，俱斥革，按律发落，不准纳赎。"④

此外，由于"生员和监生的地位要低于'官绅'和有高级功名者"，因而在实际案件审理过程中州县官"很容易对生员和监生态度强硬"，⑤往往在案

---

① 胡星桥等注：《读例存疑点注》，北京：中国人民公安大学出版社，1994年，第1页；（清）杨景仁撰：《式敬编》卷一，《平法》，清道光二十五年刻本。

② 胡星桥等注：《读例存疑点注》，北京：中国人民公安大学出版社，1994年，第1页。

③《清实录》（第三十二册），卷896，北京：中华书局，1986年，第896页。

④（清）刘锦藻：《清续文献通考》卷255，《刑考十四》，民国景十通本。

⑤ 瞿同祖著，范忠信、何鹏、晏锋等译：《清代地方政府》，北京：法律出版社，2011年，第276-277页。

情未明的情况下，不由分辨直接将生员"擅押班房"。因而，道光三年（1823年）申明："生员犯案，必确有证据，始准详革，讯属无干，依限实时请复。"[1]

然而，自同治九年（1870年）以后，律例方面却鲜有编修，到光绪二十六年（1901年），在刑部任职长达三十余年的薛允升（1820—1901年）在对《大清律例》进行深入研究的基础上，结合自身的实际断案经验撰成《读例存疑》一书。[2]在该书中，薛允升对生员和监生相关的律例提出了一些质疑：

> 查乾隆二十四年原奏，先叙轻罪，会同教官戒饬，作为除笔，后叙徒流以上云云。下接贡监生有犯同，谓均以斥革之日起限也。语意正自一线。改定之例，前后倒置，遂致贡监生有犯句不大明晰。似应将此句移于始行究拟之下。生员、监生应戒饬者，移会教官发落，贡生已不由教官管束，末句会同教官之处似应修改。康熙三十七年，又有各项监生有犯，分别曾否考职到监……□赎刑内生员犯答杖轻罪，与进士、举贡，均照例纳赎，并不责打。此条云情节本轻，罪止戒答者，审明移会该学教官，照例发落，并无纳赎之说。究竟何项应准纳赎，何项会同戒答之处，例未分晰指明办理，恐难画一。是否由外结者即会同戒答，由内结者即照例纳赎。存以俟考……生员好讼多事，不准纳赎。[3]

薛允升在此处提出的疑问有：一、戒饬的生员和监生须"移会"教官发落，但贡生已不由教官管束，因而"贡、监生有犯同"此句是否需要修改？二、"赎刑"内生员犯答杖轻罪，与进士等人，均照例纳赎，并不责打，然此条在律例原文中并无纳赎之说。三、"是否由外结者即会同戒答，由内结者即照例纳赎"，"纳赎"和"戒饬"的惩罚到底应参照怎样的标准？以上问题，薛允升并未等到解答便已故去。

光绪二十八年（1902年）五月，光绪帝谕令沈家本、伍廷芳"参酌各国法令"修订新法。[4]沈家本等经两年时间筹备，于光绪三十年（1904年）年开

---

① 《清实录》（第三十三册），卷42，北京：中华书局，1986年，第759页。
② 胡星桥等注：《读例存疑点注》，北京：中国人民公安大学出版社，1994年，第1页。
③ 同上，第20页。
④ 高连成编：《〈大清新刑律〉立法资料汇编》，北京：社会科学文献出版社，2013年，第3页。

修订法律馆，着手修订新律法。整个修律过程，前后历经九年，如今所见《大清现行新律例》是其修律成果的一部分。在该律例中，沈家本对生员相关的律例进行了一定的调整与删改：

臣等谨按：前条系"生员好讼多事，犯虽笞杖，不准纳赎"之例；后条系"进士、举、贡、生监犯该笞杖，准其纳赎"之例。现在赎刑之目，既拟删除，应移附职官有犯门内；原例"不守学规，仅举好讼"一端，似未为赅备。且"进士、举人亦有好讼多事者，应一例不准收赎"，此二条拟修并为一；新章徒流罪犯，无论发配与否，俱应收所工作。生监以上人等，曾经论秀书升，似应与寻常人犯稍示区别；至停止科举以后，进士、堰人、五贡、生员有由学堂出身者，统归学部管理，自应添入学部，庶免窒碍。谨将移并例文开列于后：

职官有犯

移并

一、凡进士、举人、贡监、生员，及一切有顶带官，有犯罚金轻罪，照律处罚；如系寡廉鲜耻，不顾行止，及好讼多事与罪至十等罚者，分别咨参除名；犯该徒流以上，应收所工作，饬令充当书识等项杂役，仍于办结后知照该部存案；其寻常例应罚赎之生监，应否褫革开复，会同礼部或学部办理。（大清现行刑律案语名例上）①

删除

一、"生员代人扛帮作证，审属虚诬，该地方官立行详请褫革衣顶，照教唆词讼本罪上，各加一等治罪。如计赃重于本罪者，以枉法从重论。其讯明事属有因，并非捏词妄证者，亦将该生严加戒饬。倘罔知悛改，复蹈前辙，该教官查明再犯，案据开报劣行，申详学政黜革"。臣等谨按此条，系"生员扛帮词讼，从严治罪"之例。查"教唆词讼与犯人同罪"，已不为轻，本无须于例外加重。且科举已停，学政亦改为提学司，凡贡选之法，出于学堂，今昔情形迥不相同，此条无关引用。拟请删除。②

① （清）沈家本编：《大清现行新律例》，《大清现行刑律案语·名例上》，清宣统元年排印本。
② （清）沈家本编：《大清现行新律例》，《大清现行刑律案语·诉讼》，清宣统元年排印本。

新律例对生员方面的改动，从内容上有很大突破：其一，删除"纳赎"之例，凡"好讼多事"之进士、举人、贡监生员一律不准"纳赎"；其二，"生监"与平民犯"徒流"及以上之罪，不管是否发配，均需"收所工作"；其三，科举停废、各地学政改为提学司后，凡由学堂出身之生员，统归入学部管理。因而"生员扛帮词讼，从严治罪""申学政黜革"之例应须删除。以上改定各条律例首先直接废除了有关士绅"纳赎"的条例，从根本上杜绝了薛允升在《读例存疑》中有关"戒饬"与"纳赎"之间的相关疑问，并因时制宜地删除了部分已不合时宜的条例。

此次定例也是清末法制改革的主要成果之一，涉及生员部分的律例重新调整的原因主要在于：一方面，立法者受到西方立法思想的影响，以"改重为轻"为"仁政之要务，修律之宗旨"。[①]而生员相关的"教唆词讼与犯人同罪"之例，无须"例外"加重处罚的规定也是该宗旨的具体体现。另一方面，旧制度的废除、社会关系的变化和新的机构的设定，其运作与管理方式需要用法律的形式加以规范。光绪三十年（1904 年）初，清政府颁布"癸卯学制"，开始从制度上推行新学。[②]次年，在全国范围内废除了科举制度，为了鼓励各地学子进入新式学堂肄业，学部于光绪三十四年（1908 年）颁《酌拟各学堂毕业请奖学生执照章程》，奖给考试毕业的优秀毕业生进士、举人、优拔、岁贡、廪、增、附生出身，这些由学堂出身的贡监生员，在中央统归学部管理，在地方由提学使司衙门接管。[③]为顺应这些官制的变化，沈家本对与生员相关的部分律例进行了较大的删改。

总体而言，清代在法律上对生员惩治和约束的各项条例并非一成不变，其规定在不同时期都有过相应的修订与完善。清初"治狱，俱用前明旧制"，[④]其后在前朝之例的基础上逐渐增订修改。《大清律例》中有沿用前代约束和惩治生员相关的各例，但内容上却更加细致充实。如，明律并未过多强调保护生

---

① （清）沈家本：《历代刑法考（附寄文存）》，北京：中华书局，1985 年，第 2023-2027 页。

② （清）张百熙、谭承耕、李龙如点校：《张百熙集》，长沙：岳麓书社，2008 年，第 41 页。

③ 《章疏：学部奏酌拟各学堂毕业请奖学生执照章程折》，《广益丛报·上编·政事门》第 190 期，1908 年，第 1 页。

④ 胡星桥等注：《读例存疑点注》，北京：中国人民公安大学出版社，1994 年，第 1 页。

员的颜面，而清律则更加注重地方教官和学官对生员的管理和教化的部分，同时限制了地方官惩处生员的权力。清律颁行后，通过长时间的实践操作，朝廷一方面"随事纂定"，增加对生员的管理和约束的例款；另一方面，因时制宜地修订或删除一些不合时宜的条例以完善对生员的管理。那么，这些条例上的变化，在地方档案相关案卷中是否有所体现？

从断案者的角度来看，律例的规定往往较为表面且笼统，在对犯错生员的惩罚方面，没有一套较为严格的参照标准，甚至一些条例还出现前后矛盾的现象。如，生员犯轻罪，州县官应会同教官戒饬，其后有"贡监生有犯同"之语，但严格来说，由于贡生的"红案"并不在其所在地儒学衙门，其行为已不由教官管束。因而，即便是在刑部任职三十余年的薛允升，不免也会有生员犯轻罪，到底"何项应准纳赎，何项会同戒答"的疑惑。

从西方法律体系来看，清朝并没有一套完整的成文民法，社会上经常发生的户婚、田土、钱债等细故纠纷，"以官方的语言来说是不值得政府关注的'枝微末事'"。[1]地方官处理这些案件仅仅是"例行公事"而已。因而，在不触犯律例相关规定的情况下，地方官在审断此类案件时，往往会有很大的操作空间，从而导致实际审断结果与律例规定或多或少存在着差异。许多情况下，即便贡监生员"包揽词讼""空插入扛帮""逞刁顶撞"，州县官也不会"轻易责打"。[2]那么，在对相关细故案件的审理过程中，州县官除了为避免麻烦对生员以礼相待以外，还需要考虑哪些因素？其审案的指导思想是什么？州县官对犯错的涉讼生员一方的惩治方式有哪些？其中是否存在宽免的情况？宽免的标准又是什么？

以下部分拟以《南部档案》为中心来探究州县官对生员涉讼案件的实际审断情况，以期对以上所提出的问题做出回答。

---

① [美]罗威廉著，李仁渊、张远等译：《最后的中华帝国：大清》，北京：中信出版社，2016年，第50页。

② (清)褚瑛：《州县初仕小补》卷下，《刁生劣监》，官箴书集成编纂委员会编：《官箴书集成》第8册，合肥：黄山书社，1997年，第762页。

二、断因情而轻：档案中州县官对生员的审断与宽免

从西方法律体系来看，"中国帝制的时期没有成文法民法，且社会上关于地税、水权、婚姻事务、债务等的纠纷常常被忽视，以官方的语言来说是不值得政府关注的'枝微末事'"。[①]正如滋贺秀三所言，县官对此类案件的审理，在听讼过程中往往采取一种教谕式的调解，地方官凭借自己的威信和见识，在调查和洞悉案件真相的同时，又以惩罚权限的行使和威吓，或者通过开导劝说来要求以致命令当事者接受某种解决。[②]但在对相关案件进行调查和审断时，往往也会遵循基本的律例约束，以避免在听讼过程中遇到麻烦。

本节主要探讨生员在什么情况下会获得惩罚，知县在断案时除了《大清律例》的规定外，有无其他标准可遵循，且由于《南部档案》所存案卷大部分为光绪时期，为了了解清律"表达"与地方"实践"之间的差异程度，本部分亦试图利用清代《南部档案》等相关记载探讨律例规定对县官的实际指导部分有多大，在律例没有规定到的部分，州县官在实际操作中的审判依据又源自哪里。因此，笔者统计了《南部档案》中有生员和监生参与且有知县对该案件最终判词的所有案卷，并对相关案件及州县官的判词进行分析，对其审断结果进行统计分类。

从《南部档案》所存有的大量有生员相关的案件可看出，州县官在接到生员们的呈词后，首先也会选择劝谕双方平息讼端，私下议和。如果调处不成，且在案件之中生员一方的确有过错，犯错生员也会为自己鲁莽的行为付出一定代价。据吴欣研究，州县官对绅士进行处罚的方式大致有"训斥，并辅以'斥革'的威吓之语""笞责""罚金""罚作诗文"四种。[③]

为尽可能详细地摸清州县官对涉讼生员惩处的方式，笔者爬梳《南部档案》，统计出记载有州县官"断语"的相关档案85件，涉及案卷80卷。在对这些档案的释读过程发现，通常情况下，州县官对于犯错生员仅仅是口头训

---

① [美]罗威廉著，李仁渊、张远等译：《最后的中华帝国：大清》，北京：中信出版社，2016年，第50页。

② [日]滋贺秀三著，王亚新等译：《明清时期的民事审判与民间契约》，北京：法律出版社，1998年，第74页。

③ 吴欣：《清代民事诉讼与社会秩序》，北京：中华书局，2007年，第78-79页。

196

斥，甚至更愿意大事化了"从宽免究"，且对于生员"既非严格意义上的诬告、又实属无理的健讼行为，往往有施加体罚的倾向"①，而体罚的方式通常情况下选择的是较为维护生员颜面的"戒饬"。除了体罚以外，罚出钱文、治酒取和等方式也是州县官经常利用的手段。而对于情节较为严重者，往往会采取"送学看管"、交差管押等手段进行管束和惩罚。在地方档案的记载中，"斥（褫）革衣顶"是所能见到的州县官对犯错生员做出的最严厉的惩罚，但通常情况下，被革生员在短时间之内，只要无较大过犯，都可以申请开复衣顶。

此外，在知县的判词中，尤其需要注意的是，即便是同一案件针对同一生员，知县对其的审断和惩处方式都是多方面的。如，在审断过程中，口头告诫很多情况下只是其他审断结果的附加威吓之语；"宽免深究"之后也会有罚银的惩罚；②将钱文罚作公用，两造一方还需要"治酒取和"③；等等。因而表 6.1 所统计出的数据多于本身的档案件数。

表 6.1　《南部档案》中州县官虽生员的审断情况

审断结果	息讼				罚银			申斥	戒饬	管押		斥革衣顶	发戒烟局
	息讼	宽免深究	口头告诫	治酒取和	代出讼费	充公	认捐			交差管押	送学看管		
小计	9	20	21	4	3	9	3	3	17	6	5	3	13

参考资料：四川省南充市档案馆编：《清代四川南部县衙档案》（全 308 册），合肥：黄山书社，2015 年。

从表 6.1 可见，在这些记载有知县明确断语的档案中，知县最终以"息讼""宽免深究""口头告诫""治酒取和"等方式平息案件的做法有 54 项；以"代出讼费""充公""认捐"等手段为主的"罚银"的做法有 15 项；而对生员进行诸如"申斥""戒饬"等方面惩罚的有 20 项，其中提及"戒饬"的有 17 项；"管押"生员 11 项、"斥革衣顶"3 项。其他类型 13 项，共计 116 项。这些案

---

① [日]滋贺秀三著，王亚新等译：《明清时期的民事审判与民间契约》，北京：法律出版社，1998 年，第 46 页。

②《南部档案》8-735-2-c56p308，光绪九年四月初六日。

③《南部档案》8-810-13-c58p26，光绪九年十月初六日。

件究竟因何事而受到知县的关注？知县又是因何而做出以上判决？本处根据表 6.1 统计，并结合原档记载及其他文献分析如下：

（一）息讼——县官的理想化目标

息讼是县官在审理各类细故案件时经常使用的手段，目的在于"息事宁人"。据张文香研究，息讼的结果大致有"当事人自动和解"、因官府的拖延和拒绝不了了之、"矛盾激化"、摄于官府的威严，以一方作出牺牲和让步而告终等四种。①从严格意义上来讲，在事涉生员的案件中，州县官对生员"宽免深究""口头告诫""治酒取和"等均属于州县官的"息讼"手段。

当生员所犯属小事，州县往往会以"本应照例详办""应照例治罪"等威吓之语给予生员警戒，但最终会以各种理由"从宽免究""宽免深究"。如，光绪五年（1879 年），在曲全申为具告文生曲恩培"等违示估号大树聚众将欲复伐茎树事"一案中，因曲恩培从中包庇，知县在堂喻中训斥该生本"应宜照例究办，姑宽免究"。②知县对犯错生员"从宽免究"大致因为涉案两造均属"同族一脉"，为"笃族全谊"而宽免，或因涉案生员年老、当堂认错、本身所告之事属"细故"而宽免。③但"从宽免究"和"宽免深究"之间，则是有一定区别的，前者是免于处罚，而后者则是指对犯错生员从轻发落。如，在光绪九年（1883 年）"刘绍绪具告鲜应万等霸谋混产违禁私铸贿弊蒙抹事"一案中，由于鲜应万作为武生，不应"违禁估使"，知县断"应照例治罪，姑免深究，罚钱二十千作为西关外培修路道，以儆刁狡"④。

对犯错生员进行口头告诫，也是知县对犯错生员进行言语警戒的方式。其告诫之语，大抵分为催促生员依照审断结案和告诫生员日后"恪守卧碑"

---

① 张文香、萨其荣桂：《传统诉讼观念之怪圈——"无讼""息讼""厌讼"之内在逻辑》，《河北法学》2004 年第 3 期。

②《南部档案》7-517-15-c37p180，光绪四年七月初六日。类似审断结果，参见：《南部档案》7-721-10-c40p503，光绪五年闰三月初六日。

③《南部档案》8-810-18-c58p34，光绪九年十一月十二日；《南部档案》15-279-8-c176p391，光绪二十六年八月；《南部档案》11-779-5-c114p236，光绪十九年十二月初二日；《南部档案》14-930-5-c171p204，光绪二十五年十二月初七日；《南部档案》15-85-7-c173p309，光绪二十六年十月二十六日；《南部档案》15-66-6-c173p114，光绪二十六年四月十四日。

④《南部档案》8-735-2-c56p308，光绪九年四月初六日。

两种。前者有"毋得玩延干比""违即提比""如延详追""如延重比""比追""倘再违抗定重究不贷""倘再翻悔，提案重办"等语，以告诫生员遵断认罚不得再行到案翻控；①而后者，大部分为"饬令以后毋再藉端滋事干咎""倘再不守卧碑，觊觎滋事，定行查究不贷""毋不准再事滋非"等语，以告诫生员安心肆业，不得再行借端生事。②

"治酒取和"是县官要求涉案两造中有过错一方备办酒席，宴请两造在酒桌上平息纠纷。如，道光六年（1826年），寡妇斯氏"少寡难守"，再嫁范九龄，文生邓鸿儒在斯玉珍的请求下从中排解。但由于双方在财礼和前夫曾海林母子安葬费用方面产生纠纷，后斯明远"因受九龄怨言"，迁怒于邓鸿儒，遂以范九龄之名将文生邓鸿儒等以"仗衿恶掯"为由告上衙门。后双方经"邀中""集场理明"，文生"邓鸿儒、王惠普并无仗衿恶掯情事，议伊二比治酒取和"销案。③此外，在涉案两造为"同宗一脉"或"系世谊""姻亲"时，知县为维系其关系，往往以"不忍失和"为由，要求两造"治酒取和""杯酒释恨，结欢而散"。④

但知县以"息讼"为目的要求两造以"邀中"或"集场"等方式在庭外理明或者对犯错一方从轻发落的现象，并非仅见于生员等有功名者。⑤对于大部分细故案件，州县官之所以选择以"息讼"的方式解决纠纷，一方面是受儒家"无讼""厌讼"思想的影响；另一方面则是为了"让涉案人在争端解决

①《南部档案》4-198-7-c8p229，咸丰元年三月初一；《南部档案》11-395-16-c106p84，光绪十八年七月二十二日；《南部档案》12-400-21-c125p207，光绪二十一年九月十八日；《南部档案》13-1022-c154p241，光绪二十三年十一月二十三日；《南部档案》14-821-21-c169p411，光绪二十五年十一月初八日；《南部档案》15-96-13-c173p411，光绪二十六年五月十一日；《南部档案》16-220-26-c197p46，光绪二十九年九月十一日；《南部档案》16-473-8-c201p17，光绪二十九年闰五月初一日；《南部档案》20-908-20-c267p187，宣统二年五月十三日。

②《南部档案》12-104-3-c120p35，光绪二十一年四月二十五日；《南部档案》14-897-10-c170p476，光绪二十六年二月十八日；《南部档案》15-279-8-c176p391，光绪二十六年八月。

③《南部档案》4-262-1-c9p362，道光六年六月初二日；《南部档案》4-262-2-c9p365，道光六年六月二十七日。

④《南部档案》8-810-13-c58p26，光绪九年十月初六日；《南部档案》8-810-13-c58p26，光绪九年十月初六日。

⑤ 平民、妇女等因细故案件控案，知县亦经常会以"息讼"为目的，对犯错一方从轻发落。

之后，能够回到他们原来的地方社群和平地过活"①。

（二）罚银——县官规避生员体罚

一般情况下，地方官须对生员以礼相待"不得轻慢"。因此，在吴欣的著作中提及生员会以"纳赎"的方式规避体罚和斥革，或者出银帮助州县捐修工程等。②除此之外，在《南部档案》中的"罚银"方式大致有"充公""认捐""代出讼费"三类。在"充公"一项中，州县官会要求犯错生员出银作为"洒扫文庙公费"③"合族公用"④"各类培修之资"⑤"置备团练器械""培补宗祠公用"⑥"赈需"⑦等一系列公用之资。此外，还可用于刊印图书等项。如，光绪二十二年（1896年），监生孔庆云因"掺和私铸小钱，致干例禁"，经地方保甲保释以后，自愿认罚"认捐补造刊刷地理图书钱二百四十串、养济院钱二十串、济善堂钱八十串"⑧。

"认捐"在多数情况下可等同于"充公"。但"认捐"有时亦可作为一种强制性的捐纳。如光绪十三年（1887年），文生敬炳奎、职员罗荣钦等人因"以不干己之事，动辄联名，以伪衔具控"，州县官因敬炳奎家境较为殷实，"饬令罗荣清前捐衔千总，家亦小康，刻值赈务，需费饬捐蓝翎，无力认账，捐银一百两"⑨。

知县做出"代出讼费"的审断，一般是在出现生员"事不干己亦不应追

① [美]罗威廉著，李仁渊、张远等译：《最后的中华帝国：大清》，北京：中信出版社，2016年，第50页。
② 吴欣：《清代民事诉讼与社会秩序》，北京：中华书局，2007年，第62-85页。
③《南部档案》1-6-1-c1p36，雍正十年十二月；
④《南部档案》4-157-5-c7p280，道光二十年八月二十七日；《南部档案》22-13-5-c287p380，宣统三年三月十八日；《南部档案》20-89-2-c256p327，宣统元年八月二十二日。
⑤《南部档案》8-735-2-c56p308，光绪九年四月初六日；《南部档案》18-240-5-c231p405，光绪三十三年二月十七日。
⑥《南部档案》8-810-13-c58p26，光绪九年十月初六日。
⑦《南部档案》16-110-2-c203p58，光绪三十一年二月二十九日。
⑧《南部档案》13-86-7-c138p336，光绪二十二年五月十六日；《南部档案》13-86-17-c138p346，光绪二十二年十二月。
⑨《南部档案》16-556-4-c202p319，光绪十三年六月十五日。

禀，挺身与人作证"①或案久不结试图拖累对方②，或者"恃衿押寡"欺压贫弱③等情况时，州县官为体恤贫弱、惩治生员，会要求他们代出讼费以作为"擅入公门""为人作证"的惩罚。

不管"罚银"的方式如何，州县官在实际的细故案件审理过程中所作出的此类决断并非为律例所规定的"纳赎"。毕竟州县官还未对这些"致干例禁"的生员提出杖责之类处罚。

（三）申斥、戒饬——儒学教官代先师责罚

据王学深研究，生员犯"词讼小事，只需学臣加以申斥即可"，而戒饬的地方之所以选在明伦堂，"一方面，则是有待（代）先师责罚的意味，另一方面也是学官对于士子身份的一种责罚与警告"。④虽然对于生员和监生的"申斥"与"戒饬"的处罚大多由州县教官执行，但两者之间还是会有责罚轻重上的区别。如，光绪三十四年（1908年），在监生周赞清、周保清"为具告涂光荣等套佃霸耕殴撤事"一案中，周赞清、周保清"身列居士衿，反不体恩主为民省累苦心，与涂光荣、涂光林十九日到城以后来捏禀，被告不到，以冀差唤拖累""周赞清到案后尤敢声称，其父在湖南出任，希图挟制"。因而知县断令"周赞清着予戒饬，以示教诲。周保清人尚驯良，申斥示戒"。⑤由此案的判决来看，"申斥"即类似于现在的"警告处分"，仅仅将生员的劣行以申文的形式报备到学政处备案，以作为考核优劣的标准，而生员得此惩罚大多因为其"不知自爱"而"捏词妄告"。⑥

"戒饬"较于"申斥"来说，惩罚力度较重。此种惩罚的重点不在于打手

① 《南部档案》20-499-4-c262p167，宣统元年五月初一日。
② 《南部档案》18-1097-11-c246p355，光绪三十四年六月初三日；《南部档案》18-1097-8-c246p346，光绪三十四年五月二十九日。
③ 《南部档案》13-179-6-c139p504，光绪二十二年三月十六日。
④ 王学深：《"凌辱斯文"与清代生员群体的翻控——以罢考为中心》，《清史研究》2016年第1期。
⑤ 《南部档案》18-1097-8-c246p346，光绪三十四年五月二十九日。相似情况还有，廪生李念祖因"霸吞肥己，有干例禁"，俟后还"抗算不账，不交出其弟候讯"，知县判曰"着盖饬示惩，限三日算清结案"，此处所言"盖饬事惩"亦可被看作"申斥"的另一种表现形式。参见：《南部档案》12-400-7-c125p188，光绪二十一年十一月十六日。
⑥ 《南部档案》12-104-3-c120p35，光绪二十一年四月二十五日。

心等这样的形式，而在于惩戒犯错生员的场所——明伦堂。作为教化士子的场所，明伦堂承担着重要的文化内涵和礼仪作用。在明伦堂朴责生员，一方面是维护生员颜面，不至于其在公堂之上受辱；另一方面，是对生员身份的一种警示和告诫，"以端士习而惩刁风"。县官对生员处以"戒饬"惩罚的原因大致分为以下四类：

一则，"笞杖"轻罪，生员可照例纳赎，规避惩罚。州县官往往以戒饬代替"杖罪"或者"斥革"。如，道光二十六年（1846年），文生张天寅"上控分县门丁陈而等私加虐民事"一案中，其所控之事虽属有因，但"辄行上控，实属不合。若照越诉律□笞赎免，未免过轻"因而县官断将"张天寅、李含辉均请发学，严刑戒饬责"[①]。

二则，对不恪守卧碑肆意滋讼、平日"武断乡曲""不顾名义"，或"钤名具禀""恃势扛凶""侮慢师长"的生员，处以"戒饬"的惩罚。[②]如，光绪二十六年（1900年），文生张钟岳不顾名义"暗窃职员龚生明之名，具禀辞佃，保伊认佃"，知县查明缘由后，堂喻讯得：

张钟岳身列胶庠，罔□品行，潜以利益熏心，暗窃职员龚生明之名具禀辞佃，保伊认佃，实属不顾名义。即于戒责手掌，以儆其非。断令新镇坝油行仍归龚生明据认佃开，张钟岳不得干预。倘再不守卧碑，觊觎滋事，定行查究不贷。着各当堂具结完案。此判。[③]

州县官在判词中明确提出对张钟岳以"戒责手掌"的惩罚，并要求其以后，不得干预新镇坝油行之事，并辅以倘若再行"觊觎滋事，定行查究不贷"的告诫之语。

三则，对"抗交税银"的生员，处以"戒饬"的惩罚。[④]《学政全书》明

---

①《南部档案》4-63-1-c5p292，道光二十年八月初七日。
②《南部档案》4-157-5-c7p280，道光二十年八月二十七日；《南部档案》4-304-8-c10p457，道光三十年二月二十七日；《南部档案》9-899-2-c79p356，光绪十三年三月二十七日；《南部档案》15-78-4-c173p219，光绪二十六年二月二十三日；《南部档案》15-323-5-c177p369，光绪二十六年三月二十六日；《南部档案》18-249-18-c232p49，光绪三十三年三月十七日；《南部档案》17-350-3-c218p50，光绪三十一年十月十六日。
③《南部档案》14-897-10-c170p476，光绪二十六年二月十八日。
④《南部档案》11-395-16-c106p84，光绪十八年七月二十二日。

确规定，生员有抗粮包讼等行为，学臣可直接斥革其衣顶，待钱粮全完，方可开复。①但在监生孙芝训"抗缴税银"一案中，知县虽然知其"有意违抗"，但仍然仅将其"比责二十手掌"，饬令其"自限二十八日缴税"。其中并无斥革其衣顶之意。

四则，戒饬是规避生员斥革衣顶的主要方式之一。清王又槐曾言："或（生员）所犯尚与行止无亏，罪止杖一百以内者，分别戒饬，免其褫革。"②

"戒饬"到底是怎样的一种惩罚方式？据清人王誉昌称："（宫人）有犯老师，批本监提督责处，轻则学长以戒方打掌，重则罚跪于圣人前。"③甚至"戒饬"一词，直接指责罚生员的工具"戒尺"。④由此可见，对生员"戒饬"这种惩罚方式，是由学校系统内的教官或者"学长"用戒尺打掌。此外，教官对肄业生员的惩罚，并非仅限于"比责手掌"或"罚跪于圣人前"等两类。如，镇江府属汀漳道朱鸿绪对于欠粮生员的责惩方式是，要求他们在明伦堂朗诵圣谕广训半个月。又于明伦堂放置一个内有四条竹尖的竹笼，以锁押欠粮生员，使其不致展动。⑤除了对犯错生员进行"申斥""戒饬"，州县管的判语中还出现了"薄责示惩"等词。⑥但所谓"薄责"是否也是指"戒饬"一类，因资料所限，难以知晓。

（四）管押——送学与交差

对犯错生员进行管押的方式有两种，一种是"送学管押"，即将犯错生员直接管押到州县儒学衙门处，由儒学训导发落。⑦且"送学管押"也是避免"械

---

① （清）素尔讷等纂修，霍有明、郭海文校注：《钦定学政全书校注》，武汉：武汉大学出版社，2009年，第89页。
② （清）王又槐：《办案要略》，《论详报》，官箴书集成编纂委员会编：《官箴书集成》第4册，合肥：黄山书社，1997年，第779页。
③ （清）王昌誉：《崇祯宫辞》，抱阳生编著《甲申朝事小记》，北京：书目文献出版社，1987年。
④ （清）吴敬梓：《儒林外史》第7回《范学道视学报恩师，王员外立朝敦友谊》，北京：人民文学出版社，1975年，第4页。
⑤ 《世宗宪皇帝朱批谕旨》卷205，四库全书本。
⑥ 《南部档案》12-466-11-c126p342，光绪二十一年六月二十九日。
⑦ 生员在"送学看管"之后，往往有"照律详办"等语，即表明州县儒学有依照律例惩办所管生员的权力。参见：《南部档案》13-179-6-c139p504，光绪二十二年三月十六日。

责"的方式之一，多数情况都是生员"本应戒饬"，知县宽免深究，但仍要将犯错生员"送学管押"，交由州县儒学处置。①如，光绪二十一年（1895年），廪生李念祖作为南路东坝场积谷首事，不以身作则，反"霸吞肥己，有干例禁"，知县为避免麻烦，免除对其"械责"等惩罚，"从宽，着将李念祖送学管押"。②在此案的后续发展中，也可以看到知县对其判决一直在让步，当知道李念祖在审断后"抗不算账，不交出其弟候讯"时，知县仅作出"着盖饬示惩，限三日算清，结案"的批语。此后，李念祖依然"迭比不缴"，知县仍称"格外体恤"，仅断"缴钱二百串，其余之数连承欠免追"。③

另一种是"交差管押"，即将犯错生员交给差役"锁押"或暂行管押。对生员作出此类判决，往往是对犯错生员作出恐吓之语，使生员一方甘愿"和息"或者认罚。如，光绪十五年（1889年），武生吴开科，"发妻现存""擅勾良家子女作妾"，知县判"将其交差暂押兵房究办"，但因"吴开科畏究，始托切戚武举汪永川，同局士梅和鼎与郭子成赔礼屈和，吴开科甘愿与汪氏娘□两家顶礼，自愿认捐银五十两，作为培修奎阁工费"。④此案随着吴开科态度的软化而进一步得到"息和"的可能，六月三十日，经知县覆讯，此案最终以"两造甘愿和息取累"，吴开科"所捐培修奎阁银两照数交学田局士承领"，其"媳妇汪氏饬令吴开科领回团聚"结案。⑤

生员之所以对"交差管押"一项甚为畏惧，则是由于在衙门差役看来，生员、监生是可以"捞油水"的对象，"即使随收随放，费已不赀"。⑥再加之，生员在被关押的过程中，可能还会被施以"枷责"的惩罚，⑦此种肉体上的惩戒，对于文弱的生员来说是难以承受的。知县作出此种判决，不仅有利

---

①《南部档案》13-102-2-c154p241，光绪三十二年十一月二十三日；

②《南部档案》12-400-7-c125p188，光绪二十一年十一月十六日。

③《南部档案》12-400-21-c125p207，光绪二十一年九月十八日；《南部档案》12-400-24-c125p210，光绪二十一年□月十二日。

④《南部档案》10-530-5-c90p310，光绪十五年六月二十一日。

⑤《南部档案》10-530-10-c90p312，光绪十五年六月三十日。

⑥（清）张鹏翮撰，隋人鹏集解：《治镜录集解》，《中华藏典名家藏书》编委会编：《中华藏典（一）名家藏书15》，呼和浩特：内蒙古人民出版社，2000年，第103页。

⑦《南部档案》10-726-7-c94p314，光绪十六年十月三十日；《南部档案》14-821-21-c169p411，光绪二十五年十一月初八日；《南部档案》15-1040-9-c190p336，光绪二十八年七月十八日。

于"刁狡"生员俯首认错，还是追缴"恃衿抗粮"生员钱粮的有效手段之一。此外，对于聚赌的生员，州县官亦不会姑息。如，宣统二年（1910年），武生戴于邦具控戴有龙词讼一案中，武生戴建迳、戴金玉等不仅与戴有龙聚赌输钱，同时牵连案中为人作证，因而分别被州县官管押到兵房和看守所。[①]

在《南部档案》的记载中，知县多直接对生员处以"枷责""管押兵房"等判决。这种做法表面上与地方官本不应擅自"饬责"生员的规定大相径庭，但在实际上，州县官对生员做出"交差管押"的判决后，的确是需要有州县教官参与进来的。如光绪十二年（1886年），廪生余跃龙等因冒充城工首事估拿斗行升斗钱文，知县先将其"暂行发学田守候"，后查明缘由经"儒学送来"才将其"管押礼房"。[②]

（五）斥革衣顶——剥夺生员功名

一般情况下，褫革生员功名，对生员来说是较为严重的惩罚。在知县实际的审案过程中，生员被斥革的情况相对较为少见。《南部档案》中生员被斥革的情况仅有三例。其中两例是当事人"屡次兴讼"，而被州县官处以"褫革衣顶"的处分。如，光绪十四年（1888年），南部县茶商张钟兴"以贿串朋夺上控许玉廷等"一案中，廪生许玉廷闻风控告茶商且"累次兴讼"，保宁府正堂因而罚其"暂革衣顶，发学管束，察看两年无过，再由县详请核示，并饬该儒学遵知缴"[③]。又如，南部县武生高登升、罗联升，廪生刘铸昌等"因误听人言局士岳集义经手历年捐输，有浮征肥私情弊"，便以"弊蒙浮征"等情到府衙将岳集义上控，在案件的审理过程中，由于高登升等人"情虚畏审""匿不到案"，后经府衙审讯，该地方官给予其"斥革衣顶"之类较为严厉的惩罚。后经该武生当堂认错，文生甘雨霖等"公同邀恩，应请宽免深究，并请将该革生等各衣顶开复"。经督宪批"该革生高登升等既知道悔罪，姑准如□将高

① 《南部档案》21-89-22-c272p181，宣统二年五月初八日。
② 《南部档案》9-519-3-c72p283，光绪十二年四月十四日。
③ 《南部档案》10-574-2-c101p305，光绪十四年三月二十九日；《南部档案》10-574-3c91p307，光绪十四年四月初二日。

登升、罗联升衣顶开复，以冀自新"。①而第三例，则是光绪三十二年（1906年），文生张垣臣由于"阻挠学务，不安本分"，而被州县官处以"斥革衣顶并追缴学费"的惩罚，"以观后效"。②

除了上述惩罚方式外，州县官对犯错生员的惩罚还有诸如"取保"③"发戒烟局试验"等判，如，宣统元年（1909年）八月，武生杜道周因欠武生汪彦德银一白二十一两四钱不还而被汪彦德告进县衙，同时又"与汪德齐为井灶交涉"，知县不仅饬令杜道周还钱，同时将其发往"戒烟局试验"。④

总的来说，州县官虽然在事涉生员案件的批词中多有"大干例禁"等语，但实际上并非严格按照律例办事，州县官往往对其采取"从宽免究""宽免深究"等处置方式。知县对案件做出以上处理，很多时候都是在"德治""劝民息讼"的理念下完成的，以此减轻地方衙门的诉讼压力；同时我们也会发现，在其他案件中州县官也用这样的处理方式。对于家境较为殷实的生员来说，要求其捐资作为地方公用也是地方官经常选择的处理方式。在县官看来，这种处理方式是保护生员颜面、维护地方稳定、避免个人在仕途中遇到麻烦的权宜之举；而在生员看来，县官的"软弱"则又为他们规避惩罚、进出公门提供了很大便利。当然，并非所有生员犯错后都会得到"宽免"的机会。地方官对于那些多次兴讼、屡教不改的生员则很难做到宽免。对生员进行"戒饬"惩罚，是应对生员通过"纳赎"例规避惩罚的重要方式。在州县档案所存的具体案例中，生员大多因"好讼多事"而涉案其中，因而直接通过"纳赎"规避惩罚的方式十分少见。即便是其他"大干例禁"的情况，州县官大多以罚银方式进行处理，或者直接会同州县儒学衙门进行戒饬。此外，将好事之生员进行管押或者直接褫革其衣顶也是州县官对生员态度"相对强硬"的做法。

值得注意的是，由于生员尚在肄业，且隶属于学校系统，州县官在对生

---

①《南部档案》9-624-1-c74p161，光绪十三年闰四月初十日。

②《南部档案》17-818-1-c225p110，光绪三十二年四月十九日。

③《南部档案》10-57-10-c93p103，光绪十六年四月初二日。

④《南部档案》20-89-2-c256p327，宣统元年八月二十二日。

员做出以上诸如"戒饬""褫革""管押"等惩罚的过程中，州县教官扮演着十分重要的角色。州县官不仅在审案过程中必须知会教官，其后还应会同教官进行责惩或者"申学褫革"，州县官不得擅自责罚生员。

三、"法重断轻"：表达与实践背离的原因

总的来说，关于生员，《大清律例》传达给我们的是生员"好讼多事"者尤甚，他们不仅亲自参与到讼案之中，甚至以讼师等身份唆使平民百姓涉讼公庭，或承办上控案件，或频频出入衙门与地方官相勾结，以此牟利。因此，当政者不得不制定实际而严厉的条款来惩处这些不法之徒。但地方档案记载中对涉案生员的审断结果往往较为温和。州县官在审断细故案件之时，一般偏向于将案件向民间调处或"息讼"方向引导，而对于那些长期拖延、抗结、销案的生员，州县官则以"仗衿恶揽""累次兴讼"等语，给以一定的惩罚，往往是罚银或者"戒饬"，且很少用到"褫革衣顶"这样较重的惩罚。虽然知县在判语中偶尔也会出现"大干例禁"等语，但实际上并非严格按照律例办事，大多采取"从宽免究""宽免深究"等处置方式。那么对于生员涉案的处理方式，朝廷和地方之间为什么会出现这样的反差？究其原因，大致有以下几点：

从案件本身来说，《南部档案》中所记载的相关案件大多属于民间细事，这些案件属于州县"自理"的权限范围内，在程序上少有外在压力。且对于细故案件来说，亲友之间的调解往往更有助于遏制案情的扩大化，因而州县官在处理此类案件时更倾向于将其返回民间进行调处。即便调处不成，知县也会从儒家"德治""无讼""忍""让"等道德理念出发，在律例允许范围内对这些细故纠纷或者对犯错生员作出较轻的审断。

从衙门的诉讼压力来看，由于受清政府"起运"政策的影响，地方"存留"本就无多，从而导致州县衙门人手无多，经费不足，州县官在此种窘境下，不得不采取"'抓大放小'的司法政策，以便减轻衙门的诉讼压力"。①

---

① 徐忠明：《明镜高悬：中国法律文化的多维度观》，桂林：广西师范大学出版社，2014年，第157页。

从州县官与儒学教官的关系来看，生员的行为虽然需要两者共同约束，但惩罚生员的权力往往握在教官之手，对于一般犯"小事"的生员只需发往儒学，交给教官管束即可。生员犯杖罪及其以上等罪的，若严格按照律例执行，州县官需要会同儒学教官"申报督、抚、学臣，其事属督、抚者，督、抚移咨学臣；其事属学臣者，学臣移咨督、抚，即斥革发审，再具文报部。至年终，仍将审明缘由，造册送部，以便查核"[①]。如此繁琐的公文来往，"动经旬月"，不仅时间较长，亦增大了州县官的工作量。因而，州县官在处理生员相关的案件的过程中，只要不涉及命盗案件，一般都会宽免，或者以"戒饬""送学"等方式交给学官处理。

从州县官与生员的关系来看。在清代，州县官的任期很短，一般不超过三年，据研究，以清代南部县 109 任知县的任期来看，实授知县的平均任期为 2.4 年、署任知县平均任期为 0.9 年、代理知县的任期平均任期为 1.5 月。[②]同时，由于知县任期较短且大多不是本地人，对本地民情知之甚少，很多时候只能依靠书差衙役以及地方绅衿。虽然生员不能像有较高功名的士绅那样直接给县官提出意见，在维护基层稳定方面，他们却能够做到更多，如曾任四川县令的张香海曾言：

> 言语不通，不能不籍文告而以言教者，讼终亦无益。且蚩蚩者，既塞于耳，又盲于目。须得人以达之，则在生员之操土音。[③]

由此可见，州县官的文告、施政措施，大多需要本地生员代为传达。生员亦经常参与到稽查地方事务、调解族邻纠纷、管理学务、众筹会社，以及征收学款等基层管理中去。

加之，对生员进行肉体上的惩治"干系生员体面"不得"轻慢"，稍有差池，不仅被罚生员本身不会善罢甘休，可能还会引起生员"联名上控"等更

① （清）素尔讷等纂修，霍有明、郭海文校注：《钦定学政全书校注》，武汉：武汉大学出版社，2009 年，第 88 页。
② 吴佩林、万海荞：《清代州县官的任期"三年一任"说före疑——基于四川南部县知县的实证分析》，《清华大学学报（哲学社会科学版）》2018 年第 3 期。
③ （清）丁曰健辑：《台必告录》，清乾隆刻知足园刻本。

加难以收拾的结果。州县官为了自身仕途，并不愿意将事情闹大，为此在案件的审理过程中，对生员的惩罚是相对较轻的。当然，生员的此类优免，很大程度上是得不到保障的，它可能会因为县官的个人因素而有所改变。

第七章

生员的没落与余晖

生员群体作为清廷的统治基础之一，在清朝的社会治理、政治建设、法律规范等诸多方面都发挥着重要的作用。本书前几章的内容主要探讨了在清政府统治秩序相对稳定的状态下生员的涉讼情况。然而自道光二十年（1840年）国门洞开以来，既存的统治秩序遭到了西方入侵势力的挑战，等级观念和传统思想逐渐瓦解。本章，我们要探讨的是，在巨大变动的时代里，尤其是在科举制度废除之际，清政府为稳定生员群体与社会秩序所做的努力及清末民国时期生员群体的历史命运。于清政府而言，面对"西学"压倒性的冲击，官方如何在顺应"西学"发展趋势的同时，通过制度化的解释捍卫"中学"的本位，以稳定王朝的重要统治基础——生员群体？于生员群体而言，他们在社会结构错动之际呈现出怎样的形象？他们如何面对前所未有的变革？当他们从清廷的拥护者转变成反抗者，并推动新的政权建立后，他们又以何种形式承继生员的权势、践行生员的职责？

一、清末民初时人眼中的生员形象

在大的社会变局之下，清政府作为统治者，试着调和时代发展趋势与其统治秩序之间的矛盾。而生员群体一边幻想保留自己的特权，一边却不得不承认社会已然发生巨大变动，清政府名存实亡的现实。从前几章我们了解到，有清一代，生员因为其享有优于平民的特权和地位，在参与地方事务尤其是法律诉讼时呈现出多重面相。尽管以档案为中心的研究会使人将这种形象限定在其地域性之中，然而结合前人的研究，却也能发现不同地域间生员群体呈现的共通之处。个性与共性的结合才能使我们的研究更加鞭辟入里。此项研究的不足之处亦是明显的，反思档案之中涉及的生员形象，多从官方话语体系和生员自身的角度建构。在古代，失去了对文字的掌握权就意味着失去了话语权，底层民众处于"失语"的状态。囿于反映一般民众意识的资料匮乏，我们对于时人眼中的生员形象这一问题仍有很多探讨的空间。

近代社会的剧变体现在政治、经济、文化等方方面面，一些新兴事物的传入令时人的生活发生翻天覆地的变化。近代报刊事业的发展使更多民众对生员的看法被记录下来，虽然这些记录仍然被掌控在有一定知识的群体手中，但我们也能从报导中感受到底层民众的声音越来越大。本节试从这些"声音"

中去分析社会转型之下一般民众对于生员——秀才的看法。

（一）"穷酸"秀才

科举制度在"以德取人、以能取人的基础上，强调以文取人"，通过考生的成绩择优录取，它是一种比较公平的人才选拔制度。[①]由于没有门第、贫富的限制，读书人无论等级贫富都具有同等的应试权利。民间的地方塾馆也多为私人事业，"往往是创办者多出资，伴读或借读者所交束脩多带补充性质，贫富的负担通常是有差别的"，对于"贫寒而真能读书者而言，上升性社会变动的机会始终存在"。[②]对生员来说，入学的门槛较低，一旦通过科举考试取得功名，便意味着阶层的飞跃与社会地位的提高。因此在普遍贫寒的小农社会中，"学而优则仕"的观念使众多小农家庭延续着"耕读传家"的传统。许多秀才出身于贫寒之家，他们经历数十年的寒窗苦读，寄希望于有朝一日金榜题名。王先明指出，"拥有土地也拥有功名的绅士在封建时代为数较多，但贫寒穷困的绅士也实非少数"。[③]清代的许多文学作品中读书人的形象也多为家境贫寒的生员，如《聊斋志异》《儒林外史》等[④]。

可见，"穷"是许多生员身上的一大特征。科举制度发展至清朝，考试内容日益僵化，禁锢了读书人的思想。秀才满口"之乎者也"，常有意无意刁难别人或讽刺别人拥有自己却得不到的东西，其脱离社会实际的形象逐渐固化。清末民初，时人常以"穷酸秀才"讥讽读书人。《射南新报》刊登《穷秀才》一诗反映出时人眼中的秀才形象："书魔成就又穷魔，措大头衔发鬓皤。一领青衫寒气重，三间茅屋日光多。本无婢仆供柴米，未免妻儿羡绮罗。独有先生吟兴足，釜鱼犹作范舟歌。"[⑤]这首诗映射出典型的穷酸秀才形象：一袭青衫、头发斑白，噬书成魔，家徒四壁，妻儿随其受苦，无法用实际行动改善

① 袁娅楠：《〈聊斋志异〉科举题材小说研究》，硕士学位论文，青岛大学，2020 年，第 3 页。
② 罗志田：《科举制废除在乡村中的社会后果》，《中国社会科学》2006 年第 1 期。
③ 王先明：《近代绅士：一个封建阶层的历史命运》，天津：天津人民出版社，1997 年，第 16 页。根据王先明定义的"绅士"概念："无论举贡生员还是乡居缙绅（职官），凡是获得封建社会法律认可的身分、功名、顶戴，无论出仕未仕，一概属于绅士阶层。"（详见王氏此书第 6 页）循此观念，生员属于绅士阶层。
④ 袁娅楠：《〈聊斋志异〉科举题材小说研究》，硕士学位论文，青岛大学，2020 年，第 18 页。
⑤《诗：穷秀才》，《射南新报》1924 年第 26 期，第 108-109 页。

其生活，却能苦中作乐。

不宁唯是，秀才自身也常写诗作曲进行自我嘲讽。一名为"雀顶蓝衫酸字号"的秀才写道："想当初三年两考，挣来这相公二字人称。道几年间科岁试列前茅，才能够四块钱分四季要。"[①]考试及第更多地意味着获得了封建社会、法律认可的功名、顶戴、特权等，然而这需要秀才们数十年如一日地苦读儒家经典，通过各项考试才可获得，并不代表所有人都可循此途径一夜暴富，彻底摆脱贫苦。秀才们的自我嘲讽是否表示其对自身处境或地位的厌弃？一位出生于民国时期的读书人的自述或许能够说明一些问题。他的父亲从小便教诲他，"天下万般皆下品，思量惟有读书高"。[②]他认为，中国士大夫阶级的中心意识并没有因为时代车轮跑得太快而迅速消减，中国人仍被传统思想紧紧包围。他提到，"穷秀才，这名宁多么雅致而又清脆。只有'穷'字，才能显得将来的富贵，所以读书人不怕穷。比如中国的旧话，'十年窗下无人问，一举成名天下知'，那时节，时值穷秀才扬眉吐气、大摇大摆、做官发财连环而来。如此如此，穷秀才就爬上了士大夫的阶官台，扶摇直上云霄"。[③]此时清王朝已经彻底覆灭，但传统的阶级意识和耕读传家的思想仍深深地残存在许多人脑海中，并以此来教导后辈。在这位读书人看来，秀才求学时的"穷"反倒能在其求得功名、实现跨阶层的胜利之时形成巨大的反差，满足其内心的优越感。

类似上述穷秀才的心理也反映在许多明清小说中。在"三言""二拍"中，秀才们通常认为"惟有科举及第可使人彻底改变贫寒低下的社会地位，摆脱各种人生的困境，否极泰来。故而穷秀才们一边怨天尤人，一边又怀着'再待三年，必不负我'的热望，汲汲奔竞科场，时时不忘进取，或寄希望于帝王的赏识、试官的扶持，或梦想得到鬼神的庇佑"。他们最终的结局往往是获得"'一举成名天下知'的辉煌收场，大大纾解了胸中的一口怨气"。[④]这类小

---

① 襄笠野人：《穷秀才叹》，《墨缘丛录》1912 年第 5 期，第 28 页。

② 布：《上下古今：从穷秀才谈到摩登学生》，《老实话》1933 年第 5 期，第 14 页。

③ 同上。

④ 卢捷：《落魄文人出路的理想探索——略论"三言""二拍"中的秀才形象》，《明清小说研究》，2009 年第 2 期。

说往往隐含着创作者的仕途理想、道德观念和人生感悟，看似虚构的人物和情节，实际具有可考的现实依据，也能够从一定程度上反映明清读书人的心态。蒲松龄创作《聊斋志异》，其中一个重要现实因素便是其科考屡试不中。作为一名为科举功名耗尽大半生的穷秀才，此书是他"曲折地反映社会现实，隐微地表达社会政治理想的'孤愤'之作"。①

当我们述及明清时期小说中的"穷酸秀才"形象，可以发现在清末民初时人对读书人的这一称呼并非鲜闻，而是在科举制度长时间地发展演变历程中，人们针对这一群体的突出性特征逐渐流传下来的戏谑性称呼。无论是他人戏谑，还是自我嘲讽，这背后反映的民众和生员的心理似乎都很耐人寻味。在中国实践了一千多年的科举制确实"向天下抛出诱人的平等光环，为平民子弟提供了一个特殊的晋升之阶"。②从某种程度上来说，它平衡了各阶层人们的心理，一代又一代人不断强化"学而优则仕"的观念，家境贫寒者也确实可以循此途径获得世人艳羡的功名顶戴，这使科举制度在原本就十分广泛的社会基础上变得更加根深蒂固。在重大社会变革下，清政府的具体建制或许被废除了，但是人们的思维转变却是一个极其漫长的过程。

有时报导中突出秀才的穷酸形象并非基于许多秀才本就穷酸的实际，而是重点表达对某些秀才行为的讽刺。据报："万寿节杨漕宪体与民同乐之意，在署前高建一台，召梨园戏剧，恐观者滋事，特派营勇在该处弹压。有沐阳程生挤身而入，为兵勇拦阻。生怒，遂与争论，永固不知秀才值几许钱，汹汹欲殴。后为某千戎所闻，恐酸味薰人，乃启栅纳之。"③从报导的具体内容可看出秀才恃其特殊身份敢于挑战官府权威，因其具有话语权，在社会上往往自视甚高。然而当我们跳脱出报导内容，而仅从报导者的角度来看，恐怕这则报导也透露出对"秀才群体"恃其特权而将自己视为高于平民这类行为的不满。

（二）秀才不秀

仅以长时期的固化形象来解释晚清民国时期人们对秀才形象的建构，显

---

① 刑培顺：《从〈陆判〉看蒲松龄的世俗理想》，《蒲松龄研究》2012 年第 1 期。
② 李国荣：《清朝十大科场案》，北京：人民出版社，2007 年，第 5 页。
③《秀才有理》，《益闻录》1884 年第 390 期，第 418 页。

然过于单一，疏漏了其它可能存在的原因。查阅这一时期的报刊资料，笔者发现与秀才有关的报导不胜枚举，秀才这一群体因其身份的特殊性受到人们的广泛关注。如果说一些报导以"穷"或"酸"等字眼委婉地表达了时人对秀才的戏谑讽刺，有些报导则能够直接体现出人们对秀才的不满。"1909年浙江仁和县附生张浩，因拱宸桥肥业一项有利可图，向各衙署叠次禀请揽认，务以得充夫头为目的。"张浩通过捐纳获得生员身份，并希望借其对衙门的捐纳承揽肥业。衙门看穿张浩每月认捐六十元只是为了借此机会谋利，恐"一经认定后，势必又以利息微薄，藉词抗欠"，遂驳回张浩的请求。该报道的作者则评论到："向来秀才们动讥纳粟入监之辈，为臭监生，是固以书香自居也。乃今竟谋充极臭之粪夫头而不得，夫亦大可哀矣。"①从这则报道中可以强烈地感受到当时人们对迪过捐纳所得生员名号的生员群体极为不满，称纳粟入监之辈为臭监生。另一则关于生员的报导中则称捐纳之生员为"纸糊秀才"，并配以"财可通神，钱必有中"的字画，讽刺当时闽省藉财买名之风盛行。②

这类生员恃其财力雄厚，便通过捐纳的形式获得封建社会中人们普遍追求的特殊身份和地位。清朝晚期这类现象层出不穷，朝廷默认允许卖官鬻爵。在近代社会变局之下，"商人阶层对于近代社会生活的影响力日趋增长"，"近代商人不甘蛰伏于'四民之末'而努力向绅士阶层流动"。③"等级、身份作为封建时代人们社会关系体系中特定地位的标识，它所拥有的社会价值分量与其数量的增长注定成为反比关系：其人数愈多，其价值愈轻。"④以前读书人必须通过十年如一日的寒窗苦读才有机会获得的特殊身份，如今富者却可以利用其钱财买到这份世人心之所向的殊荣；且如上述报导中显示，有些人凭借其捐纳所得的身份，利用其附加的特权渔利乡间、与民争利。这反映出清后期朝廷的政治腐败，此举也大大降低了生员身份和地位的含金量，招致人们对此类生员的不满。在这样的背景之下，晚清民国时期时人对于生员群体嘲讽的现象似乎越来越突出。

①《秀才谋充粪夫头之奇闻（附图）》，《舆论时事报图画》1909年第8卷第14期。
②何元俊：《纸糊秀才（附图）》，《飞影阁大观画报》1902年第1期，第5页。
③王先明：《中国近代绅士阶层的社会流动》，《历史研究》1993年第2期。
④王先明：《近代绅士：一个封建阶层的历史命运》，天津：天津人民出版社，1997年，第4页。

除了越来越多富者捐官招致人们对该群体的不满之外，反求诸己，一些通过自己努力获得生员名号的读书人在传统观念受到冲击之际也暴露出很多问题。前几章述及生员涉讼时百姓会以"恃衿健讼""仗衿恶搕"等措辞强调生员的恶行，百姓将生员群体描绘成劣绅形象，多数情况下是为了提高自己胜诉的可能性，但也不能因此否定一些生员在社会生活中存在言行失范的可能。尤其在社会错动之际，一些生员凭借其享有的特权，在政治、法律或社会交往活动中表现出的陋习和恶行使其在一般民众中的良好形象逐渐崩塌。到了晚清民国时期，随着近代新闻报刊事业的兴起和发展，消息的传播速度加快，一些生员的恶行被报导出来之后，传播和扩散的力度都较传统时代大。越来越多人的言行被记录下来，在此处发生的事情可能在他处引起广泛的讨论。这一时期聚焦于生员恶行的报导亦不在少数。

　　光绪十二年（1886 年）《益闻录》报导，文生李某因其子卧病，前往致和药铺取药医治，意图赊取，遭到药铺伙计拒绝，遂付钱取药而回。次日李氏"邀同酸党前往复仇"，称药铺伙计将党参调换成了沙参，致人误服而死，于是将店铺招牌锯断。药铺老板将此事上禀至衙门，查出李秀才本就劣迹多端，所言皆不属实，最后将其功名斥革。[①]又有"四川邛州东路固驿镇朱某，名列膠庠，身充保总，武断乡曲，无恶不为。去岁藉案扫拿同场余姓衣物银两约值千金，其搜括情状（如产妇之足带、婴儿之绷布，皆攫取而去），见者无不切齿"。[②]依照王先明对"近代绅士"的界定，即"近代绅士不仅指士大夫，也指'未仕之士'，还指通过各种途径获得身份的其他分子"[③]，生员群体也属于绅士阶层。生员原本应该是民间良好风气的倡导者，应该与其他绅士共同维护社会和谐并参与社会治理；然而一些生员正如报导中那样，恃其特权肆意妄为，使得民间对某些生员的印象大打折扣，赐以"酸党""劣绅"名号。

　　一些秀才虚有其名，背地里行鸡鸣狗盗之事，一经揭发即招致骂名。武昌府属咸宁县二都地方，有钱凤林，少年时期曾于孔学使任内得入武庠。钱氏因嗜烟赌，以致家贫如洗，无计谋生，沦落为"梁上君子"，偷窃同族衣物

　　①《秀才不秀》，《益闻录》1886 年第 593 期第 411 页。
　　②《上编政事门·纪闻·中国部·四川·缉拿秀才》，《广益丛报》1906 年第 99 期，第 11 页。
　　③ 王先明：《中国近代绅士述论》，《求索》1989 年第 1 期。

钱文。①据称，和州城内汤某之子"读书应试，取入膠庠，方谓腾达青云，藉兹发轫"，无奈该生性嗜洋烟，偷盗成性，"不折蟾宫之桂，反盗门内之貂，露丑出乖，臭名洋溢"。②"洋烟"是为鸦片。"不折蟾宫之桂"指的是不追求科举应试及第，表示对该生不务其本业的批评。依时人之见，这位生员本应发奋读书应试，早日考取官职，借此机会飞黄腾达；然而该生因染上吸食鸦片的陋习，屡屡曝出偷盗丑闻，臭名昭著。论至此处不得不提及十九世纪以来鸦片在中国的泛滥，给中国社会带来的巨大危害。鸦片祸民毁国于无形，张之洞曾言及鸦片的危害，认为其废害文武人才较耗财尤甚。它令国人"志气不强，精力不充，任事不勤，日力不多，见闻不广，游历不远，用度不节，子息不蕃"，数十年之后"必至中国胥化而为四裔之魑魅而后已"。③吸食鸦片者一经染上此恶习便难以戒除，许多人因吸食鸦片倾家荡产，如生员汤某一般因嗜鸦片而误入歧途者亦不在少数。这对中国传统的纲常礼教造成了巨大冲击，"因食鸦片，遂至君臣、父子、兄弟、夫妇、朋友五伦俱废，仁、义、礼、智、信五常顿乖，其弊已有如此"④。吸食鸦片烟时抛却烦恼、飘然欲仙的诱惑，使许多文人秀才摇身变成"瘾君子"，有辱斯文。

面对前所未有之变局，有的生员因一时无法接受清末新政的改革措施，遂行不法之事。如湖南宝庆府秀才因科举停废聚众倡乱。⑤又如四川仁寿县文生贾纯武，于选举出榜之日率众扯毁榜单。贾氏的行为造成恶劣影响，被府辕革去衣顶，罚金五十元，并处以一年监禁。⑥另外，并非所有生员皆为好学上进之士。至清末时期，社会积弊已十分严重，卖官鬻爵、贪污腐败之风盛行，早已超过负荷的官僚体制之外还有一众后备人选。在此种形势之下，一些生员并不将进入官僚体制内部视为自身奋斗的终极理想，只求获得生员的

---

① 《竟有武秀才而作贼者（附图）》，《舆论时事报图画》1910 年第 2 卷第 28 期，第 5 页。

② 《秀才作贼》，《益闻录》1897 年第 1666 期，第 172 页。

③ 张之洞：《劝学篇·内篇·去毒第九》，《丛书集成初编·劝学篇（及其三种）》，北京：中华书局，1991 年，第 91 页。转引自：颜色：《绅士的慈悲还是利益的追逐？——中英鸦片贸易终结过程的研究》，《清史研究》2012 年第 3 期。

④ 何玉泉：《鸦片烟论》，《教会新报》，874 年第 299 期，第 3 页。

⑤ 《中国近事：宝庆府秀才倡乱》，《绍兴白话报》1900 年第 84 期，第 3 页。

⑥ 《秀才扯毁选举榜（附图）》，《图画日报》1909 年第 51 期，第 11 页。

身份享受读书人的闲适与特权。某位生员"游泮后不喜岁考,迟至第三年,无可再逃,只得随棚补考"。①这位生员曾自作打油诗展露了其对于考试的态度:"岁考淮城补,花钱两大千。文章三百字,快活两千天。茶社招朋友,烟寮听管弦。秀才能似我,自在即神仙。"②

需要强调的是,时人对于生员群体的印象和生员群体自身表现出来的陋习并非清末民初时期才初步形成,而是在这一时期随着朝廷官僚体制的腐败、科举制度的停废、社会的剧变等因素的加持,生员群体自身暴露出来的问题更为明显;又由于近代报刊事业的发展使得更多人可以发声、消息的传播速度及影响力也倍速于从前。本该以生员群体为代表维护的传统纲常礼教受到冲击后,一些生员似乎无法在混沌的乱世中找到自己的方向。在这样复杂的背景下,一些生员呈现的形象并不良好。"中国传统是一多层面的体系,表面看去似不怎么紧密相连,实则内在联系丝丝入扣。"③随着帝国的瓦解,当生员自身难保,失去跨越阶层、登入仕途的希望,也无法遵从、守护传统的纲常礼教之时,一些"秀才"已不再是众人的引路者,而是成为众矢之的。

二、从"古学校"到"新学堂"

想要探析清末民国时期的生员与此前相比发生的变化,首先可以尝试了解中央政府和生员群体在巨大的时代变动下面临的处境。传统的"士农工商"结构是封建社会制度和文化的基础。④士为四民之首,在传统社会中享受着优于平民的待遇。科举制提供了相对公平的入仕机会,加之读书人优越的身份和社会地位,使无数小农家庭延续"耕读传家"的传统。一些家族以"务耕读以立家,励勤俭以成家"为诫语,勉励家族子弟循此道而行。⑤然而到了清末,"西风东渐"对于中国社会阶层的变动产生了巨大影响。"中国士人沿着

---

① 《记事珠:铁冷杂记:秀才补考诗》,《小说丛报》1916年第3卷第2期,第10页。

② 同上。

③ 罗志田:《科举制废除在乡村中的社会后果》,《中国社会科学》,2006年第1期。

④ 王先明:《近代绅士:一个封建阶层的历史命运》,天津:天津人民出版社,1997年,第184页。

⑤ (明)冯奋庸编:《理学张抱初先生年谱》,清雍正刻乾隆增刻本。

'西学为用'的方向走上'中学不能为体'的不归路。"①在西潮的冲击下，传统士人所习经典无用论甚嚣尘上，清末社会涌现的种种问题无法再用士人所学的知识得以解决。朝廷认为西洋各国之强大在于兴设学堂，授以实用之学，"屡降明诏，饬令各省督抚广设学堂，将俾全国之人咸趋实学，以备任使"。②因此，清廷以兴办学堂的形式仿效西方培养实用型人才，逐渐废除科举制度。时代的发展趋势裹挟着清廷不得不迈出向前的步伐，朝廷的一声令下从官方层面正式宣布传统四民社会的格局被打破。在传统的社会结构错动之后，朝廷采取何种策略维护其统治根基？庞大的生员群体又如何面对教育体系的旧与新？

（一）官方的策略

西学之风渐盛，在朝廷的明文鼓励下，学校所授诸知识不再限于四书五经，转而尊崇西方实用科学。仅仅就其所习内容而言，朝廷试图将"中学"和"西学"兼容，纳入学生的学习内容之中。在考核体系和选拔层级、职名方面，学堂仍固守旧有的制度。如宣统元年（1909 年）选拔优生，仍"由提学司饬据各属，切实保送，先行分场认真口试，秉公遴选。复由臣亲自覆试，严加甄录，照章取录。择拔生两名、优生五名，先后榜示晓谕"③。在选拔学生之时，官方所依之程序仍为旧制。在清廷正式下令广设学堂之时便强调，"学堂本古学校之制，其奖励出身，又与科举无异。历次定章，原以修身读经为本，各门科学，又皆切于实用，是在官绅申明宗旨"④。根据清廷之意，学堂与古代之学校形制差别并不大，甚至将其视为依古学校之制而建，只是学生所习内容趋向于实用之学。实际上这是西学盛行于中国后官方对其进行本土化的改造，试图以此让求学诸生仍沉浸于"古学校"体制尚未发生本质性变动的迷梦中。通过科举制选拔出来的官僚，以及或入学受过教育或捐纳产生的生员们是帝国统治下层社会的基础，一旦这种制度受到冲击，就意味着帝

---

① 罗志田：《西潮与近代中国思想演变再思》，《近代史研究》1995 年第 3 期。
②《大清德宗景皇帝实录》，卷之五百四十八，光绪三十一年八月。
③《黑龙江巡抚周树模奏遵章考取己酉科优拔摺》，《政府官报》1909 年第 819 期，第 13 页。
④《大清德宗景皇帝实录》，卷之五百四十八，光绪三十一年八月。

国统治的根基受到极大威胁。在不得不正面应对西学冲击之时，朝廷只能通过制度化的解释将西学移植到帝国尚可控制的统治基础之上。

概括来讲，清廷坚持的是"中学为体"这一触及其统治根基的价值导向。根据时人陈明的阐释："泰西昭于治术而闇于治理，中国昭于治理而闇于治术。治理，本也；治术，末也。治理执乎经，治术徇乎权。治术可以康一时之天下，治理可以康万古之天下。"①他认为"中学"与"西学"各有专精，不可偏废，然学习"西学"的目的在于实现"天下"一时之康盛，想要保证"天下"持久的昌盛，只有坚持"中学"的本位。这种观念看似保守，但对于当时的知识分子和朝廷而言已经是一种思想大解放，在西方文化的冲击下，他们已经作出极大的让步。②只有在坚守"中学为体"的基础之上，清廷才既可维护统治秩序，又可广纳"西学"，广兴学堂。朝廷的统治秩序本就依孔教礼制而建，当这种秩序受到冲击，不得不接受改变时，惟有将中西二学融合，并强调对其区分主次，才能维护"中学"的正统地位。"中国欲明自强之策，当以西学寿中学之穷，不当以西学裂中学之防；当以中学药西学之病，不当以中学摈西学之奇。融中西、酌常变、达经权，因时制宜、衡量施行，以保孔教、以存黄裔。"③

在文化方面，无论是官府代表还是民间知识分子，他们对于保存国粹的取向有明显的共性，都不同程度地倾向于中西调和的取向。④到了清末，许多知识分子虽然意识到清廷政治上的腐败，但在"中学"与"西学"的本末之争层面，他们非常维护"中学"的本位。清末著名翻译家沈毓桂认为："西学自当以中学为本，而提纲挈领固亦有道也。务愿有志西学者勿视中学为具文，绅绎中国之文辞，以旁通西国之义蕴。……由中学以触类而引申，而凡西士新译地理备考、海道图说、西洋兵书皆足资我考证。他如英志联邦、万国公法、博物通考、天文算学、格致学、光学、声学、热学、植物学、重学等书，尤足扩我聪明。我人荟萃中西两学，以尽其精微、以裕其经济，而又勿计近

221

---

① 陈明：《论自强当以中学为体西学为用》，《利济学堂报》1897年第6期，第12-14页。
② 丁伟志：《中国文化近代转型的启示》，《马克思主义研究》2012年第6期。
③ 陈明：《论自强当以中学为体西学为用》，《利济学堂报》1897年第6期，第12-14页。
④ 罗志田：《清季保存国粹的朝野努力及其观念异同》，《近代史研究》2001年第2期。

功、勿图小就。"①需要注意的是，沈氏并非因循守旧之人，他深受西学影响，并先后与蔡尔康、林乐知等人合作编修发行了《民报》和《万国公报》。他并非因固守传统而捍卫"中学"的本位，而是在接受、了解西学的基础上还坚持"中学为本"的立场。他认为国人在掌握"中学"的基础上学习西方的各类知识，才能够触类旁通，将它们掌握并灵活运用。"西学"的传入可以扩充时人的知识，增长见闻，因此对其应持开放的态度，将它与"中学"融合，但这些必须在"中学为本"的基础上实施。

政府与民间在很大程度上分享着共同的知识资源，朝野之间的冲突和紧张程度并不那么严重。②这一点从双方皆坚守"中学为本"的观点可以体现出来。只是民间知识分子表明的态度和立场可能受到其他因素的影响而发生转变，与官方相比，他们更有选择的余地。官方对于"中学"本位的坚持，则没有选择的余地，并且还需将这种坚持落在实际行动上，以维护自己的统治。1903 年，在官府准备出资派送第二批学生到日本留学之际，云南巡抚奏称："先后所派员生已至二十六员名之多，则督率自不可无人。且中学西学互相表里，日本各校虽有伦理一科，究无经史专门。若不专派中学教习，责令兼教经史，且恐本殖荒落，习染徒深，转无以植其基而泽其气。"③该巡抚认为留日学生在日本没有受过专门的"中学"教育，怕派遣的留学生荒废本业专习西学，遂奏请派专门的中学教习赴日授以留日学生中国的传统经史文化。此举意在维护"中学"本位，同时也显示出官方对于"西学"的警惕和担忧。

清廷在协调"中学""西学"之间的关系时坚持"中学"的本位，在建制学堂的宗旨中体现得尤为明显。从山东学政对各郡县生员的谕示条文中可以看出，官方强调其坚守"中学为体"的指向："盖闻任重道远，惟志士可以为仁。后乐先忧，为秀才即当励学。……诸生近圣人居，学圣人学，须知以经史为根柢、以性理为本原、以博放古今周知中外为通才。无论所学何事，必以习经史为主。于微言大义、治乱得失、典章制度了然于胸中，自不为邪说

---

① 沈毓桂：《西学必以中学为本说》，《万国公报》1889 年第 2 期，第 17-20 页。
② 罗志田：《清季保存国粹的朝野努力及其观念异同》，《近代史研究》2001 年第 2 期。
③《奏议录要：滇抚林奏续遣学生并选员出洋添设中学教习摺》，《北洋官报》1903 年第 89 期，第 4-5 页。

所惑，由是兼习西学。"①此则条文虽为某一具体省份的学政发出，但仍能反映出官方对中西学问碰撞时的态度。从条文的内容可以看出，官方告诫生员"无论所学何事，必以习经史为主"，先习传统文化，再"兼习西学"。新式学堂日渐普及，大有取代旧式学校之势，这也意味着帝国统治根基的大动摇。在这场无硝烟的中西文化之战中，朝廷如果不坚持强调"中学"的正统地位，也就意味着失去其统治依据，无异于缴械投降。然而官方一面倡导广设学堂，授以诸生实用之学，行动上给西学的渗透让渡了相当的空间；一面又从舆论导向上强调不过分重视其效用。如此亦昭示着官方在顺应新发展与维护旧秩序之间的矛盾心态。

（二）生员的认知

朝廷坚守"中学为体"的舆论导向，倡导各州县广设学堂的行为，却更明确地体现了官方体认到西学之势不可挡，须顺应其发展趋势。然而面对朝廷的倡议，求学之生员及生员家庭如何看待日渐普及的学堂也是需要关注的实际问题。宣统元年（1909年）《广益丛报》上刊登《论我国学校不发达之原因》一文涉及此问题。据时人观察，许多家族将家族子弟至学堂念书，实因大势所趋，无奈而为之。他们对西洋教法如理科、图书、唱歌、体操等均感诧异，不知学堂教授诸科用意何在；认为"习练体操为练习飞檐走壁以为窃盗之预备，学唱歌也谓将练习吹弹演唱，以为优伶之预备"。所以许多生员家族"子弟虽在学堂，而其诋毁学堂仍如故也"。②可见，即便官方宣扬学堂之形制与古学校相同，但由于教授内容发生了根本性的变化，使许多生员及其家庭难以适应学堂的教学模式。面对西潮猛烈的冲击，无论是官方还是民间旧有的观念尚未彻底转变，州县建制的学堂似乎有些不伦不类。

学堂的普及和科举制的废除打破了生员们"布衣卿相"的梦想③，使其向上层阶级跃进的成本增加，可能性却越来越小。既然这种可能性降低是由于西方传入的"新事物"与"新观念"，对于本就固守传统的生员而言最本能的

---

①《录山东学政尹谕各郡县生员告条原文》，《万国公报》1902年第158期，第29-30页。

②《论我国学校不发达之原因》，《广益丛报》1909年第206期，第4页。

③ 罗志田：《科举制废除在乡村中的社会后果》，《中国社会科学》2006年第1期。

反应自然是抵抗。一些生员的行为反映出他们对于"西学"的抵触情绪。生员蓝楹华、刘槐香、刘嘉猷等因禁止张钧益传播耶稣教教义，并拆毁圣经，被张钧益控于公堂。官方令蓝楹华等出具悔结状，保证日后不敢再禁教，亦不敢妄向教士教民寻衅滋事，并由局绅钟镛、叶映春等从中置酒劝和。[①]当时官方对于民间传教持支持态度，但一些生员无法接受西方教义。细推此则材料中生员的行为，此为生员坚守传统文化，将西方文化的传入视为对中国文化的冲击之故。他们认为西方的文化是"异类"，不符合他们的认知，因此，将"西学"与"中学"视为对立的两个矛盾、对立之面。

提及科举制度的废除，我们普遍的认知是，光绪三十一年（1905 年）清朝废除科举制度，意味着读书人"入仕"梦想的破灭。此处"清朝废除科举制度"主要是指通过科举考试选拔人才的程序和制度正式终止。对于当时的生员群体而言，光绪二十四年（1898 年）维新变法废除八股取士改试策论，即变革科举考试之内容而非科举考试之程序，就意味着科举制度的废除。光绪二十六年（1900 年）《绍兴白话报》刊登两则新闻，一则显示："政府因为科举已废，从前的一班举人秀才将要没有饭吃，想了一个法子，把各衙门的胥吏统统裁去，改作誊录名目，叫这帮举人秀才去当。现在已叫各省去会议这个办法。"一则显示："江西一班举人秀才，因为科举停止，没有出身之路。大家会议，公禀学务处，要把所有的举人秀才都送入学堂，将来可以出身。倘若上官不肯答应，大家就不完钱粮。"[②]这两则材料不仅表明生员群体对于"废除科举"的认知是废除八股取士，还反映出官方亦认为废除八股取士便是废除科举；且不惟秀才着急自己的出身问题，官方为了维护自己的统治根基，更加急切地考虑生员的出身，从官方层面提倡举人、秀才进入学堂学习，学成之后仍然认定其身份，解决其出身问题。

在生员眼中八股取士等同于科举考试。传统生员求学的最高取向是"入仕"，他们将八股取士当作自己"入仕"的希望和途径，维新变法期间朝廷对八股取士的废除使这种希望破灭，生员群体自然陷入恐慌，有的生员为自己

---

① 《具悔结廪生蓝楹华生员刘槐香叶衍青监生刘嘉猷职员郑世馨等》，《画图新报》1888 年，第 9 卷第 2 期，第 16 页。

② 《中国近事：举人秀才看看》《力求出身》，《绍兴白话报》1900 年第 76 期，第 3 页。

的出身问题想办法，有的生员则把情绪宣泄至官府。湖南宝庆府的多名秀才，"因科举已停，穷极无聊"，遂招集人员大闹宝庆府，时人也感到"秀才可怜可怜"。[①]当戊戌政变被镇压，清廷恢复八股取士之时，生员异常欣喜。"自复八股以来，各秀才欢天喜地，以为又可扬眉吐气。"[②]

可以看出，对生员而言，废除了八股取士就意味着科举入仕之途的破灭。传统的科举取士对清季士人的影响无疑是难以改变的。阿绮波德·立德在游记中感叹，中国的男人们在三年一次的全国科举考试中全力以赴地冲杀着。"成功的，会得到高官厚禄，即使去世也不会被人忘记，因为他们的名字会被深深地刻在大石碑上，受人瞻仰。"[③]考取功名给人们带来的不仅仅是物质上的馈赠，更多的是满足了世人心理上对于社会地位的追求。受传统等级观念的影响，人们对于"名"的追求甚于"利"，绅士阶层获得的功名顶戴使其拥有独特的政治地位和社会地位。[④]正是由于这类根深蒂固的思想，虽然一些清末生员及其家族在科举制瓦解之时或主动或被迫选择了学堂，但也有许多人选择入私塾以坚守中学之传统。即便清末西学冲击效力尤甚，世人靠功名入仕和获得社会地位的观念仍不可能在短时间内转变。在不得不变和固守传统的纠结之中，私塾成为他们对抗变化的武器。"凡社会所厌恶者，私塾能一一剔除之，而不使少遗，又能迎合多数人之旨趣，定不新不旧之教法。无怪其日渐发达且方兴未艾也。故私塾之增多亦为今日阻碍学校发达之大原因也。"[⑤]私塾介于"新学"与"旧学"之间，不新不旧之教法更能让众多生员家庭接受。官府倡导的学堂以中学之名，行西学之实，一时难以令生员及其家族接受。如此看来，更趋向于旧制者反倒是一些生员及支持他们进学的家庭。加之"古学校"多由宗族或地方上出资建制，对于家境贫寒者来说出资较少也能获得"上升性社会变动"的机会；而新学堂则由官方倡导，多了很多管理程序和资

① 《中国近事：宝庆府秀才倡乱》，《绍兴白话报》1900 年第 84 期，第 3 页。
② 《各省新闻：秀才见识》，《知新报》1901 年第 132 期，第 21-22 页。
③ 阿绮波德·立德著，陈美锦译：《穿蓝色长袍的国度》，上海：上海三联书店，2019 年，第 2 页。
④ 王先明：《近代绅士：一个封建阶层的历史命运》，天津：天津人民出版社，1997 年，第 18 页。
⑤ 《论我国学校不发达之原因》，《广益丛报》1909 年第 206 期，第 4 页。

金需求，民间生员求学的成本增加，减弱了民间向学的积极性。①

　　事情往往具有复杂性，不可以偏概全。当一些生员在抵制学堂时，一些生员却在为学堂建设或筹款入学做准备。面对民众对新学堂的抵触和排斥，民间向学风气渐息，一些生员在此时承担起士绅的社会责任，通过承担学校教职、筹措款项等行动鼓励大家进入新式学堂学习。沂州府兰山县生员段鸿恩等认为，幼童入学堂读书才能识字，会识字才可读书，读书后方知世事，知世事则明义理，明义理则一切农、工、商、医学才能陆续发展起来。但兰山县及周围地区士多墨守旧习，学堂未有一处告成。生员段鸿恩等在办理筹款、议所、延师、择生诸务的同时，意识到兴办学堂还需官方的大力支持，遂与其他生员联名呈请官府协助办理此事。他们认为在科举行将废除之际，积极兴办学堂才能培养幼童读书识字之能力，拓宽其视野，如此可以正地方风气。②在新学堂日益普及之时，有心向学的生员对于入学耗费增多这一问题采取积极的应对措施。为充缴学堂费用，浙江省上虞县生员赵翰章等奏请在县属白马湖养鱼，办渔业以资兴学。官方认为"以湖蓄鱼计利兴学，化无用为有用，事属可行"，只需征求沿湖各堡的同意即可。③

　　有的生员藉新学堂兴办之机从中渔利。太谷县一生员在充当社首堂长时便私挪款项，亏欠学堂各款，前任县长袒护其行为。该生仍不满足，架词捏控企图从中再获名利，被现任县长查出惩处。④在官方重视学堂建设之际，还有的生员藉资助族员入新学堂之名上控，希望借此引起府辕重视。浙江省永康县生员胡国杰控告胡亨昌在废"古学校"、兴"新学堂"之际强夺家族贤租。该家族所有贤租原系科举时代补助膏火宾兴之费，胡国杰认为值此兴办学堂之时应将此项贤租改办族学，以期扩充教育，胡亨昌虽肄业于师范学校，但无论其毕业与否都不应强夺贤租并殴打其父。此案虽涉及新学堂，但其实质

　① 罗志田：《科举制废除在乡村中的社会后果》，《中国社会科学》2006 年第 1 期。
　②《沂州府兰山县生员段鸿恩等呈请设小学以倡风气并筹效法办法稿》，《济南报》1904 年第 123 期，第 7-11 页。
　③《本司支奉抚宪批上虞县生员赵翰章等禀试办渔利以充学费一案饬上虞县文》，《浙江教育官报》1909 年第 11 期，第 100 页。
　④《学辕批示：太谷县生员来锦业以棍徒破坏学堂割改卷》，《并州官报》1909 年第 104 期，第 22 页。

却是生员的族内纠纷，因此府辕批示"事关族务，仰自行告知族长，凭理议结"。①诸如此类涉及新学堂的生员呈控案件在清末时期渐渐增多，从这类案件中也可窥见生员在面对"古学校"到"新学堂"的转换过程中呈现的多种样态。

三、朝廷宽筹生员出路

科举制度使中国古代的士与官合为一体，改变了中国封建社会的基层政治和社会结构。②它使整个社会处于循环流动中，对中国社会结构起着重要的联系和中介作用。③传统选拔人才体制的崩解对士人群体势必带来巨大的影响，朝廷为了保持其统治根基，积极地为中下层士人谋划出路。在科举废除之后，生员的选择与流向主要包括从政、从商、从军和转向新学界。④总体而言，官方层面尽可能地吸纳生员进入官僚体制内部。本节从官方对生员的吸纳及生员自身对其特权的维护两方面进行探讨。

科举废除之初，"各省举贡人数合计不下数万人，生员不下数十万人。国家二百余年皆以科举取士，士之隽异者，咸出其中；其次者亦多乡党，自好循循规矩，不乏可用之才"⑤。在清朝延续两百多年的科举制度为官僚系统培养出大批维持其统治的官员。生员群体中，优异者则成功跻身仕途，成为统治阶层中的一员；无缘入仕者也能成为"乡绅"，作为连接官府与一般民众的纽带，在社会上具有一定话语权。生员群体数量庞大，其社会效用和影响力也较大，科举既废，生员不免有穷途之叹。考虑到生员群体是朝廷的统治根基，官方对于这一群体出路的讨论自然迅速提上日程。

朝廷"希望通过停科不停考的方式，为中下层士人预谋一条出路"⑥，对

---

① 《本司支批永康县生员胡国杰控胡亨昌强夺贤租稟》，《浙江教育官报》1909 年第 7 期，第 33 页。

② 王先明：《近代绅士：一个封建阶层的历史命运》，天津：天津人民出版社，1997 年，第 23 页。

③ 罗志田：《清季科举制改革的社会影响》，《中国社会科学》1998 年第 4 期。

④ 张昭军：《科举制度改废与清末十年士人阶层的分流》，《史学月刊》2008 年第 1 期。

⑤ 《政书通辑卷一：政务处奏举贡生员量予出路办法摺》，《政艺通报》1906 年第 5 卷第 4 期，第 14-16 页。

⑥ 张昭军：《科举制度改废与清末十年士人阶层的分流》，《史学月刊》2008 年第 1 期。

进入候补官僚队伍或官府佐杂群体的生员选拔资格放宽了限制。清廷对于生员出路的解决，最直接且吸引力最大的途径，便是加强官府对生员人数的吸纳。光绪三十二年，政务处奏通筹举贡生员出路，对生员出路的建议包括：酌加优拔贡额、考用誊录、已就拣选举人准令报捐分发免交补班银两、截取举人请无庸再用教职、生员考职、每科会试中试之贡士有未经复试或复试后未应殿试诸情况者皆按考第名次带领引见等。①从此项奏折中可以看出，废除科举制度之后，面对众多以科举制为前行目标并试图努力考入官僚体制的生员群体，朝廷尽可能多地从官方层面解决士人的出路问题。

政务处在宽筹生员出路的建议中，有意区分举贡生员与捐纳生员，认为："举贡生员等非研经已久，即绩学多年，似较捐、保两途造就尚易。如能量材器使，加以磨砻，使儒吏兼迪、政学咸习，未始不可收拔十得五之效。"②捐纳生员以输资而进秩，他们在获得足够的财富之后，便想获得社会的认同感。他们更在意的是生员的身份和特权，对于入仕的期待并不高。举贡生员则是通过勤学苦读获取生员身份的学子，与通过向官府捐资获得生员身份的捐纳生员相比，他们对科举入仕抱有更大的期待，他们也是社会秩序和儒家教义最有力的捍卫者。时人史锡芸也指出："科举之士诵习诗书，岂遂不如捐纳者。捐纳尚百计疏通，则此举贡生员又岂可不一为位置。"③无论从官方的考量还是从民间的意见来看，科举制度的废除并不会对捐纳生员产生大的影响，相较于举贡生员而言，他们对自己的出路有更大的选择空间。在科举制度取消之际，举贡生员是最需要安抚的对象，官方所议生员出路问题多指举贡生员的出路。

朝廷宽筹生员出路并非站在生员的角度考虑，而是为了在动荡和冲突中维护其统治基础和社会稳定。在改废科举的过程中，清政府必须极为小心，不敢轻易变动，唯恐政策过激引起社会波动。④生员群体的社会影响力是朝廷

---

① 《政务处奏通筹举贡生员出路摺》，《直隶教育杂志》1906年第5期，第2-4页。

② 《政书通辑卷一：政务处奏举贡生员量予出路办法摺》，《政艺通报》1906年第5卷第4期，第14-16页。

③ 史锡芸：《来稿：书政务议举贡生员出路摺后》，《中华报》1906年第499期，第2-3页。

④ 皮德涛：《废科举前后关于旧有举贡生员出路初探》，《上饶师范学院学报（社会科学版）》2005年第1期。

不容忽视的。科举废制之后，某侍御上陈："科举停后，则各省之举、贡生员，既乏仕途之望，又无教学之资，不得不筹一安插之法。拟请将各府州县之书手裁撤，即以生员充其任。其举贡即派为本地乡导官或充学堂教习司事。令其各有执业，不致妄造黑白，颠倒是非云。"①对于生员而言"入仕"是他们求学的价值导向，官僚群体最能理解官府的候补队伍——生员群体的想法，遂提出裁撤官府胥吏以让位于生员这一最具吸引力的办法。从该员上陈的建议中，我们可以看到官方对于生员社会影响力的重视。由于生员掌握了基层话语权，具有较大的影响力，官方在扼杀了生员的入仕之梦时，如不采取积极地补救措施，强硬地将自己的支持者推向对立面，则有引起大规模骚乱的危险，不利于自己的统治。

尽管在清末时期官僚体制内部的弊病已暴露无遗，许多生员对于求学的最高企盼仍是入仕。官僚体制内官职早已饱和，但为了安抚一直以入仕为目标且人数众多的生员，朝廷也必须想方设法加大官僚体制内部对生员的接收力度。如此，一些在科举时代难以获得进入官僚体制机会的生员，在变革的时代里反而多了"入仕"的机会。"凡五贡均准一体以按察司、盐运司、经历、散州州判、府经历、县丞分别注册选用。"②除了正式官职外，官方也加大了对官僚组织内佐杂人员的吸纳。政务处奏准宽筹举贡生员出路，声明"生员准比照已满吏考职，用为佐、贰、杂、艰，分发省分试用"③。由于举贡生员对文字的把控能力较强，官僚体制内各部院亦加大开放力度，广泛接纳此类生员。"光绪末，科举废，丙午并停岁、科试、天下生员无所托业，乃议广用途，许考各部院誊录。"④各省学务处也遵从规定，为广大生员谋划出路，增加各省保送生员名额，"保送生员之多少以各州县学额之大小为定。如学额在三十名以外者，准予保送十二人；二十名以外者，保送十人；十五名以内者，保送八人。合而计之，适符十倍送考之例"。⑤苏州学务处按照学部议定生员

①《各省新闻：筹议举贡生员出路》，《山东官报》1905年第26期，第1页。
②《谕摺摘要：政务处奏准宽筹举贡生员出路章程六条》，《通学报》1906年第1卷，第7期第219-222页。
③《礼部奏生员考职用为佐贰杂职摺》，《通学报》1906年第1卷第13期，第414页。
④（清）赵尔巽等撰：《清史稿》，卷一百六，志八十一，选举一，学校一。
⑤《新闻录要：政治：示期考试生员出路》，《北洋官报》1907年第1304期，第7-8页。

出路的要求，考授巡检典史，筹议按照大、中、小县分定取额数，通饬各属一体遵办。①广东省亦遵奉政务处的规定，生员投考官职时由州县会同教官保送，且视取名额多少准送十倍。②正是由于朝廷对生员出路问题的重视，科举废除之初，拔贡、优贡、廪生考取增加数倍。③

科举废除之始，朝廷虽然增加选用生员的人数，但规定"举四贡一"，即每选拔四个举人才选拔一名贡生进入官僚组织。然而生员相较举人数量大，而举人寻求出路又比生员容易。到了宣统二年（1910 年），"因补考优、拔后，贡生增多，而举人拣选就职出路较宽，因改定不分举、贡，一体凭文录送，将举四贡一之例取消"④，并规定凡会试中试之贡士，未复试者可免复试，取具同乡京官印结赴吏部呈请带领引见，此又为贡生宽筹出路之一计。清廷在科举废除之后加大官僚组织内部对生员的吸纳力度，这一做法在史锡芸看来并非解决问题之道。拿"酌加优拔贡额"一点来说，史锡芸认为："现时之举贡尚无安置之方，恐愈多愈难为计矣。总之，朝廷取士原欲储为国用，不徒荣以虚名；且用之亦正，不必破格，不次也。"⑤史锡芸的担忧不无道理，清廷虽然想通过扩大举贡生员的招录人数来弥补科举制对学子带来的冲击，但已有的举贡生员人数已多不胜数、无处安置，官方的这种做法看似简单有效，实则后患无穷。

在官方积极筹划生员出路之际，生员群体对于自身出路和权益问题的思考则大致分化为两个派别。一类坚持对生员身份和特权的承继；一类则彻底放弃对"学优入仕"的幻想，甚至直接弃学。古代绅士阶层享受着各种差徭优免权和法律特权，生员群体虽"上不及绅士"，但相较于平民阶层而言，其身份却更尊贵，社会地位较高，也享有众多特权，如进入衙门无须行礼等。⑥

① 《示谕生员报考巡典》，《北洋官报》第 1079 期，第 8-9 页。
② 《各省新闻：保送举贡生员考数》，《北洋官报》1906 年第 1088 期，第 9 页。
③ 《政务处奏遵议举贡生员分别量予出路摺》，《北洋官报》1906 年第 944 期，第 2 页。
④ 商衍鎏：《清代科举考试述论》，沈云龙主编：《近代中国史料丛刊续编》第二十二辑，台湾：文海出版社，第 174 页。
⑤ 史锡芸：《来稿：书政务处议举贡生员出路摺后》，《中华报》1906 年第 499 期，第 2-3 页。
⑥ 王先明：《近代绅士：一个封建阶层的历史命运》，天津：天津人民出版社，1997 年，第 17 页。

据《点石斋画报》记载，江夏南乡李姓家族自明季以来无人考取秀才，至清季辛卯年间有中考取秀才者，阖族欣喜过望。众人在秀才回乡探望之期，咸衣冠整肃，集于张公渡堤畔迎接。[①]对于生员群体来说，考取了功名就意味着社会地位的提升，也能获得更多人的尊重。需要强调的是，科举制度的废除并不意味着清廷的统治结束。生员在面临前所未有的变革——废除科举制时仍坚持对生员特权的承继，而朝廷对这种行为也给予支持。湖南安福县廪贡生汪德植于光绪十九年（1893 年）考取文生，二十五年（1899 年）补廪，三十一年（1905 年）由广西筹赈捐局报捐贡生。其胞兄汪正贵是武童，在与法国人作战时受伤身亡，"经部议给云骑尉，世职兼袭云骑尉世职"。但汪正贵并无嫡庶出子孙，王德植遂呈请以廪贡生兼袭云骑尉世职，世代相继。[②]廪贡生汪德植继承其兄职名的案子应该不是孤例，朝廷亦准其所请。继承相应的职名对于生员来说并不止于名义上的荣耀，生员还可凭其职名获得较高的社会地位和法律特权。而这类地位和特权又可在日常生活中转化成实际性的东西，给生员的生活带来诸多便利。

231

　　然而到了清政府行将倒台之际，在一些生员还沉浸在"入仕"迷梦之中时，一些士人群体和小农家庭意识到不可将希望全寄托于朝廷的身上。随着西方重商观念的传入，"重农抑商"观念逐渐瓦解，绅士阶层的转型也开始表现出"绅"与"商"结合的趋势[③]。当社会产生剧烈的变动时，传统的阶层观念也开始崩解，"逐利"心态渐渐被放大，许多适龄儿童不再以求学入仕为人生的终极目标；学堂所授知识一时难以为时人接受，加之家贫者入私塾又无力支付其费用。如此一来，愿意入学堂者渐少。社会上的流民群体则逐渐增多，不利于社会的稳定。兴学事关州县官员考成，然而扬淮地区新学堂建成之后出现开学数载学生仅数名的情况，许多人沦为乞丐盗贼。当地署司认为此为许多人未受教育之故，要求州县官会集该地劝学所、教育会、绅董、地

　① 符杰：《秀才难得》，《点石斋画报》1893 年第 344 期，第 7 页。
　②《再定例文武生员准其兼袭世职食俸》，《中华报》1906 年第 562 期，第 15 页。
　③ 王先明：《近代绅士：一个封建阶层的历史命运》，天津：天津人民出版社，1997 年，第 245 页。

方绅士一同妥为整顿。①失学人数过多不利于社会的稳定，因此朝廷在建制新学堂之后也十分重视生员入学的人数，这亦从侧面证明了朝廷需要加大官方组织对生员的吸纳力度，试图让时人对"学而优则仕"仍抱有期待，以此维护其统治秩序。

尽管朝廷在科举制度废除前后为了维护其统治基础，给生员提供了许多接近官僚组织内部的职位，但随着社会的剧烈变动，许多生员早已面对社会现实，自寻出路。士大夫"先前鄙视实业，藐视商界的观念遽然改变，对清政府的依赖心理也陡然涣解。绅士们开始弃置空泛的浮议和对官场的向往。"②许多绅士开始接触新式教育、工商业，还有一批人走向其他渠道，参军或加入秘密会社。"在西方的冲击下，清王朝的威慑力下降，王朝主导一切的局面开始被打破。"③因此，尽管朝廷极力将生员吸纳入官僚体制内部，但到了清朝后期，却出现生员投考人数不足的尴尬现象。宣统元年（1909 年），提学司通行各属谕令生员投考官职，报到者仅有六名。于是该年生员考职因报考人数不足额暂行停止，待下届再行核办。④曾经令士人趋之若鹜的官职，如今却鲜有人问津，这便意味着清廷的统治基础已经崩解。无论朝廷采取何种应对措施巩固其统治，皆行将晚矣。

四、民国时期生员的余晖——以四川省生员为例

自国门洞开以来，西学已日渐普及，西式的"器物"和"制度"都在有形或无形间对时人产生影响。当社会的各个方面都暴露出问题，在面临挑战时显得不堪一击，清朝覆亡已如大势所趋。1912 年末代皇帝溥仪颁布退位诏书，宣告中国历史上的最后一个王朝正式覆灭，中国进入民国时期。面对政权的更迭和社会的错动，作为清朝重要统治基础的生员群体该何去何从？下文试以民国时期四川生员在军政界、经济界、文化界的活动为例，结合四川

①《本署司批扬准属下生员冯东旭等禀为场镇万难兴学请派员会同州县查办以杜玩搁而收实效由》，《江宁学务杂志》1908 年第 4 期，第 27-28 页。
② 王先明：《近代中国绅士阶层的分化》，《社会科学战线》1987 年第 3 期。
③ 皮德涛：《废科举前后关于旧有举贡生员出路初探》，《上饶师范学院学报（社会科学版）》2005 年第 1 期。
④《摺奏类一：又奏生员考职人数不足暂行停止片》，《政治官报》1909 年第 819 期，第 13 页。

的地域特色，尝试分析四川的生员群体如何在新的政权之下抛却旧有的等级观念，转换自己的身份，寻找新的奋斗目标。

（一）军政界

晚清时期"科举制的改废客观上推动了士人从军"，虽然新式的学堂费用较以前昂贵，新式军队的改制却为从军者提供了丰厚的物质条件。[1]加之腐败没落的清政府在战争中屡战屡败，签订了一系列丧权辱国的条约，令国人受辱。西方的坚船利炮轰塌了世人传统"重文轻武"的观念，一些学子选择进入新式武备学堂学习军事知识，革命的思潮悄然兴起。清代四川的人员构成是大量的外来移民，这里常出现移民社会"整合"与"反整合"（造反）的实例[2]，蜀地民风彪悍，人民富于革命冒险精神。在民代清而立的重大政治变革之下，革命之声渐盛，四川的"前清秀才"们敢于挣脱旧制度与生员身份的束缚，紧跟时代的浪潮，迎接全新的变局。

清末，一些生员随着西方民权思想的传入开始觉醒意识，认识到清廷制度腐朽的本质，努力挣脱传统专制思想的束缚，开展革命，推翻封建专制。张培爵是四川荣昌县人，5 岁时入私塾读书，于光绪二十五年（1899 年）考为秀才。光绪二十八年（1902 年）乡试未中，遂考入四川高等学堂，接触到新思想。光绪三十二年（1906 年）张培爵经人介绍加入同盟会，对于清朝腐朽的本质有了深刻的认识，开始致力于革命事业。宣统三年（1911 年）五月，张培爵参加四川保路运动，激扬民气、领导革命，并与各地反清武装力量、哥老会等团体联合，筹集军火，策划起义事宜。同年 11 月，张率领同盟会控制的军队举行起义大会，会上宣布成立蜀军政府，张培爵被推举为都督，领导川军参与辛亥革命。民国成立以后，袁世凯的革命野心暴露，张培爵秘密参与反袁活动。袁氏收买不成，便以反政府的名义将他逮捕入狱。民国四年（1915 年）三月，张培爵遇害于狱中。[3]

① 张昭军：《科举制度改废与清末十年士人阶层的分流》，《史学月刊》，2008 年第 1 期。
② [日]山田贤著，曲建文译：《移民的秩序：清代四川地域社会史研究》，北京：中央编译出版社，2011 年，第 3 页。
③ 秦安禄主编：《四川省志·人物志》，成都：四川人民出版社，2002 年，第 55-57 页。

从张氏的生平可以了解到，他小时候也是因循传统"学而优则仕"的路径，考试失败后进入新式学堂学习西方知识；此后渐渐受到革命思潮的影响，转而从想要进入官僚体制到对其深恶痛绝，试图推翻清廷的统治。张培爵的思想发生如此迅速的转变既与当时的时代背景有着深切的联系，又与绅士群体的家国责任感密切相关。张培爵留有遗著《张列五先生手札》，在写给弟弟的家书中，他谈道："至若侧身西望，满目疮痍，盗贼肆剽掠之毒，父老茹荼炭之苦，谁生历阶，至今为梗；非又造端未善，贻累后贤，应自引咎者乎！"[1]当他意识到当时生灵涂炭的根源在于清政府的腐朽统治时，他决然地选择与之对立；而在民主国家建立之后，革命果实被窃取之际，他又不愿与之同流合污。

张培爵的经历可谓传奇坎坷，他呈现的是清末民国时期典型的四川地域精英形象。"清代中期以后，地域社会所呈现的显著特征之一，就是地域精英层的抬头。在清末四川的地域社会也存在有被称为'绅粮'的地域精英。"四川的生员群体作为地域精英的构成者之一，在享受着社会等级、阶层划分带给他们的特权时，也在地方社会治理上发挥着重要的作用。他们既是权益的享受者，也是地方治理和社会治安的实际负责者。虽然一些生员呈现出仗势欺人、以权谋私的劣绅形象，但多数在民间慈善、教育等事业上发挥着积极性的作用。在面对外来侵略，全民族遭遇国破家亡的境遇时，他们也表现出敢于抛弃旧有制度赋予他们特权的勇气，不沉浸于幻想和迷梦之中，如在旧制度下肩负起社会治理的责任那样，在社会变革之际承担起带领国人反抗压迫的责任。

与张培爵一样见证了政权更迭、国体变更的还有董修武。董修武是四川巴中人，幼年时期聪颖好学，于十六岁时中县学，后又考入成都东文学堂学习日语，为出国留学做准备。1904 年董修武东渡日本，就学于日本明治大学。在国内求学时，董修武即受到维新思想的影响，意识到清政府的腐败与懦弱，萌发报国救国的强烈愿望。他在日本留学期间接触孙中山，参加了同盟会，将这一思想付诸实践。1911 年广州黄花岗起义失败后，董氏即受孙中山之命

---

① 张培爵：《张列五先生手札（三）》，《四川文献》1967 年第 57 期。

回国主持同盟会在四川支部的工作，在军政府中实际主持政务。1912年同盟会改组为国民党，董修武凭借其丰富的革命经验和出色的工作能力担任国民党驻川负责人，也因此成为袁世凯一派的心腹之患。1915年袁世凯图谋复辟帝制，派陈宦任四川巡按使控制川省，陈宦随即以滥发军用币之罪状将董氏拘捕并缢杀于狱中。

诸如张培爵和董修武此类在认识到清朝的腐朽之后，转而奋起与之对抗的前清秀才们在四川不在少数。他们小时候或就读于私塾，或求学于书院，仍寄希望于传统的人才选拔制度；后因科举制度彻底废除，纷纷弃文从武，进入武备学堂学习。当沉浸于跻身仕途、维护其阶层特权的迷梦彻底破碎之时，他们并不一味怨天尤人，而是顺应时势，掌握主动权。受时局的影响，他们深切感愤于国耻，急切地想要为中国之未来谋一条出路。怀此迫切心情，他们更易接受"变法""革命"等思想。在小规模王朝国家体制统治下，四川作为接受移民的社会内部无时无刻不蕴含着倾轧和紧张，而国家行政在地方社会的影响力则逐渐减退。基于移民社会形成的地域秩序与特色，四川的地域精英实际掌握了相当的地方权力并维持着地方秩序，在社会发生重大变动时能够居于相对主动的地位，富有抗争精神。清末时期，"戊戌六君子"中的杨锐和刘光第便是蜀中绅士，他们在维新变法期间积极支持改良运动，尝试寻找一条救国救民的道路。

"倘若清政府的行政没有萎缩到足以令人从根本上怀疑其权威与权力的程度，那么地方精英总还会有意无意地借助清政府的权力为后盾"，正如维新变法期间四川省地域精英支持清廷的变革而非倡导革命推翻清政府一样；"然而，当清政府的权威与权力日益消解，已失去足以保持地区秩序的统治能力时，地域社会就只能自发组织团练武装以保卫地区的独立自主"。[1]四川保路运动作为辛亥革命的导火线，便是四川省地域精英奋起推翻清政府统治的具体行动，亦是清政府权威与权力消解的结果。生员群体在这场运动中发挥着至关重要的作用，无论是退居乡间的秀才还是尚在求学的学子，自路事发生

---

[1] 山田贤、顾长江：《"善"与革命——清末民初的四川地方社会》，《新史学》2019年第1期，第71-88页。

以来皆愤起"保路"。四川资阳附生郭树清闻盛宣怀卖国一事后捶胸顿足，常涕泣愤恨其为卖国奴，因担心保路同志会不能贯彻捍卫路权，遂以死殉路。郭氏在留给同志会的遗书中说到，"同志会诸君鉴，破约保路关系全国存亡，所虑者死志不决、虎头蛇尾，吾国危矣。清请先死以坚诸君之志"[1]。

　　如郭氏此类以死坚志的行为只占少数，多数生员或口诛笔伐或付诸行动，与其他地方绅士、耆老一起带领全川人民参与到保护路权的运动中。正是由于四川省的地域精英具有极大的主动参政权力和积极性，保路运动在四川省才能达到一呼百应的效果。"保宁属阆中县，距省七百余里，该地绅商闻盛奴夺路卖路事，愤恨如烧，立欲悉其详情。特专捷足兼程，星驰三日有半，抵成都购买保路同志会出版抱告各件。该足又不知同志会所，即于各处凑得报告一份，立时驰返。"[2]可见四川虽处于偏塞之地，但因其社会构成相对特殊，四川省的地域精英对于信息的敏感程度相当高。四川的移民地域秩序不仅赋予了地域精英们参政权力，也加强了他们责任意识。当一些生员意识到无法通过秩序改善地域乃至国家的糟糕情况时，他们并不固守传统、碌碌无为，而是立即寻找新的依托，这种依托在当时的体现便是暴力。清末民国时期，四川很多生员开始从习传统经文转而进入武备学堂学习；还有一些生员通过公费或自费出国留学，他们接受了革命思想之后再将其带回川内，影响了更多生员。这类生员结合了文武之道，对于清政府来说并不是一曲福音，反而成为一种潜在的威胁。[3]如前所述，从四川省生员参与的改良和革命活动来看，正是这类生员构成了推翻清朝腐朽统治的主要力量。到了民国时期，这类生员往往居于军政界的领导地位，散发着旧时地域精英式的余晖，影响着中国的政局。

---

[1]《郭烈士殉路详情》，《四川保路同志会报告第七号》，清宣统三年六月初七日，成都铅印本。选自谢青等主编：《四川省图书馆馆藏四川保路运动史料书影汇编》，成都：四川大学出版社，2013年，第546页。

[2]《阖绅烧点之爱国热》，《四川保路同志会报告第十二号》，宣统三年六月十六日，成都铅印本。选自谢青等主编：《四川省图书馆馆藏四川保路运动史料书影汇编》，成都：四川大学出版社，2013年，第343页。

[3] 张昭军：《科举制度改废与清末十年士人阶层的分流》，《史学月刊》2008年第1期。

（二）经济界

近代中国"重商主义"思潮推动着商业的发展，"'重商'和发展'商务'与其说是商人自觉的利润追求，毋宁说是士人阶层'民族觉醒'的表现；它是新的'变局'时代'士人'以'天下为己任'的理想人格的变异，而不是商品市场孕育出来的竞争精神的实现"。①因此近代商业的发展以救亡图存为主旨，一部分商业的经营者是绅士阶层。在近代社会发展进程中，传统的"重农抑商"思想已经遭到严重的冲击，取而代之的是"弃农经商"甚至是"舍仕经商"的思潮。受此思潮的影响，清末民初时期四川的一些生员也转变唯仕一途的观念，走上经商之路。

陈开沚出身于三台县一世代躬耕的农户之家，家境清贫却有志于学，考中秀才后执教于塾馆。陈氏"目睹列强欺凌，国家主权丧失，民不聊生，故在课读之余，每每审时度势，认为惟有振兴实业方是救国之良策"。因此他在玉皇庙塾馆执教时见庙内僧众养蚕缫丝获利丰厚，便学习缫丝技术。后来他辞掉塾师的工作，回乡专门栽桑养蚕和缫丝，并在几年之后成立了缫丝手工业作坊，组织成立蚕桑会，推广蚕桑技术。陈开沚主张博采新法以振兴旧业，学习各省先进的缫丝技术，亲自赴省城农政学堂学习技术。他经过努力，运用当时的先进生产工具铁机丝车缫丝，成立了郫农丝厂，盈利倍增，为全川蚕丝业界所瞩目。②值得注意的是，陈开沚发展蚕丝事业的出发点并非谋求私利，而是希望借此振兴中国的实业，造福蜀中百姓。他在《劝桑说》中说道："况当师旅频临，饥馑交迫，贼盗蹂躏，证税繁难。今吾蜀救贫之计，孰有如整顿旧有之蚕桑乎！"③民国时期，陈氏继续推进蜀地的蚕桑事业，对企业管理严格，制定了厂规厂纪和生产管理条例。因严格把控质量，其企业生产的丝进入了美国市场。陈氏除办实业外，还将其创办蚕丝厂的经验撰写成文加以推广，成为蚕桑史研究的宝贵资料。

四川省舍弃仕途从事工商业的生员，有的如陈开沚一样专精于一业，然而有的却广泛地参与到一系列近代企业活动中。如樊孔周，为四川华阳县增

---

① 王先明：《近代绅士：一个封建阶层的历史命运》，天津：天津人民出版社，1997年，第209页。
② 秦安禄主编：《四川省志·人物志》，成都：四川人民出版社，2002年，第393-395页。
③ 同上，第394页。

生，受维新思想的影响，弃学从商。他于光绪十年（1884年）在成都创办"二西山房"，刊印报纸、出售书籍，传播西方民主主义思想。光绪三十一年（1905年）樊孔周以图书帮帮董的身份加入四川成都总商会。此后他召集商界人士修建劝业场、成立悦来公司，除此之外还参与创办或经营了因利利织布厂、昌福印刷公司、信立钱业有限公司等。他也因此成为四川工商业界举足轻重的人物。辛亥革命以后，樊孔周担任成都总商会总理，主持商会工作，一面致力于开发水利、筹建银行等工商实业活动，一面参与报业工作，参加政治活动。①

还有的生员是在接触了革命思潮、参与军政活动之后转而弃政从商。如四川省夹江县生员彭劭农，于20岁时中秀才，留学日本期间受到留日同学传播的革命思想的影响，由保守转向激进，加入反清革命团体。彭劭农接受组织联系哥老会准备武装起义的安排回国，并以在学堂执教为掩护，暗中联络袍哥首领杨绍南等人。四川保路运动兴起后，彭积极组织队伍参加起义，参与到武装推翻清政府的活动中。但中华民国成立以后，军阀割据、连年混战的局面与他此前认为推翻清政府便可建立一个民主、独立国家的想象不符。彭遂弃政从商，与人合伙创办"生之纸店"，经营纸业和手工印刷业，在成都工商界颇具声望。彭劭农在兴办实业的同时也非常关注国内的政治活动，投身于爱国民主运动中，并因此对共产党有了深入地了解，以经商为名支持共产党的活动，将其店铺作为中共四川地下党的重要联络站，为成都的解放做出了重要贡献。②

晚清时期不惟社会对商业发展日益重视，政府也鼓励工商实业。士人从商无疑是一条不错的出路，"但让清政府始料不及的是，士人向商人流动形成的绅商群体及政府支持下所成立的各级商会，未能对清封建专制政权起到培固根本的作用，相反，他们日益成长为一股离异的力量"。③从清末四川生员的从商经历来看，的确如此。首先，生员是有知识储备的群体，他们本身具备极强的思想独立性和学习能力，这使他们在从事工商业活动时善于学习先

① 秦安禄主编：《四川省志·人物志》，成都：四川人民出版社，2002年，第390-391页。
② 同上，第416-418页。
③ 张昭军：《科举制度改废与清末十年士人阶层的分流》，《史学月刊》2008年第1期。

进的技术，并为其所用。因此，他们在工商业领域内有引领性，与普通商人存在差异。其次，他们并不像普罗大众那样随波逐流，如前所述，他们的身份给他们带来特权的同时也赋予了他们责任。他们将从事工商实业视为振兴民族之途径，为之努力。最后，他们在从事工商业的同时也非常关注国内外政局的变动，使商界与军政界联系紧密。综合观之，从事工商业的生员群体由于其特殊的学习能力、见识和责任感，成为近代工商业界的中流砥柱。到了民国时期，他们不仅推动了工商业界的发展，也因其对时政的关注，与军政界产生千丝万缕的联系。

（三）文化界

从生员的求学历程来看，在新学与旧学的交织影响下，晚清时期生员受到的教育往往是双面的。许多生员通过传统的教育形式考取了秀才，后又转入新式学堂学习。他们既有旧学的背景，又掌握了新学知识，身上体现出新旧交融的时代特色，兼具因循传统与大胆革新的精神。在结构性的社会流动中，绅士阶层的流动呈现出多元分化的趋向，流向文化、实业、行政界等。[1]生员群体在这样的时代变局中，不再将眼光集中于"为官"或"经商"等世所趋从的发展领域。这一时期，川省有的生员经过探索之后发掘自己对知识文化的热爱，潜心于文化界。

四川富顺县的李宗吾是同时受到"旧学"与"新学"教育的典型人物之一。他于光绪二十六年（1900 年）在自流井炳文书院考中秀才，两年后投考到四川高等学堂。除了学习专业知识即西学知识外，他还醉心于探索中国传统的学术思想。后来，李宗吾受到革命思潮的影响加入同盟会，中华民国成立以后担任四川审计院第三科科长，此机构被裁撤后他回到自流井，构思其《厚黑学》等著述。之后李宗吾历任省教育司视学、省长公署教育科副科长、省府编纂委员会委员等职；但李不热心政务，却醉心于著书立说，遂于民国二十七年（1938 年）解职归家，潜心修学。除《厚黑学》外，李宗吾还著有《中国学术之趋势》《考试制度之商榷》《心理与力学》等著作，他的著述既受

239

---

① 王先明：《近代绅士：一个封建阶层的历史命运》，天津：天津人民出版社，1997 年，第 175 页。

到"传统旧说"的影响，又融合了新学的取向，呈现出社会转型时期，受到中西学教育的生员身上体现的"中西融合"特色。①

吴芳吉虽也同时受过"旧学"和"新学"的熏陶，但他却因清末政局动荡，到民国建立才集中受到新学教育。吴芳吉幼时求学于江津县白沙聚奎书院，宣统二年（1910年）被北京清华留美预备学堂录取，但因辛亥革命爆发，学校迟迟未开学，等到民国成立之初才赴京入学。入学以后，吴芳吉因洋人教师蔑视中国人而作为代表出面交涉，学校对此事的处理意见是让其写悔过书。吴认为无过可悔，愤而离校回乡。吴辍学后一直从事文字或教育工作，曾在上海右文社校对《章氏丛书》，在重庆《强国报》担任过编辑，又在湖南、成都、重庆担任过教职。他喜欢诗歌、才华横溢，醉心于诗歌创作，新文化运动期间发表的《小车词》《婉容词》等新式诗歌一时广为流传。他的诗歌，文体、音韵借鉴西方改革诗体，而乐府诗的歌行格调、抑扬顿挫、清新素雅等特点则保留，还常以代表地方特色的俚语来表达。②

吴芳吉创作的《巴人歌》不仅结合了巴蜀地域、文化特点，还体现出读书人对国土遭受践踏的悲愤之情。"巴人自古擅歌词，我亦巴人爱竹枝。巴渝虽俚有深意，巴水东流无尽时。……我非排外好与戎，我为正义惩顽凶。我知前路险重重，我宁冒险前冲锋。我今遭遇何所似，我似孩提失保姆。倭儿蠢蠢似蟛蜞，群盗嚣嚣似虮虱。诸公衮衮似蛔虫，荡涤行看一扫空。还我主权兮还我衷，和平奋斗救中国！紫金山下葬孙公。"③这首诗歌创作于抗日战争时期，以十九路军的抗日斗争为题材。从诗歌中可以感受到吴作为一名知识分子对时局的关切，并以自己的方式为救亡图存贡献精神上的力量。

传统的社会结构逐渐解构以后，生员群体的流动趋向是非常多元的。清末民初时期，生员普遍接受的是先"旧学"后"新学"的教育，因而他们实际上兼备了中西文化特征。这一点在民国时期文化界的生员身上体现得尤为明显。他们不仅将"中"与"西"融合，还结合自己的兴趣特点形成自己独特的思想体系；因处于特殊时期，他们创作出的文学作品体现出感慨时局变

240

---

① 秦安禄主编：《四川省志·人物志》，成都：四川人民出版社，2002年，第482-484页。
② 同上，第466-467页。
③ 吴芳吉：《巴人歌》，《江苏学生》，1932年，第1卷第2期，第38-44页。

化、抒发家国情怀等特点。如李宗吾、吴芳吉一样醉心于中国传统文化或西方文化的清末秀才们，他们既拥有足够的知识储备，又对中西文化有自己独到的见解。到了民国时期，近代文化转型的特点在这类群体身上表现出来，他们促进了中国文化向更加丰富性和多元化的方向发展。所谓"一方水土养一方人"，他们的文学作品中也体现了鲜明的巴蜀文化特色。

在传统的社会结构崩解之后，近代生员的流动是多角度的，他们不再局限于固化的一途，而向社会上新兴的各行各业发展。这个变动过程背后的原因是复杂的。从四川省生员在清末民初时期的活动可以看出，他们在"传统"与"现代"之间做出了自己的选择。生员们意识到问题的根源在于清廷的腐朽，也受辱于列强的欺压，遂群起反抗旧制。仅仅从生员流向军政界、经济界和文化界的划分，及生员对旧制的抵抗态度来看，四川省生员在清末民国时期的走向与其他各省生员的出路具有共性。但值得注意的是，四川省生员在具体的实践中又表现出了个性。

首先，移民的社会环境及形成的秩序，游离于中央政权的地域治理特色，促进了地域精英共同治理四川省，加强了各类地域精英的沟通与协作。生员群体作为地域精英之一，拥有较大地方权力的同时又具有极强的社会责任感，因此在社会变动之际，特别是当国家或地域的利益受到侵害时，他们能够发挥敢为天下先的精神，进行参与反抗的具体实践。也正因如此，在近代社会发生巨大变动时川省士绅的形象比较凸出，许多生员在自己从事的领域内都能崭露头角。其次，四川的生员很多与袍哥有密切的接触，如彭劭农。袍哥组织在四川的势力极大，甚至中等阶层的各色人等为了适应环境也乐于参加，这一组织具有强大的生存和发展能力，在民国时期渗透到党政军各级机构。[①]一些生员实际上也是袍哥组织中的成员，并且借助其身份优势，在组织中往往掌握话语权。四川的一些文学作品中也反映出这一特点，前清秀才在清朝覆灭之后甚至凭借其在地方上的威信，成为哥老会的头目，扮演着平衡各方

① 王笛：《袍哥：1940 年代川西乡村的暴力与秩序》，北京：北京大学出版社，2018 年，第 38-39 页

权力的角色。如著名四川乡土作家沙汀的小说《在其香居茶馆里》中的新老爷一角。①

总的看来，生员群体的流动趋向是多样化的，他们曾经是清廷统治的根基，是"四民社会"之首。但随着社会结构发生错动，传统的社会结构被打破；再加之列强持续的入侵、清廷不断的妥协，他们意识到清廷的腐朽本质，成为推翻清政府的主要力量之一。民国代清而立之后，他们既有的阶层特权看似荡然无存，实际上在新的政权结构和组织形式中，他们在各行各业中又凭借其一贯的领导力量引领着底层民众。 在"新"与"旧"的冲突和"变"与"不变"的博弈中，四川省生员既顺应时代潮流，显示出了共性，又极具地域特色，展现出了个性。

242

---

① 王笛：《袍哥：1940 年代川西乡村的暴力与秩序》，北京：北京大学出版社，2018 年，第 117-118 页。

结　语

　　清代四川生员的诉讼活动，不仅从侧面反映出基层社会官、绅、民之间各种利益矛盾相互纠缠的互动关系与状态，也反映出近代乡村社会权力支配的变动情况。

　　官方之所以表现出对生员诉讼既优待又限制的矛盾态度，一方面在于生员本身"享有优于普通百姓的地位"，[1]官方准许其使用抱告，并在收状、问讯、堂断及惩罚等阶段给予部分优待；而另一方面，生员所具有的知识储备、身份特权及人脉等条件，使得他们在诉讼中不仅有更大优势为"干己之事"争理，也更容易因为扮演法律顾问、调解纠纷等原因参与到事不干己的讼案之中。但从官方的角度而言，不管生员因何事进入衙门，都是有失身份之举，其部分行为甚至会对国家司法裁断权威构成一定威胁。因此，官府不仅在诉讼程序上要求告状生员在呈状中加盖儒学验记、在门簿中登记信息，甚至会在上控案件中查明涉案生员的红案，并在法律条款中以"五生互结"、县官约束稽查、教官举报优劣等方式来限制生员参与诉讼活动，以期将生员归入地方官与学校的双重控制之下，并将其约束在读书科考的正途之中。

　　档案呈现出生员诉讼的诸多面相。生员不仅在"干己事"的诉讼中显得更为积极，也会经常参与到"不干己"事的讼案中来。虽然生员参与讼案的行为有因个人私心而损人利己、扰乱社会治安的一面，但并非所有生员在参与他人讼案时都抱着谋利的心态。事实表明，生员在司法领域发挥的积极作用也是不容忽视的：生员积极参与民间纠纷的调解，能及时制止可能酿成的讼案，一定程度上减轻衙门的负担；生员通过参与或监督地方事务使其自身权利得到伸张，不仅能够客观上反映底层百姓的各类诉求，也与国家权力之

243

----

　　[1] 瞿同祖著，范忠信等译：《清代地方政府》，北京：法律出版社，2011 年，第 277 页。

间建立了更为密切的联系。因此，即便州县官不支持生员出入衙门，他们也会在遵循制度规定的基础上，依据生员的涉案动机及案件的实际情况作出合乎情理的审断。若生员涉案的目的是为维护自身正当利益、平息邻里纠纷，知县一般会准许其请求，且不会对其诉讼行为加以责怪；若生员涉案实为扛帮谋利、屡次兴讼，州县官才会联同教官给生员较为严重的惩罚，但这些惩罚往往被控制在杖罪以下等相对较轻的范围之内。

从案件本身来讲，南部县生员所参与的案件多为田土、钱债等经济方面的纠纷，到光绪后期，生员也更加频繁地以诉讼方式参与到地方治理之中。其背后的原因主要在于，南部县地瘠民贫，乡民生活水平普遍较低，加之晚清因人口增长、耕地面积缩小等原因造成民众间激烈的生存竞争。[①]在这种境况下，生员不得不与平常百姓一道"抢夺"并维护有限的生存资源。同时，清末政府鼓励地方办理团练、建立地方公局、自治机构等措施，给以生员为代表的基层士绅搭建了一个议政策划的平台。其间川省亦向所属各州县下达札文，指出"在籍绅衿办理公事，著有勤劳，自应酌给奖励以昭激励"。[②]正是在这种鼓励绅士参与地方公事的背景下，生员的权力在基层得到进一步扩大，使得他们成为参与基层事务与监督局绅的重要力量，这一现象反映在诉讼中便是南部县生员参与的关于基层公事的案件在清后期逐渐增多。州县官对这些案件多予以重视态度，也反映出官方对生员参与基层事务的默许和支持，但生员的这种活动须控制在政府所应允的权力范围之内。

晚清时期，生员的境遇具有浓厚的时代色彩，西方文化对清廷的统治秩序造成强烈的冲击，这样的冲击让许多生员对个人前途和国家存亡都心存疑惑。受社会结构错动、政治腐败、科举制的废除等因素影响，一些生员呈现的不良形象使本就对该群体颇有微词的民众更加不满。当社会结构和传统秩序受到冲击一步步瓦解时，许多生员不是传统的守卫者和一般民众精神的引领者，反倒成为一股加剧社会解构的力量。

对于清廷而言，在粉碎了生员的入仕希望之后，通过制度化的解释，将

① 吴佩林：《从〈南部档案〉看清代县审民事诉讼大样》，《中外法学》2012 年第 6 期。
②《巴县档案》6-31-51，光绪二十年九月十四日。

"中学"与"西学"融合并强调"中学"的正统地位，是不得不坚持的态度。官方安抚好生员群体对于维护自己的统治具有重要意义，具体的行动包括广设学堂、认定生员的身份并宽筹生员的出路，让适龄儿童和学子仍然对"学优则仕"抱有期待，以此减少社会上的不稳定因素。但对于生员而言，在学堂费用增多、社会风气转变、西学思想的普及等错综复杂因素交织的影响下，他们之中的多数人已经对"学优入仕"不抱希望，也对清廷的腐朽有了深刻的体认。

清末时期许多生员已经向军政界、经济界和文化界流动，他们的出路早已不惟"为官"一途。"在异质文化的交锋中，尽管传统文化顽强执着地展示着自身的历史特性，但在已经改变了的生存环境中，它也在质的对比中既认识着对方，也重新认识着自身。一个长久孤立生存的成熟的文化系统，一旦在多种文化交汇的世界文明发展大势中获得反观自身的条件，必将在超越传统的意义上孕育出新的机制。"①清廷希望迎合时代的潮流，鼓励生员从传统中跳脱出来，尝试不同的可能，其本意还是在于维护其统治根基。然而，当生员群体真的反观旧有的体制，并接受新思想的熏陶后，他们并不像清廷期望的那样利用其所学知识维护传统秩序，反而成了与朝廷抗争并将其推翻的主要力量。到了民国，当一些生员因时代的变动而迷失方向，成为众矢之的时，一些生员却在时代浪潮的裹挟下，凭借其独特的领导力和社会责任感，散发着余热。

---

① 王先明：《近代绅士阶层与早期的"华夷"对峙》，《河北学刊》1994年第6期。

参考文献

[1] 四川省南充市档案馆. 清代四川南部县衙档案（全 308 册）[M]. 合肥：
黄山书社，2015.

[2] 包伟民. 龙泉司法档案选编（第一辑）[M]. 北京：中华书局，2012.

[3] 田涛，许传玺，王宏志. 黄岩诉讼档案及调查报告[M]. 北京：法律出
版社，2014.

[4] 中国第一历史档案馆. 清代档案史料丛编[M]. 北京：中华书局，1900.

[5] 中国第一历史档案馆. 雍正朝汉文朱批奏折汇编[M]. 南京：江苏古籍
出版社，1989.

[6]（清）常明修. 嘉庆四川通志[M]. 嘉庆二十一年刻本.

[7]（清）黎学锦等修. 道光保宁府志[M]. 道光元年刻本.

[8]（清）王道履纂. 光绪南部县乡土志[M]. 光绪三十二年抄本.

[9]（清）袁用宾修撰. 南部县舆图说[M]. 光绪二十二年刻本.

[10] 西华师范大学区域文化研究中心，南部县地方志办公室整理. 同治增修
南部县志[M]. 成都：巴蜀书社，2014.

[11]（清）王尔鉴修. 乾隆《巴县志》[M]. 乾隆二十六年刻本.

[12] 刘子敬等修，贺维翰等纂. 万源志[M]. 成文出版社有限公司，民国二
十一年铅印.

[13]（清）曾燦奎，刘光第修，甘家斌等纂. 道光邻水县志[M]. 成都：巴蜀
书社，1992.

[14]（清）蒋定域，董本等修，支承祐，李铭熙等纂. 光绪彭水县志[M]. 成
都：巴蜀书社，1992.

[15]（清）连山，白曾煦等修，李友梁等纂. 光绪巫山县志[M]. 成都：巴蜀
书社，1992.

[16]（清）高维嶽等修，魏连猷，向志伊等纂. 光绪大宁县志[M]. 成都：巴蜀书社，1992.

[17]（清）马忠良修，马湘等纂，孙锵等续修. 光绪越嶲厅全志[M]. 成都：巴蜀书社，1992.

[18]（清）罗国珠，曾湛哲等修，王启晋、赵彪诏等纂. 同治会理州志[M]. 成都：巴蜀书社.

[19]（清）张琴修，范泰衡纂. 万县志[M]. 台北：成文出版社有限公司，1970.

[20]（清）张九章，陈毓芝等修，陈藩垣、陶祖谦等纂. 光绪黔江县志[M]. 成都：巴蜀书社，1992.

[21]（清）王炳瀛，濮瑗等修，周国颐，邹绍京等纂. 道光安岳县志[M]. 成都：巴蜀书社，1992.

[22]（清）吴曾辉，魏源普等修，吴容等纂. 光绪威远县志[M]. 成都：巴蜀书社，1992.

[23]（清）谢惟偘，成道华等修，黄烈等纂. 同治金堂县志[M]. 成都：巴蜀书社，1992.

[24]（清）戚廷裔，李华舟等修，王前驱，李如沁等纂. 嘉庆邛州志[M]. 成都：巴蜀书社，1992.

[25]（清）李玉宣等修，衷兴鉴等纂. 同治重修成都志[M]. 成都：巴蜀书社，1992.

[26]（清）王梦庚等修，陈在朝等纂. 道光新津县志[M]. 成都：巴蜀书社，1992.

[27]（清）杨铭等修，伍溶祥等纂. 道光綦江县志[M]. 成都：巴蜀书社，1992.

[28]（清）邓存詠等修，张力觐等纂. 道光龙安府志[M]. 成都：巴蜀书社，1992.

[29]（清）李英粲修，李昭纂. 咸丰冕宁县志[M]. 成都：巴蜀书社，1992.

[30]（清）张龙甲等修，龚世璧等纂. 彭县志[M]. 台北：成文出版社有限公司，1970.

[31] 四川奉节县志编撰委员会. 奉节县志[M]. 北京：方志出版社，1985.

[32] 姚乐野，王晓波. 四川大学馆藏珍稀四川地方志：嘉庆郫县志[M]. 成都：

巴蜀书社，2009.

[33] 秦安禄. 四川省志·人物志[M]. 成都：四川人民出版社，2002.

[34]（清）邵陆. 酉阳州志[M]. 成都：巴蜀书社，2010.

[35] 四川省地方志编纂委员会. 中国地方志集成：四川历代方志集成第四辑 18[M]. 北京：国家图书馆出版社，2017.

[36]（明）董伦等撰. 明实录[M]. 清钞本.

[37]（明）觉非山. 珥笔肯綮[M]. 明崇祯传抄本.

[38]（明）顾炎武. 亭林文集[M]. 北京：中华书局，1983.

[39]（明）申时行等修. 明会典[M]. 北京：中华书局，1989.

[40]（明）舒化辑. 大明律[M]. 明嘉靖刻本.

[41]（明）吕坤. 新吾先生实证录[M]//刘俊文. 官箴书集成（一）. 合肥：黄山书社，1997：407-590.

[42]（明）张居正. 张文忠公全集[M]. 北京：商务印书馆，1935.

[43]（清）佚名. 刑幕要略[M]. 刘俊文. 官箴书集成（五）. 合肥：黄山书社，1997.

[44]（清）陈宏谋. 培远堂偶存稿[M]. 临桂陈氏培元堂刻本.

[45]（清）陈弘谋. 从政遗规[M]. 北京：中国商业出版社，2010.

[46]（清）陈宏谋. 学仕遗规补编[M]. 光绪十九年振华堂刻本.

[47]（清）陈宏谋. 学仕遗规[M]. 宣统二年学部图书局本.

[48]（清）陈弘谋. 在官法戒录[M]//周博奇. 古今图书集成. 北京：中国戏剧出版社，2008.

[49]（清）崇彝. 道咸以来朝野杂记[M]. 北京：北京古籍出版社，1982.

[50]（清）褚瑛. 州县初仕小补[M]//刘俊文. 官箴书集成（八）. 合肥：黄山书社，1997.

[51]（清）丁曰健辑. 台必告录[M]. 清乾隆刻知足园刻本.

[52]（清）黄六鸿. 福惠全书[M]//刘俊文. 官箴书集成（三）. 合肥：黄山书社，1997.

[53]（清）觉罗乌尔通阿. 官居日省录[M]//刘俊文. 官箴书集成（八）. 合肥：黄山书社，1997.

248

[54]（清）昆冈等撰. 光绪钦定大清会典事例[M]. 清光绪内府钞本.

[55] 马建石等点校. 大清律例通考校注[M]. 北京：中国政法大学出版社，1992.

[56]（清）方大湜. 平平言[M]//刘俊文. 官箴书集成（七）. 合肥：黄山书社，1997.

[57]（清）冯桂芬. 校邠庐抗议[M]. 上海：上海书店出版社，2002.

[58] 清会典事例[M]. 北京：中华书局，1991.

[59] 郭松义等. 清朝典章制度[M]. 长春：吉林文史出版社，2001.

[60]（清）顾炎武. 亭林诗文集[M]. 四部丛刊景清康熙本.

[61]（清）贺长龄. 清经世文编[M]. 光绪十二年思补楼重校本.

[62]（清）何绍基. 东洲草堂文钞[M]. 清光绪刻本.

[63]（清）何耿绳. 学治一得编[M]//刘俊文. 官箴书集成（六）. 合肥：黄山书社，1997.

[64]（清）觉罗乌尔通阿. 居官日省录[M]//刘俊文. 官箴书集成（八）. 合肥：黄山书社，1997.

[65] 李秀清点校. 大清光绪、宣统新法令[M]. 上海：上午印书馆，2010.

[66]（清）礼部纂辑. 钦定科场条例[M]//沈云龙. 近代史料丛刊三编，第 48 辑. 台北：文海出版社，1989.

[67]（清）刘大鹏. 退想斋日记[M]. 太原：山西人民出版社，1990.

[68]（清）刘衡. 庸吏庸言[M]//刘俊文. 官箴书集成（六）. 合肥：黄山书社，1997.

[69]（清）刘衡. 州县须知[M]//刘俊文. 官箴书集成（六）. 合肥：黄山书社，1997.

[70]（清）刘衡. 读律心得[M]//刘俊文. 官箴书集成（六）. 合肥：黄山书社，1997.

[71]（清）刘衡. 蜀僚问答[M]//刘俊文. 官箴书集成（六）. 合肥：黄山书社，1997.

[72]（清）刘锦藻. 清续文献通考[M]. 名国景十通本.

[73]（清）陆寿名，韩讷辑. 治安文献[M]. 刘俊文. 官箴书集成（三）. 合肥：黄山书社，1997.

[74]（清）缪荃孙. 艺风堂杂钞[M]. 北京：中华书局，2010.

[75]（清）潘杓灿撰. 未信编[M]//刘俊文. 官箴书集成（三）. 合肥：黄山书社，1997.

[76]（清）彭元瑞撰. 清朝孚惠全书[M]. 北京：北京图书馆出版社，2004.

[77]（清）蒲松龄. 蒲松龄集[M]. 上海：上海古籍出版社，1986.

[78]乔立君主编. 官箴[M]. 北京：九州出版社，2004.

[79]钦定六部处分则例[M]. 台北：文海出版社，1968.

[80]（清）盛康. 皇朝经世文续编[M]. 光绪三十二年思刊楼刊印版.

[81]（清）沈家本. 历代刑法考（附寄文存）[M]. 北京：中华书局，1985.

[82]四库未收书辑刊编纂委员会. 四库未收书辑刊[M]. 北京：北京出版社，2000.

[83]（清）素尔讷等纂修. 钦定学政全书校注[M]. 霍有明，郭海鹏等校注. 武汉：武汉大学出版社，2009.

[84]抱阳生. 甲申朝事小记[M]. 北京：书目文献出版社，1987.

[85]郭成伟. 官箴书点评与官箴文化[M]. 北京：中国法制出版社，2000.

[86]（清）汪辉祖. 学治臆说[M]//刘俊文. 官箴书集成（五）. 合肥：黄山书社，1997.

[87]（清）吴敬梓. 儒林外史[M]. 北京：人民文学出版社，1975.

[88]（清）吴宏. 纸上经纶[M]. 康熙六十年吴氏自刻本.

[89]（清）徐珂编纂. 清稗类钞[M]. 北京：中华书局，2003.

[90]（清）徐栋. 牧令书[M]//刘俊文. 官箴书集成（七）. 合肥：黄山书社，1997.

[91]（清）薛允升撰. 唐明律合编[M]. 怀效锋，李鸣点校. 北京：法律出版社，1999.

[92]（清）薛允升撰. 读例存疑点注[M]. 胡星桥，邓又天点校. 北京：中国人民公安大学出版社，1994.

[93]（清）杨景仁撰. 式敬编[M]. 清道光二十五年刻本.

[94]杨一凡，田涛. 中国珍稀法律典籍续编[M]. 哈尔滨：黑龙江人民出版社，2012.

[95]（清）延昌撰. 事宜须知[M]//刘俊文. 官箴书集成（九）. 合肥：黄山书社，1997.

[96]（清）袁守定. 图民录[M]//刘俊文. 官箴书集成（五）. 合肥：黄山书社，1997.

[97]（清）叶梦殊. 阅世编[M]. 北京：中华书局，2007.

[98]（清）张我观. 覆瓮集[M]. 雍正四年刻本.

[99]（清）张百熙. 张百熙集[M]. 谭承耕，李龙如点校. 长沙：岳麓书社，2008.

[100]（清）张鹏翮撰. 隋人鹏集解·治镜录集解[M]//中华藏典名家藏书编委会. 中华藏典（一）名家藏书 15. 呼和浩特：内蒙古人民出版社，2000.

[101]（清）周石藩. 海陵从政录[M]//刘俊文. 官箴书集成（六）. 合肥：黄山书社，1997.

[102]（清）朱寿鹏. 光绪朝东华录[M]. 北京：中华书局，1958.

[103] 清实录[M]. 北京：中华书局，1986.

[104]（明）冯奋庸编. 理学张抱初先生年谱[M]. 清雍正刻乾隆增刻本.

[105] 大清德宗景皇帝实录，卷之五百四十八.

[106] 于宝轩. 皇朝蓄艾文编·卷 16[M]. 上海官书局铅印本，清光绪二十九年.

[107]（清）端方. 大清光绪新法令. 奏详女子师范学堂及女子小学堂章程[M]. 清宣统上海商务印书馆刊本.

[108] 吴波. 重庆地域历史文献选编[M]. 成都：四川大学出版社.

[109] 徐珂. 清稗类钞·狱讼类二[M]. 北京：中华书局，1984 .

[110]（清）丁日健. 治台必告录[M]. 同治六年科本.

[111]（清）沈书城撰. 则例便览[M]. 清乾隆五十六年刻本.

[112]（清）汪辉祖. 佐治药言[M]. 清乾隆五十四年双节堂刻本.

[113]（清）乾隆官修. 清朝文献通考（一）[M]. 杭州：浙江古籍出版社，1988.

[114] 于宝轩. 皇朝蓄艾文编[M]. 上海官书局铅印本，清光绪二十九年.

[115]（清）梁章钜. 退庵随笔[M]. 文物出版社，2019.

[116] 沈家本.《刑案汇览》三编[M]. 凤凰出版社，2016.

[117] 李学勤，吕文郁. 四库大辞典：上[M]. 吉林大学出版社，1996.

[118] 艾永明. 清朝文官制度[M]. 北京：商务印书馆，2003.

[119] 蔡东洲等. 清代南部县衙档案研究[M]. 北京：中华书局，2012.

[120] 常宁，邓嗣禹. 中国考试制度史[M]. 台北：台湾学生局印行，1982.

[121] 黄留珠. 中国古代选官制度述略[M]. 西安：陕西人民出版社，1989.

[122] （德）马克斯·韦伯. 法律社会学——非正当性的支配[M]. 康乐，简惠昧译. 桂林：广西师范大学出版社，2010.

[123] 高连成.《大清新刑律》立法资料汇编[M]. 北京：社会科学文献出版社，2013.

[124] （美）何炳棣. 明清社会史论[M]. 徐泓译. 台北：联经出版社，2013.

[125] 经君健. 清朝社会等级制度论[M]. 北京：中国社会科学出版社，2016.

[126] 李典蓉. 清朝京控制度研究[M]. 上海：上海古籍出版社，2011.

[127] 李国荣. 清朝十大科场案[M]. 北京：人民出版社，2007.

[128] 李鹏年. 清代六部成语词典[M]. 天津：天津人民出版社，1990.

[129] 刘子扬. 清代地方官制考[M]. 北京：紫金城出版社，1988.

[130] （美）罗威廉：最后的中华帝国：大清[M]. 李仁渊，张远译. 北京：中信出版社，2016.

[131] 马珺. 清末民初民事习惯法对社会的控制[M]. 北京：法律出版社，2013.

[132] （美）黄宗志. 民事审判与民间调解：清代的表达与实践[M]. 北京：中国社会科学出版社，1998.

[133] 那思陆. 清代州县衙门审判制度[M]. 北京：中国政法大学出版社，2006.

[134] 瞿同祖. 清代地方政府[M]. 范忠信等译，北京：法律出版社，2011.

[135] 瞿同祖. 中国法律与中国社会[M]. 北京：商务印书馆，2011.

[136] 瞿同祖. 中国封建社会[M]. 上海：上海世纪出版社，2005.

[137] 商衍鎏. 清代科举考试述录[M]. 北京：三联书店，1958.

[138] （日）滋贺秀三等. 明清时期的民事审判恶民间契约[M]. 王亚新，梁治平编译. 北京：法律出版社，1998.

[139] （日）织田万. 清国行政法[M]. 北京：中国政法大学出版社，2003.

[140] 未了，文菡. 明清法官断案实录[M]. 北京：光明日报出版社，1999.

[141] 王德韶. 清代科举制度研究[M]. 北京：中华书局，1984.

[142] （美）萧公权. 中国乡村——论 19 世纪的帝国控制[M]. 台北：联经出版社，2014.

[143] 徐忠明. 明镜高悬：中国法律文化的多维度观[M]. 桂林：广西师范大学出版社，2014.

[144] 王先民. 近代绅士——一个封建阶层的历史命运[M]. 天津：天津人民出版社，1997.

[145] 吴佩林. 清代县域民事纠纷与法律秩序考察[M]. 北京：中华书局，2013.

[146] 吴欣. 清代民事诉讼与社会秩序[M]. 北京：中华书局，2007.

[147] 吴艳红，姜永璘. 明朝法律[M]. 南京：南京出版社，2016.

[148] 吴吉远. 清代地方政府的司法职能研究[M]. 北京：中国社会科学出版社，1998.

253

[149] 伍跃. 中国的捐纳制度与社会[M]. 南京：江苏人民出版社，2013.

[150] 张友渔，高潮. 中华律令集成[M]. 长春：吉林人民出版社，1991.

[151] 张仲礼. 中国绅士——关于其在 19 世纪中国社会中作用的研究[M]. 上海：上海社会科学院出版社，1991.

[152] 赵娓妮. 审断与矜恤[M]. 北京：法律出版社，2013.

[153] 周蓓. 清代基层社会聚众案件研究[M]. 郑州：大象出版社，2013.

[154] 王先明. 近代绅士：一个封建阶层的历史命运天津[M]. 天津：天津人民出版社，1997.

[155] 商衍鎏. 清代科举考试述录[M]. 上海：三联书店，1958 年.

[156] 王德韶. 清代科举制度研究[M]. 北京：中华书局，1984 年.

[157] [日]山田贤. 移民的秩序：清代四川地域社会史研究[M]. 曲建文，译. 北京：中央编译出版社，2011.

[158] 王笛. 袍哥：1940 年代川西乡村的暴力与秩序[M]. 北京：北京大学出版社，2018.

[159] 阿绮波德·立德. 穿蓝色长袍的国度[M]. 陈美锦，译. 上海：上海三联书店，2019.

[160] 刘海峰，刘若玲. 科举学的形成与发展[M]. 武汉：华中师范大学出版社，2009.

[161] 朱有瓛. 教育行政机构及教育团体[M]//中国近代教育史资料汇编. 上海：上海教育出版，1993.

[162] 隗瀛涛，赵清. 四川辛亥革命史料[M]. 成都：四川人民出版社，1981.

[163] 朱有朋. 光绪朝东华录：第4册[M]. 北京：中华书局，1958.

[164] 中国科学院历史研究所第三所. 锡良遗稿 奏稿[M]. 北京：中华书局，1959.

[165] 刘伟. 清季州县改制于地方社会[M]. 北京：北京师范大学出版社，2019.

[166] 常宁，邓嗣禹. 中国考试制度史[M]. 台湾学生局印行，1982.

[167] 廖斌，蒋铁初. 清代四川地区刑事司法制度研究——以巴县司法档案为例[M]. 北京：中国政法大学出版社，2011.

[168] 曹培. 清代州县民事诉讼初探[J]. 中国法学，1984（2）.

[169] 陈慧萍. 从南部县档案看清代地方的生员中证[J]. 西华师范大学学报（哲学社会科学版），2018（3）.

[170] 邓建鹏. 清朝诉讼代理制度研究[J]. 法制与社会发展，2009，15（3）.

[171] 邓建鹏. 清帝国司法的时间、空间和参与者[J]. 华东政法大学学报，2014（4）.

[172] 贺晓燕. 清代生童罢考、闹考、阻考之风述评[J]. 探索与争鸣，2009（8）.

[173] 霍红伟. 化民与从俗——国家与社会中的清代生员[J]. 河北师范大学学报（哲学社会科学版），2013，36（3）.

[174] 霍存福. 宋明清"告不干己事法"及其对生员助讼的影响[J]. 华东政法大学学报，2008（1）.

[175] 江兆涛. 清代抱告制度探析[J]. 西部法学评论，2009（1）.

[176] 蒋铁初. 清代刑事人证的制度与实践[J]. 甘肃政法学院学报，2011（2）.

[177] 林乾. 讼师对法秩序的冲击与清朝严治讼师立法[J]. 清史研究，2005（3）.

[178] 刘盈皎. 清代生员告呈资格新探[J]. 政法论坛，2014，32（2）.

[179] 王学深. "凌辱斯文"与清代生员群体的反抗——以罢考为中心[J]. 清史研究, 2016（1）.

[180] 吴佩林, 万海荞. 清代州县官任期"三年一任"说质疑——基于四川南部县知县的实证分析[J]. 清华大学学报（哲学社会科学版）, 2018, 33（3）.

[181] 吴佩林. 从《南部档案》看清代县审民事诉讼大样侧重于户婚案件的考察[J]. 中外法学, 2012, 24（6）.

[182] 徐忠明, 姚志伟. 清代抱告制度考论[J]. 中山大学学报（社会科学版）, 2008（2）.

[183] 徐忠明. 晚清河南王树汶案的黑幕与平反[J]. 法制与社会发展（双月刊）, 2014（2）.

[184] 张文香, 萨其荣桂. 传统诉讼观念之怪圈——"无讼"、"息讼"、"厌讼"之内在逻辑[J]. 河北法学, 2004（3）.

[185] 王先明. 中国近代绅士阶层的社会流动[J]. 历史研究, 1993（2）.

[186] 王先明. 近代中国绅士阶层的分化[J]. 社会科学战线, 1987（3）.

[187] 王先明. 近代绅士阶层与早期的"华夷"对峙[J]. 河北学刊, 1994（6）.

[188] 王先明. 乡绅权势消退的历史轨迹——20世纪前期的制度变迁、革命话语与乡绅权力[J]. 南开学报（哲学社会科学版）, 2009（1）.

[189] 王先明. 中国近代绅士述论[J]. 求索, 1989（1）.

[190] 罗志田. 西潮与近代中国思想演变再思[J]. 近代史研究, 1995（3）.

[191] 罗志田. 清季保存国粹的朝野努力及其观念异同[J]. 近代史研究, 2001（2）.

[192] 罗志田. 科举制废除在乡村中的社会后果[J]. 中国社会科学, 2006（1）.

[193] 徐跃. 清末庙产兴学政策的缘起和演变[J]. 社会科学研究, 2007（4）.

[194] 徐跃. 清末地方学务诉讼及其解决方式——以清末四川地方捐施诉讼为个案的探讨[J]. 近代史研究, 2011（5）.

[195] 张昭军. 科举制度改废与清末十年士人阶层的分流[J]. 史学月刊, 2008（1）.

[196] 段文艳. 死尸的威逼: 清代自杀图赖现象中的法与"刁民"[J]. 学术

255

研究，2011（5）.

[197] 茆巍. 清代命案私和中的法律与权力[J]. 社会科学研究，2016（4）.

[198] 张世民. 清代班房考释[J]. 清史研究，2006（8）.

[199] 皮德涛. 废科举前后关于旧有举贡生员出路初探[J]. 上饶师范学院学报（社会科学版），2005（1）.

[200] 王日根. 晚清政权强化公权力进程中的清障努力——对文献中"恶劣绅衿"三种表达类型的考释[J]. 江西社会科学，2017（3）.

[201] 赵娓妮. 国法与习惯的"交错"：晚清广东州县地方对命案的处理——源于清末《广东省调查诉讼事习惯第一次报告书》（刑事诉讼习惯部分）的研究[J]. 中外法学，2004（4）.

[202] 毛晓阳，邹燕青. 以公益求公平：清代州县考棚述论[J]. 清史论丛，2017（1）.

[203] 郭静洲. 清代四川"考棚"楹联[J]. 四川文史，1992（4）.

[204] 颜色. 绅士的慈悲还是利益的追逐？——中英鸦片贸易终结过程的研究[J]. 清史研究，2012（3）.

[205] 丁伟志. 中国文化近代转型的启示[J]. 马克思主义研究，2012（6）

[206] 山田贤，顾长江. "善"与革命——清末民初的四川地方社会[J]. 新史学，2019（1）.

[207] 刑培顺. 从《陆判》看蒲松龄的世俗理想[J]. 蒲松龄研究，2012（1）.

[208] 卢捷. 落魄文人出路的理想探索——略论"三言""二拍"中的秀才形象[J]. 明清小说研究，2009（2）.

[209]（日）岸本美绪. 冒考冒捐诉讼与清代地方社会[C]//邱澎生，陈熙远. 明清司法运作中的权力与文化. 台北：联经出版社，2009.

[210]（日）荒木敏一. 雍正二年の罢考事件と田文镜[J]. 东洋史研究，1957，15（4）.

[211] C K YANG. Some preliminary statistical patterns of mass actions in nineteenth-century China[M]//FREDERIC WAKEMAN, Jr., CAROLYN GRANT. Conflict and control in late imperial China. Oakland: University of California Press, 1975: 174-210.

[212] SEUNGHYUN HAN. Punishment of examination riots in the early to mid-Qing period[J]. Late imperial china 2011,32(2). 133-165.

[213] FEI HSIAO-T'UNG. Peasantry and gentry: an interpretation of Chinese social structure and its changes[J]. American jounnal of sociology 1946,52(1).

[214] 孙岚. 论士人干讼与清代州县官的司法裁断——以《刑案汇编三编》、《樊山政书》、《樊山判牍》为例[D]. 长春：吉林大学，2012.

[215] 袁娅楠.《聊斋志异》科举题材小说研究[D]. 青岛：青岛大学，2020.

[216] 崔彦超. 咸丰年间巴县盗窃案中刑事司法运作研究[D]. 郑州：河南大学，2019.

[217] 王大纲. 从盗案来看清代四川重庆的社会变迁（1757—1795）[D]. 南投：台湾暨南国际大学，2012.

[218] 吴景傑. 法律、犯罪、社会：清代后期重庆盗窃案件的官员思考模式 [D]. 台北：台湾大学，2019.